中国梦研究

赵阳 林园 著

中国海洋大学出版社
·青岛·

图书在版编目(CIP)数据

中国梦研究 / 赵阳, 林园著. —青岛: 中国海洋大学出版社, 2015.5

ISBN 978-7-5670-0891-5

Ⅰ. ①中… Ⅱ. ①赵… ②林… Ⅲ. ①中国特色社会主义－社会主义建设模式－研究 Ⅳ. ① D616

中国版本图书馆 CIP 数据核字(2015)第 082841 号

出版发行	中国海洋大学出版社		
社　　址	青岛市香港东路 23 号	邮政编码	266071
出版人	杨立敏		
网　　址	http://www.ouc-press.com		
电子信箱	cbsebs@ouc.edu.cn		
订购电话	0532-82032573（传真）		
责任编辑	滕俊平	电　话	0532-85902342
印　　制	日照报业印刷有限公司		
版　　次	2015 年 5 月第 1 版		
印　　次	2015 年 5 月第 1 次印刷		
成品尺寸	170 mm × 230 mm		
印　　张	12.5		
字　　数	210 千		
定　　价	28.00 元		

目 录

第一章 中国梦思想——理论创新的新篇章 ……………… 1
    一、中国梦思想丰富和发展了中国特色社会主义理论体系 ……… 1
    二、中国梦思想丰富和发展了集体主义价值取向 ……………… 7
    三、中国梦思想丰富和发展了党的十八大精神 ………………… 15
    四、中国梦与共产党人的精神追求 ……………………………… 21
    五、中国梦与中国文化 …………………………………………… 26

第二章 中国梦的标志——实现国家富强 …………………… 36
    一、建设富强民主文明和谐美丽威武的现代化国家 …………… 36
    二、实现国家的完全统一 ………………………………………… 52

第三章 中国梦的主题——实现民族振兴 …………………… 60
    一、民族振兴与国家富强、人民幸福的关系 …………………… 60
    二、民族振兴的历史依据 ………………………………………… 63
    三、民族振兴梦的缘起 …………………………………………… 67
    四、民族振兴的光明前景 ………………………………………… 71

第四章 中国梦的目的——实现人民幸福 …………………… 75
    一、中国梦归根到底是人民的梦 ………………………………… 75
    二、实现人民幸福必须改善民生 ………………………………… 79

第五章 实现中国梦的基本途径——坚持中国道路 ………… 91
    一、实现中国梦必须走中国道路 ………………………………… 91
    二、中国道路的实践形态 ………………………………………… 94
    三、中国道路的理论形态 ………………………………………… 96
    四、中国道路的制度形态 ………………………………………… 98

第六章　实现中国梦的精神条件——弘扬中国精神 ········· 102
　　一、中国精神是中国梦的精神支撑 ················· 102
　　二、弘扬中国精神必须重视文化建设 ··············· 106
　　三、加强文化建设必须坚持马克思主义一元化指导 ··· 110
　　四、弘扬中国精神必须继承和发展中国道德传统 ····· 114
　　五、弘扬中国精神必须培育和践行社会主义核心价值观 ··· 120

第七章　实现中国梦的依靠力量——凝聚中国力量 ········· 125
　　一、人民群众是历史的创造者 ····················· 125
　　二、实现中国梦必须紧紧依靠各阶级各阶层劳动群众 ··· 130
　　三、实现中国梦必须发展民族大团结和爱国统一战线 ··· 133
　　四、实现中国梦必须贯彻"四个尊重"方针 ········· 136
　　五、实现中国梦必须加强国防和军队现代化建设 ····· 138

第八章　实现中国梦的外部条件——坚持和平发展 ········· 141
　　一、中国梦是追求和平的梦 ······················· 141
　　二、实现中国梦必须走和平发展道路 ··············· 150
　　三、实现中国梦必须奉行独立自主的和平外交政策 ··· 153
　　四、实现中国梦必须坚持互利共赢的开放战略 ······· 155
　　五、实现中国梦必须建设和谐世界 ················· 156

第九章　实现中国梦的直接动力——全面深化改革 ········· 159
　　一、改革开放是实现中国梦的必由之路 ············· 159
　　二、实现中国梦必须全面深化改革 ················· 164

第十章　实现中国梦的政治保证——坚持党的领导 ········· 172
　　一、中国共产党是立党为公的马克思主义政党 ······· 172
　　二、实现中国梦必须加强和改善党的领导 ··········· 177

参考文献 ·· 191

后　记 ·· 193

第一章
中国梦思想——理论创新的新篇章

习近平对中国梦的深刻阐释,形成了指导中华民族走向伟大复兴的新的科学理论——中国梦思想。这是以习近平为代表的中国共产党人在理论上的伟大创造,表现出了中国共产党人巨大的政治勇气、理论勇气和丰富的政治智慧。中国梦思想围绕什么是中华民族伟大复兴,怎样实现中华民族伟大复兴这个主题,形成了具有内在逻辑性的一系列基本观点:实现中华民族伟大复兴的中国梦,就是实现国家富强、民族振兴、人民幸福;实现中国梦,必须走中国道路、弘扬中国精神、凝聚中国力量、坚持和平发展,等等。中国梦思想是党推进理论创新的新篇章。

一、中国梦思想丰富和发展了中国特色社会主义理论体系

1. 高度重视理论建设是中国共产党的一大政治优势

党的历史实践证明,理论上的成熟是政治上坚定的基础,理论上的与时俱进是行动上锐意进取的前提,思想上的统一是全党步调一致的重要保证。党的理论是党的灵魂,是党的旗帜,是党的方向。

第一,党的理论为党提供了科学的世界观和方法论。无论是作为个体的人,还是作为一个政党,在思考问题、观察问题、研究问题、解决问题的时候,必须坚持科学世界观和方法论,否则就会犯错误。那么,党的理论为党提供什么样的世界观和方法论?就是辩证唯物主义和历史唯物主义,就是解放思想、实事求是、与时俱进。我们党取得的一切成就都是因为坚持了这个科学的世界观和方法论,我们党犯过的错误、遭受的挫折,都是因为背离了这个科学的世界观和方法论。

第二,党的理论揭示和阐述了党的性质。党的性质是党存在的根据。任何政党都是为一定阶级、一定阶层、一定群体谋利益的政治集团。政党的性质取决于为谁谋利益。一个政党为谁谋利益是由它信奉的理论所揭示和阐述的。

那么,党的理论是怎样揭示和阐述中国共产党的性质的?就是指出中国共产党是中国工人阶级的先锋队、同时是中国人民和中华民族的先锋队,就是说,中国共产党是为中国工人阶级、中国人民和中华民族谋利益的政治集团。

第三,党的理论揭示和阐述了党的宗旨。党的宗旨来源于党的性质,由党的理论进行揭示和阐述。不同性质的政党,有不同的宗旨,资产阶级政党的宗旨是为资产阶级谋利益,无产阶级政党的宗旨是为无产阶级谋利益。那么,党的理论是怎样揭示和阐述中国共产党的宗旨的?就是全心全意为人民服务,始终代表中国最广大人民群众的根本利益。中国共产党首先是无产阶级政党,因此要为中国无产阶级即中国工人阶级谋利益,中国共产党同时又是中国人民和中华民族的代表,因此党也要为中国人民和中华民族谋利益。用"为人民服务""始终代表中国最广大人民群众根本利益"作为党的宗旨,要比用"为无产阶级服务"作为党的宗旨更符合党的性质要求。

第四,党的理论指明了党的奋斗目标。党的奋斗目标是党的前进方向,是党的使命。任何政党都有自己的奋斗目标,即有自己的前进方向和使命。党所确立的目标,是党的理论指明的。那么,党的理论为中国共产党指明了什么样的目标?最高目标是实现共产主义,现阶段目标就是全面建成小康社会,加快推进社会主义现代化,夺取中国特色社会主义新胜利,实现中华民族伟大复兴的中国梦。

第五,党的理论指出了党的现实任务。党的任务来自党的奋斗目标,是由党的理论指出的。党的最高奋斗目标是实现共产主义。要实现这个目标,就要完成不同历史阶段的任务。那么,党的理论指出中国共产党现阶段的任务是什么?就是发展。发展是硬道理,是党执政兴国的第一要务。当然,发展是科学的发展,即全面、协调、可持续的发展,是在以人为本理念指导下的发展。

第六,党的理论指导党制定和执行正确的路线、纲领、方针、政策。党的领导是通过制定和执行路线、纲领、方针、政策实现的。那么,党的路线、纲领、方针、政策是如何制定的?就是在党的理论指导下,根据党的性质、宗旨、目标、任务的要求,从实际出发,理论联系实际而制定的。离开党的理论指导,就不可能制定出正确的路线纲领和方针政策。同样,执行党的路线纲领和方针政策也需要党的理论指导。党的理论为党的路线纲领和方针政策作出了合法性的科学解释,使人们产生坚定的认同,从而自觉执行贯彻党的路线纲领和方针政策。没有全体党员和广大人民对党的路线纲领和方针政策的坚定认同,再好的路线纲领和方针政策也得不到贯彻执行,党的领导也就无法实现。

第七,党的理论是党团结统一的精神纽带。党的团结是党的生命,团结就是力量。一个四分五裂的党是不可能有战斗力,不可能完成肩负的历史使命和实现自身功能的。维护党的团结统一,需要铁的纪律,需要完善的组织制度,更需要强大的精神支柱。乱始于心,心散必乱。那么,如何让心不散?只能用统一的思想来统领众心。维护党的团结统一是极为不容易的,需要不断加强党的建设。党的建设包括很多内容,其中思想建设是基础。思想建设主要是理论建设,就是不断推进理论创新,用党的理论武装全党。党的理论是党的精神支柱,是维护党团结统一的精神纽带,支柱动摇、纽带崩解,党必将四分五裂。

中国共产党之所以能在极其艰难中取得辉煌成就,就是因为党始终高度重视理论建设,不断推进理论创新,并特别重视理论武装工作。没有理论,党就会失去生存的权利,而且迟早要在政治上破产。

2. 中国共产党是一贯重视理论创新的马克思主义政党

加强理论建设,最重要的是不断推进理论创新。中国共产党是一贯重视理论创新的马克思主义政党,正是一代又一代的中国共产党人根据伟大事业的需要,不断推进理论创新,铸就了中国共产党的丰功伟业。"实践发展永无止境,认识真理永无止境,理论创新永无止境。党和人民的实践是不断前进的,指导这种实践的理论也要不断前进。中国特色社会主义道路必将在党和人民的创造性实践中不断拓展,中国特色社会主义制度必将在深化改革、扩大开放中不断完善。这一过程必将为理论创新开辟广阔前景。"① 实现中华民族伟大复兴的中国梦思想,正是党在推进中国特色社会主义伟大事业的实践中创造出来的重大战略思想。

马克思主义之所以能够在中国生根、开花、结果,就是因为中国共产党能够把马克思主义基本原理同中国具体实际相结合,运用马克思主义的立场、观点、方法研究和解决中国革命、建设、改革、发展各个历史时期的实际问题,形成具有中国特色、中国风格、中国气派的马克思主义理论。毛泽东思想、邓小平理论、"三个代表"重要思想、科学发展观,都是推进马克思主义中国化、时代化、大众化的重大成果。这些重大理论成果回答的基本问题是:什么是中国革命、怎样进行中国革命,什么是马克思主义、怎样对待马克思主义,建设什么样的社会主义、怎样建设社会主义,建设一个什么样的党、怎样建设党,实现什么样的发展、怎样发展。那么,中国梦思想回答的基本问题是什么?就是什么是中华民族伟

---

① 胡锦涛《在庆祝中国共产党成立90周年大会上的讲话》,人民出版社2011年版,第11页。

大复兴、怎样实现中华民族伟大复兴。

上述基本问题不是什么人想出来的,而是实践提出来的。什么是中华民族伟大复兴、怎样实现中华民族伟大复兴这个基本问题,不是现在提出来的,而是近代以来中华民族的历史实践提出来的。鸦片战争后,中国逐步沦为殖民地半殖民地,陷入贫穷、落后、挨打、受辱的境地,中华民族面临亡国灭种的危险。辉煌的历史,悲惨的现实,唤醒了中国人的民族意识,促进了中华民族的伟大觉醒,由此提出了什么是中华民族伟大复兴、怎样实现中华民族伟大复兴的基本问题。对这个基本问题的回答,也不是现在开始的,而是从这个基本问题提出来后就开始了。我们的先人们提出的"太平天国"、"中体西用"、"君主立宪"、"民主共和"等梦想,都是对这个基本问题的回答。尽管这些梦想和实践,没有从根本上改变中华民族的历史命运,但却表现出了中华民族自强不息、百折不挠的强大生命力和求生存、求发展的坚强意志。中国共产党成立后,以实现中华民族伟大复兴为己任,不断回答这个基本问题,指导了中国共产党的伟大实践,极大地推动了中华民族伟大复兴的历史进程。在毛泽东思想、邓小平理论、"三个代表"重要思想、科学发展观中,都有丰富的关于实现中华民族伟大复兴的内容。

既然如此,习近平为什么还要回答这个基本问题?这是因为:第一,这个基本问题贯穿于中华民族伟大复兴的整个历史进程中,每一时代的人们只能依据当时的历史任务和历史条件作出回答,当历史任务和历史条件发生变化后,必然要求人们作出新的回答。第二,我们党成立以来,面临的主要任务是革命、建设、改革、发展,党的理论创新主要是围绕革命、建设、改革、发展实践提出的问题而进行的,尽管这些理论创新都与中华民族伟大复兴有直接关系,但都没有直接以中华民族伟大复兴为理论主题。第三,我们党在90多年的奋斗中,完成和推进了"三件大事","从根本上改变了中国人民和中华民族的前途命运,不可逆转地结束了近代以后中国内忧外患、积贫积弱的悲惨命运,不可逆转地开启了中华民族不断发展壮大、走向伟大复兴的历史进军,使具有5000多年文明历史的中国面貌焕然一新,中华民族伟大复兴展现出前所未有的光明前景"[①]。中国人的民族自豪感空前高涨,实现中华民族伟大复兴的愿望空前强烈,使这个基本问题更加凸显出来,要求党作出新的回答。第四,党的十八大描绘了宏伟蓝图,明确了目标任务,对全面建成小康社会、夺取中国特色社会主义新胜利作出了战略部署。新一届党中央面临的迫切问题是用什么来打动人心、激励人心、

---

① 胡锦涛《在庆祝中国共产党成立90周年大会上的讲话》,人民出版社2011年版,第5页。

凝聚人心,如何更广泛凝聚全国各族人民的力量,贯彻十八大精神,完成十八大提出的各项任务。回答这个基本问题也是出于这种现实的需要。

任何理论创新都凝结着以往的经验智慧,都是在继承中超越,在综合中创新,中国梦思想也同样如此。中国梦思想是在继承和综合毛泽东思想、邓小平理论、"三个代表"重要思想、科学发展观中关于实现中华民族伟大复兴思想的基础上,结合新的实际、新的实践、新的时代要求,创造出来的新理论。中国梦思想推进了马克思主义中国化时代化大众化的历史进程,是马克思主义中国化时代化大众化的新成果。

3. 中国梦思想为中国特色社会主义理论体系注入了新内涵

中国特色社会主义理论体系是包括邓小平理论、"三个代表"重要思想、科学发展观在内的科学理论体系,是对毛泽东思想的继承和发展,是指导党和人民沿着中国特色社会主义道路实现中华民族伟大复兴的正确理论。中国梦思想因其系统回答了什么是中华民族伟大复兴、怎样实现中华民族伟大复兴这个基本问题,为中国特色社会主义理论体系注入了新内涵。

什么是中华民族伟大复兴?在不同历史阶段,民族复兴有不同内容。鸦片战争后,民族复兴的主要内容,就是救亡图存、富国强兵、振兴中华。经过100多年的奋斗,救亡图存的任务已经完成。经过新中国成立以来的发展,富国强兵、振兴中华的任务也取得了重大进展。"现在,我们比历史上任何时期都更接近中华民族伟大复兴的目标,比历史上任何时期都更有信心、有能力实现这个目标。"① 那么,在现阶段和今后一个时期,实现中华民族伟大复兴的主要内容是什么?中国梦思想作出了明确回答:就是要实现国家富强、民族振兴、人民幸福。这是站在新的历史高度,科学总结近代以来中华民族的历史实践,全面概括现阶段和今后一个时期的国家诉求、民族诉求、每个中国人诉求,赋予了民族复兴新的时代内涵。

实现国家富强,是中国梦理论的第一要义。只有国家富强,民族复兴才有坚实基础,人民幸福才有根本指望。实现国家富强,就是要实现"两个一百年"目标,即在中国共产党成立100年时全面建成小康社会,在新中国成立100年时建成富强、民主、文明、和谐的社会主义现代化国家。实现民族振兴,是中国梦理论的主题。民族振兴是国家富强的根本标志,是人民幸福的重要保障。中

---

① 《习近平关于实现中华民族伟大复兴的中国梦论述摘编》,中央文献出版社2013年版,第82页。

华民族有过辉煌的历史,创造出了对人类产生重大影响的中华文明。在今天谈论的中华民族伟大复兴,不是复兴历史上的盛世,而是超越历史盛世,使中华民族跻身于先进民族行列,创造出中国特色社会主义新文明,为人类更好地生存发展开辟一条光明大道。实现人民幸福,是中国梦思想的出发点和落脚点。中国梦,归根到底是人民的梦,是人民生活幸福、人生出彩的梦。国家梦、民族梦只有同个人梦融合统一起来,梦想才有生命、才有根基、才有力量。把人民幸福指数纳入中国梦中,是中国梦思想的核心价值所在。

怎样实现中华民族伟大复兴?不同历史时期的人们有不同的回答。中国共产党经过90多年的奋斗,已经为实现中华民族伟大复兴奠定了各方面的基础。在新的历史起点上,怎样继续推进中华民族伟大复兴?中国梦思想作出了明确回答:实现中国梦必须走中国道路、必须弘扬中国精神、必须凝聚中国力量、必须坚持和平发展。这"四个必须",第一次把中国道路、中国精神、中国力量、和平发展有机统一于推进民族复兴的伟大实践中,体现了民族复兴在新阶段的基本要求,是对民族复兴历史实践的科学总结,是对社会发展规律的深刻把握,指明了全国各族人民的努力方向。

走中国道路,就是走中国特色社会主义道路。道路关乎党的命脉,关乎国家前途、民族命运、人民幸福。实践充分证明,中国特色社会主义道路,是实现我国社会主义现代化和中华民族伟大复兴的必由之路,是创造人民美好生活的必由之路,是发展中国、稳定中国的必由之路。弘扬中国精神,就是弘扬以爱国主义为核心的民族精神和以改革创新为核心的时代精神。爱国主义始终是把中华民族坚强团结在一起的精神力量,改革创新始终是激励我们在时代发展中与时俱进的精神力量。中国精神是凝心聚力的兴国之魂、强国之魂,是凝聚共识,汇聚起中华民族生生不息、团结奋进的精神动力。凝聚中国力量,就是凝聚各族人民大团结的力量,凝聚整个中华民族的力量,就是以共同的理想追求团结最广大人民群众,把社会各个阶层、各个群体、每个中国人的智慧和力量最大限度地汇聚到中国特色社会主义伟大事业中来。坚持和平发展就是实现和平崛起,就是要造福中国人民,也要造福世界人民。"我们将始终不渝走和平发展道路,始终不渝奉行互利共赢的开放战略,不仅致力于中国自身发展,也强调对世界的责任和贡献;不仅造福中国人民,而且造福世界人民。实现中国梦给世界带来的是和平,不是动荡;是机遇,不是威胁。"①

---

① 《习近平关于实现中华民族伟大复兴的中国梦论述摘编》,中央文献出版社2013年版,第70页。

中国特色社会主义理论体系是开放性的理论体系,是随着时代、实践和科学的发展而不断与时俱进的理论体系。建设中国特色社会主义,是长期的历史任务,需要不断向前推进。在这个过程中,必然会不断形成相应的理论成果。邓小平理论、"三个代表"重要思想、科学发展观,就是在改革开放不同时期、不同阶段实践中产生的三大成果。中国梦思想在思想基础、政治理想、根本立场上坚持和继承了三大成果,同时又根据新的实践和时代要求,正确回答了什么是中华民族伟大复兴、怎样实现中华民族伟大复兴这一基本问题,对中国特色社会主义伟大事业作出了独特的理论贡献,因而是中国特色主义理论体系的重要内容。

二、中国梦思想丰富和发展了集体主义价值取向

整体与个体的关系,是文化的基本问题。中国文化和西方文化的根本不同点,就在于处理整体与个体关系上采取不同的价值取向。中国文化采取的是伦理主义价值取向,认为个体是从整体中析释出来的,没有整体就没有个体,个体是为整体而存在的,整体价值是个体价值的基础和本质。因此它把人放在一定的伦理政治关系中来考察,把个体价值的实现、个体道德境界的提升寄托于整体关系的良性互动,注重人伦关系,强调社会整体价值至上。西方文化采取的是个人主义价值取向,认为整体是由个体合成的,没有个体就没有整体,个体的价值是社会价值的基础和本质,个体是真正的实体,社会是为个体而存在的。因此它强调自我中心、个体利益至上、个性自由,鼓励自我奋斗和追求个人幸福。习近平的中国梦思想整合了中西文化的价值取向,既强调整体的价值,又充分肯定个体的价值,丰富和发展了集体主义价值取向。

1. 伦理主义价值取向

重视人的价值是中国文化的一大特色,强调"人为万物之灵"、"天地之性人为贵"、"人者,天地之心也"、"人之超然万物之上而最为天下贵也"。中国传统文化主体内容的嬗变,中国古代各种哲学派别、文化思潮关注的焦点,以及整个中国文化的政治主题和价值主题,始终围绕着人生价值目标的揭示、人的自我价值的实现而展开。儒家学说的核心是"人",道家讲"道"的出发点和归宿也是"人"。儒、道的区别只是在于:前者侧重于社会关系中的"人",后者侧重于自然关系中的"人"。两者的共同之处是把人的生命价值的实现放在现实和今世,而不是置于彼岸和来生。道家求超脱的人生哲学,具有出世的隐者情怀,从异于儒家的那个方面补充、巩固了中国文化那种没有宗教色彩的、在现

实中实现人生价值的生活态度,使得中国文化建构的人生理想,能够满足人们精神生活中客观存在的多样和变异的要求。儒家最注重社会人生问题,具有明显的入世情怀。孔子虽然承认天命,但对鬼神却采取存疑态度。儒家的人本思想在后世得到了广泛认同和创造性发展,特别是宋明理学极力倡导并躬行人本主义。宋明理学三个主要派别,即以张载为代表的气本论、以朱熹为代表的理本论、以陆九渊和王阳明为代表的心本论,尽管有种种不同,但都反对灵魂不灭论,否认鬼神的存在,高扬人的主体性,肯定精神生活的价值,强调道德理性对个人境界提升和社会发展的极端重要性。当然,儒家的人本主义是以伦常宗法为本位,将每个人置于五伦和宗法政治关系网络中,强调每个人都要依据与这个"网络"相适应的道德规范,在社会中扮演一定的角色,履行一定的义务,彼此之间相互关联、相互制约,维系社会的正常运转,实现各自的人生价值目标。这种伦理主义价值取向强调的是社会整体价值至上,个体要为整体而奋斗。

伦理主义价值取向是中国封建社会关系本质特征的反映。中国封建社会经济关系的基础是封建地主所有制,而封建地主所有制的基础则是自给自足的自然经济。自然经济的生产方式是一种以个体自主劳动经营和生产资料个体私人占有为基础的、生产经营规模狭小的、分散的生产方式。小生产者力量弱小,孤立分散,无力抵御天灾人祸。他们渴望有一种超越个体小农之上的社会整合力量来将众多分散的小农组织、聚合起来,兴修水利以抵御自然灾害;建立军事防卫体系以抵御外敌入侵;平均不均的社会资源和社会财富;调适尖锐的社会矛盾和冲突,从而为小生产者的生存和安全提供保护机制,赐给他们以温饱。这种对社会群体的依赖,必然使家庭、家族、国家等社会群体的价值远远高于个体价值。而伦常关系则是维系社会群体的最重要因素,这就使得伦理主义价值取向得到社会成员的广泛认同。中国封建社会的政治结构是宗法等级制。宗法关系本质上是一种人伦关系,是建立在伦理基础上通过人们的情感信念来处理的关系。伦理主义价值取向是宗法社会政治结构的必然要求。中国是在血缘纽带解体不充分的情况下步入阶级社会的,从而形成了独特的宗法制。西周时期开始"行封建,立宗法",此后,宗法制一直是中国奴隶社会和封建社会最重要的社会政治基础。与宗法制相联系,血亲意识,即"六亲"(父子、兄弟、夫妇)与"九族"(父族四、母族三、妻族二)的观念构成社会意识的轴心,而且其形态愈益精密化。经过历代统治者和士人的加工改造,宗法制度下的血亲意识有的转化为法律条文,更多的是形成宗法式的伦理道德,长久地左右人们的社会心理和行为规范。社会心理方面,中国人对血缘关系格外注重,怀有浓烈的

"孝亲情感",孝道被视为一切道德规范的核心和母体,忠君、敬长、尊上等,都是孝道的延伸。重人伦是宗法制的基本要求,伦理性是中国文化的基本特征。因此,中国文化所讲的"人",主要是伦理关系中的人,特别重视每个人的责任和义务,如父慈、子孝、兄友、弟恭等,个人的权利则显得不那么重要。伦理主义价值取向反映了宗法制的要求,也符合君主专制的要求。君主专制是君主主宰一切,拥有无限权力,臣民只能绝对服从,没有个人的民主权利。伦理主义价值取向强调个人责任和义务,有利于君主实施统治。

伦理主义价值取向具有重大的历史价值和现实价值,但也具有历史局限性和消极影响。伦理主义价值取向对于推动中华道德文明的发展,丰富中国文化的人文精神,具有重大意义。特别是它锻造出的中华传统美德,即仁爱孝悌、谦和好礼、诚信知报、精忠爱国、克己奉公、修己慎独、见利思义、勤俭廉正、笃实宽厚、勇毅力行,在维系中华民族团结统一方面发挥了重大作用,在价值意义上形成了中华民族道德人格的精魂。伦理主义价值取向所产生的亲和力,至大至强至深。这种亲和力是文化心理的自我认同感和超越地域、国界的文化群体归属感,使中国文化显示出明显的情感性。这种亲和力是国家统一、民族团结的纽带,是中华儿女保持文化认同的基础。强调社会群体价值至上,对培养中国人的大局意识、整体观念,特别是爱国主义精神有重大作用。爱国是爱亲爱家爱家乡情感的升华。宗法制下的伦理主义将家国联为一体,爱亲爱家爱家乡的情感必然发展成为一种捍卫民族尊严、维护祖国利益的崇高品德。中华民族之所以多次面临危机而不亡国,与这种爱国主义有直接关系。也就是说,伦理主义价值取向有些方面具有超越中国封建社会局限性的永恒价值,对当代中国发展仍具有一定的促进作用。但是,伦理主义价值取向的历史局限性和消极影响是不可忽视的,主要是它重人伦轻自然、重群体轻个体,片面强调个人的责任和义务,忽视个人权利,严重压抑了个性,否定了个体独立价值,限制了人的独创性和自我奋斗精神。

2. 个人主义价值取向

西方文化也重视人的价值。在古希腊文明中,对个人的庄严和价值给予高度重视,蕴含着极为丰富的人文精神,包括追求个人幸福的精神、热爱自由的精神、崇尚智慧的精神、践行民主的精神、张扬正义的精神。这可以说是西方个人主义价值取向的思想源头。西方个人主义价值取向确立于文艺复兴时期。文艺复兴时期兴起的人文主义,是古希腊人文精神在新的历史时期的创造性发展,是文艺复兴的指导思想。它主张以社会生活中的人为中心,反对以神为中心;主张"人权",反对"神权";提倡"人性",反对"神性";提倡个性解放,反对宗教桎梏;提倡现实的幸福,反对虚幻的来世;提倡科学,反对愚昧。人文主义的巨澜,冲塌了中世纪神学的精神大厦,促进了人们的思想解放和科学文化的发展,使人类自我意识日益觉醒。16世纪马丁·路德倡导的新教运动,提出"信仰得救"即人救自己的新说,认为所谓人要得到上帝的拯救,并不在于如何遵守、奉行教会的规章条例和承认教皇的权威,而在于个人的信仰如何;主张成立人人平等的"廉价教会",废除教会特权。新教运动进一步动摇了宗教神权统治的思想基础。17世纪的英国哲学家洛克,以其"自然法"理论为依据,阐述了他的"契约论",系统论证了每个人都享有天赋的生存、自由和财产的自然权利,从而为个人主义价值取向的形成奠定了哲学基础。18世纪英国经济学家亚当·斯密从政治经济学角度强调在经济中追求私利的意义。他在考察经济生活时,把具有多种品质的人和作为经济上的人区分开来,强调"经济人"是利己主义者,只关心自己的利益,并尽力去追求它。社会是由个人组成的,所以社会利益也就是个人利益的总和,个人越是追求自己的利益,社会利益也就越大。因此,应当放手让个人追求自己的利益,让他有充分的经济自由,而国家不可以加以限制和干涉。亚当·斯密的经济自由主义理论为个人主义价值取向的形成奠定了经济理论基础。18世纪启蒙运动兴起,最终确立了个人主义价值取向。启蒙运动不仅进一步反对教会权威,否定神权统治合理性,而且把矛头直接指向封建制度,对国王的天然特权提出质疑,把每个人自己的理性推崇为思想和行动的基础,以革命的激情广泛传播"个性解放"思想,强烈主张人道主义,要求变革政治,消除人身依附关系。随着资产阶级革命的胜利,个人主义价值取向成为资产阶级意识形态的核心内容。

　　个人主义价值取向是资本主义社会关系本质特征的反映。资本主义社会关系的经济基础是资本主义私有制,资本主义私有制的基础则是自由、自主的商品生产者为本位的社会结构,即以个人为本位的社会结构。这种以个人为本位的社会结构是资本主义商品经济发展的必要条件。因为商品经济的基本要求是商品生产者独立自主经营、公平交易、平等竞争。没有独立、自主、平等的商品生产者,也就没有资本主义商品经济的存在和发展。资本主义经济的发展,必然要求个人价值至上,鼓励自我奋斗和追求个人幸福,提倡自由、民主、平等、人权,强调私有财产不可侵犯。也就是说,要发展资本主义经济,就要以个人主义为价值导向,没有这种精神动力,就不会有资本主义的发展。个人主义价值取向与资本主义政治法律关系也有本质的联系。个人主义价值取向是整个资产阶级政治法律制度的理论基础,指导了资本主义民主制度的建立和发展。个人主义价值取向要求的个人中心、个人至上、个性第一,在资本主义民主制度中得到了体现。资本主义政治上的自由主义、多元主义,实质上是个人主义的一种表现形态。而资本主义制度的建立和发展,又保障了个人主义价值取向要求的实现。如个人主义价值取向主张的个人自由,在资本主义社会的现实政治活动中被人们视为极其重要的因素,把资本主义社会称为"自由社会"、"自由世界",特别强调言论自由、结社自由、隐私自由、辩护自由、个性自由,等等。个人主义价值取向是资本主义社会关系本质特征的反映,它不同于利己主义价值取向。利己主义是古老的一种恶习,只要有私有制和私有观念存在,就必然有利己主义。而个人主义价值取向是资本主义社会的思想旗帜,是资产阶级道德的基本原则。虽然它容易导致利己主义,但两者毕竟是有区别的。

个人主义价值取向具有重大的历史价值和现实价值,但也具有历史局限性和消极影响。个人主义价值取向在反封建专制主义斗争中发挥了革命性作用,推动了资本主义文明的发展。从抽象意义上说,个人主义价值取向主张的个人独立、自由、尊严、个性发展、个人奋斗、个人对自己的一切负责等思想,具有超越资产阶级局限性的价值。然而,在资本主义社会里,这些有价值的思想无不与资产阶级的自我中心、唯利是图、弱肉强食的本性内在地联系在一起,使个人主义价值取向成为历史进步过程中痛苦和不幸的思想认识根源。资产阶级的本性使资本主义在发展中遭遇了自身难解的历史悖论:从人本主义出发追求人的平等、自由、幸福和发展,结果却造成了新的、空前的不自由、不平等,少数人的自由和发展恰恰是以多数人的不自由和不发展为代价,少数人的幸福建立在多数人痛苦的基础上,使大多数人沦落到一种新的异化状态之中,即劳动在资本绝对统治下的异化,劳动者丧失了自我。不谈资产阶级本性和资本主义私有制,仅从理论上看,个人主义价值取向也具有很大的缺陷,即把个人与社会对立起来,具有明显的反社会性。在资本主义历史发展中及当代世界中,无政府主义、利己主义、自我享乐主义、自我中心主义、道德虚无主义的横行与泛滥,无不与个人主义价值取向的消极影响有关。

3. 集体主义价值取向

集体主义价值取向是在马克思主义指导下确立的。马克思主义最注重人的问题研究,把人从自然和社会双重奴役下解放出来,实现人的自由全面发展,是马克思主义全部理论的出发点和归宿。在人的本质问题上,马克思主义认为,人是劳动的动物,人通过自己改造外部世界的活动,把自己从其他动物界提升出来,从而创造了人的本质。人的本质是在人与自然和人与人之间表现出来的,是一切社会关系的总和。人的本质是不断丰富和发展的,"在再生产的行为本身中,不但客观条件改变着……而且生产者也改变着,炼出新的品质,通过生产而发展和改造着自身,造成新的力量和新的观念,造就新的交往方式、新的需要和新的语言"①。这种对人的本质的科学界定,既充分关注了人存在的客观条件,又高扬了人的主体能动性和创造性,实现了这两方面的统一。在评价历史进步的尺度问题上,马克思主义认为,人的发展状况是评价历史进步的一个总体的、最高的尺度。人们常把生产力的发展、科学技术的进步、社会交往关系的发展作为评价历史进步的尺度,其实,这些本身就是人的发展的不同表现。因为"生产力和社会关系……这二者是社会的个人发展的不同方面"②。人的状况包含了这些不同的方面,历史进步最终将体现在人自身发展上。在人的发展方向问题上,马克思主义认为,人将从依赖性、独立性发展到自由个性。"人的依赖关系,是最初的社会形态,在这种社会形态下,人的生产能力只是在狭窄的范围内和孤立的地点上发展着;以物的依赖性为基础的人的独立性,是第二大形态,在这种形态下,才形成普遍的社会物质交换,全面的关系,多方面的需求以及全面的能力体系。建立在个人全面发展和他们共同的社会生产能力成为他们的社会财富这一基础上的自由个性,是第三个阶段。"③将人的发展划分为三个大的历史形态,这是对人类历史进行全面考察得出的科学结论,它指明了人的发展方向。人类历史终将进入人的自由全面发展阶段。围绕这一高远目标,马克思、恩格斯创立了自己的理论体系,科学论证了共产主义的必然性和如何建立共产主义社会。集体主义价值取向正是依据马克思主义人学理论而确立的,它把人的自然性与社会性统一起来,强调个人与社会正确结合,主张以一切人的发展为基础,以个人自由全面发展为目标,这些都体现了马克思主义人学理论的基本要求。

集体主义价值取向是社会主义社会关系本质特征的反映。社会主义社会经济关系的基础是生产资料公有制。以公有制为主体的经济制度,体现了绝大多数社会成员的共同利益,使个人利益与社会整体利益具有一致性的特点。这种一致性反映在价值取向上,必然是社会主义的集体主义。只有坚持集体主义,才能保证个人利益与社会整体利益的统一,调动社会各方面的积极性和创造

---

① 《马克思恩格斯全集》第46卷(上册),人民出版社1979年版,第294页。
② 《马克思恩格斯全集》第46卷(下册),人民出版社1979年版,第219页。
③ 《马克思恩格斯全集》第46卷(上册),人民出版社1979年版,第104页。

性,推动社会发展,更好地满足人自身发展的需要。集体主义价值取向强调的"集体"与以往社会中剥削阶级强调的"集体"具有本质区别。剥削阶级所讲的"集体",是一种"冒充的、虚幻的集体"。因为在这种集体中,由于剥削阶级的私利与社会其他阶层的矛盾,结果每个人"总是作为某种独立的东西而使自己与各个个人对立起来"。社会主义条件下的集体是建立在消除阶级对立基础上的"真实的集体","在真实的集体的条件下,各个个人在自己的联合中并通过联合获得自由"[①]。集体主义价值取向强调的个人,是处于社会主义社会关系中的个人。这种个人,既是有生命的个人存在,因而具有独特价值,又是构成社会集合体的基础,因而具有社会价值。集体主义价值取向就是主张把个人的独特价值与社会价值统一起来,使每个个人从集体中获得自由发展。造成个人与社会对立的根本原因是私有制,社会主义消灭了私有制,因而也就削除了各种对立和冲突,为个人与社会的统一创造了前提条件。当然,在社会主义初级阶段,还存在多种所有制,一定范围的对立和冲突也是客观存在的,不可能使所有社会成员与社会整体完全统一,集体主义价值取向也只能是一种起核心导向的作用。集体主义价值取向在社会主义政治关系中的体现,就是民主集中制。社会主义民主的核心和实质是人民当家做主,人民当家做主的权利是通过民主集中制原则实现的。民主集中制,就是民主基础上的集中,集中指导下的民主,这正是集体主义的基本要求。坚持集体主义价值取向,根本目标是实现人的自由全面发展。所谓自由全面发展,一是强调所有人的发展,即发展主体的普遍性;二是强调全面发展,即个人整体的发展;三是强调自由发展,即摆脱外在必然性的强制和束缚,实现个性化的独创性的发展。

集体主义价值取向是在综合伦理主义价值取向和个人主义价值取向精华基础上的理论创新,伦理主义价值取向重视社会群体的价值,这是它的可取之处,但它忽视个体价值,压抑个性。个人主义价值取向重视个体价值,这是它的可取之处,但它忽视社会群体的价值,具有明显的反社会性。两者的共同错误是把个人与社会割裂开来、对立起来。集体主义价值取向强调个人与社会的统一,既重视社会群体价值,又不忽视、否定个人价值。集体主义价值取向在无产阶级革命中发挥了巨大的指导作用,指导了社会主义制度的建立,推动了社会主义文明的发展。然而,我们在实践集体主义价值取向过程中出现过严重失误,使一些人对集体主义价值取向产生误解,认为集体主义价值取向是一种理想化

---

① 《马克思恩格斯全集》第3卷,人民出版社1979年版,第84页。

的"社会本位主义"、"宗法专制主义",等等。这些误解与我们在实践中的失误有关。

4. 中国梦思想丰富和发展了集体主义价值取向

在坚持集体主义价值取向的实践中,如何把整体与个体有机统一起来,既能维护好、实现好、发展好集体的利益,又能调动每个人的积极性、主动性、创造性,实现人生出彩,追求个人幸福,我们过去没有很好解决这一问题,主要是过分强调集体价值,忽视个体价值,过分强调集体发展,忽视个体发展。中国梦思想整合了中西方文化的价值取向,坚持和发展了集体主义价值取向,正确阐述了整体与个体关系,把国家梦、民族梦、人民梦紧密联系在一起,既强调整体价值,又尊重个体价值,既强调集体发展,又鼓励个人奋斗,这是中国梦思想独特的理论贡献,也是其具有强大生命力、号召力、感染力、凝聚力的原因所在。

中国梦思想强调:"每个人的前途命运都与国家和民族的前途命运紧密相连。国家好,民族好,大家才会好。"①"只要我们紧密团结,万众一心,为实现共同梦想而奋斗,实现梦想的力量就无比强大,我们每个人为实现自己梦想的努力就拥有广阔的空间。"②这些论断,道出了整体价值的重要性,没有国家富强、民族振兴,个人的命运就没有保障。实现国家梦、民族梦,就能充分保障人民享有的经济、政治、文化、社会等各方面权益,让发展成果为广大人民所共享。这样,无论哪个阶层、哪个领域的群众,都能从民族复兴的光明前景中看到自身利益所在,都能从国家富强、民族振兴中真切品尝自身利益的果实,从而紧密团结起来,共同推进民族复兴的伟大历史进程。

中国梦思想还强调:"每个人都有理想和追求,都有自己的梦想。"③"中国梦是国家的、民族的,也是每个中国人的。"④"生活在我们伟大祖国和伟大时代的中国人民,共同享有人生出彩的机会,共同享有梦想成真的机会,共同享有同祖国和时代一起成长与进步的机会。有梦想,有机会,有奋斗,一切美好的东西都

---

① 《习近平关于实现中华民族伟大复兴的中国梦论述摘编》,中央文献出版社2013年版,第3~4页。
② 《习近平关于实现中华民族伟大复兴的中国梦论述摘编》,中央文献出版社2013年版,第48页。
③ 《习近平关于实现中华民族伟大复兴的中国梦论述摘编》,中央文献出版社2013年版,第3页。
④ 《习近平关于实现中华民族伟大复兴的中国梦论述摘编》,中央文献出版社2013年版,第16页。

能够创造出来。"① "中国梦归根到底是人民的梦,必须紧紧依靠人民来实现,必须不断为人民造福。"② "只有每个人都为美好梦想而奋斗,才能汇聚起实现中国梦的磅礴力量。"③ 这些论断,道出了个体价值的重要意义,没有每个人的梦,就没有国家梦、民族梦,没有每个人为实现人生出彩、梦想成真的奋斗,国家梦、民族梦就不能实现。

个人梦是中国梦的具体体现,中国梦正是由无数具体生动的个人梦汇集而成的。每个人都希望能够享受更好的教育、更可靠的社会保障、更高水平的医疗卫生服务、更舒适的居住条件、更优美的生活环境,拥有更稳定的工作、更满意的收入、更有尊严的生活以及更有利于个性自由全面发展的社会环境,这就是个人的梦。承认、肯定、支持个人的梦想,就是对个体价值的尊重,必将鼓舞每个中国人的自我奋斗精神,必将激发每个中国人的智慧和创新精神,必将使整个国家、整个民族充满勃勃生机和创造活力。

中国梦提出后,很快就能够释放出强大的号召力、感染力、凝聚力,不仅是因为中国梦反映了近代以来一代又一代中国人的美好夙愿,体现了中国共产党人始终不渝的精神追求,承载了全国各族人民对幸福生活的殷切期盼,而且也因为它内含着每个中国人渴望人生出彩的理想诉求。中国梦思想把国家梦、民族梦、人民梦紧密联系在一起,科学阐释了整体与个体的关系,既能够把全国人民更好地凝结成"利益共同体"、"命运共同体",又能够激发每个中国人实现人生梦想的创造活力,因此是激励中华儿女团结奋进、开创美好未来的一面精神旗帜。

三、中国梦思想丰富和发展了党的十八大精神

党的十八大鲜明地回答了"举什么旗"、"走什么路"、"以什么样的精神状态"、"朝着什么样的目标继续前进"这四个关系党和国家工作全局的重大问题,描绘了中国走向光明未来的宏伟蓝图,制定了推动中国科学发展的行动纲领。因此,党中央强调:学习宣传和全面贯彻落实党的十八大精神,是当前和今后一个时期的首要政治任务。然而,时下中国的最强音却是"中国梦"。"中国

---

① 《习近平关于实现中华民族伟大复兴的中国梦论述摘编》,中央文献出版社2013年版,第48页。
② 《习近平关于实现中华民族伟大复兴的中国梦论述摘编》,中央文献出版社2013年版,第14页。
③ 《习近平关于实现中华民族伟大复兴的中国梦论述摘编》,中央文献出版社2013年版,第51页。

梦"一经提出,就迅速成为全社会的共识。于是,有人认为,中国梦冲淡了党的十八大精神。其实,中国梦与党的十八大精神具有本质联系。习近平强调:"根据党的十八大精神,我们明确提出要实现中华民族伟大复兴的中国梦。"① 这就是说,中国梦是依据党的十八大精神提出来的,其理论主题和理论内容凝聚了党的十八大精神。中国梦思想的提出,不仅使党的十八大精神得到更广泛的传播,而且也使党的十八大精神得到发扬光大。

1. 中国梦思想主题符合党的十八大精神要求

中国梦思想的理论主题是实现中华民族伟大复兴,回答了"什么是中华民族伟大复兴、怎样实现中华民族伟大复兴"这一基本问题。这个理论主题是符合党的十八大精神要求的。把十八大精神凝聚到民族复兴这个理论主题上,使十八大精神更加深入人心。

实现中华民族伟大复兴,是党的十八大精神的重要内容。十八大报告在阐明大会主题之后就指出:"此时此刻,我们有一个共同的感觉:经过九十多年艰苦奋斗,我们党团结带领全国各族人民,把贫穷落后的旧中国变成日益走向繁荣富强的新中国,中华民族伟大复兴展现出光明前景。"② 十八大报告在论述"夺取中国特色社会主义新胜利"时指出:"回首近代以来中国波澜壮阔的历史,展望中华民族充满希望的未来,我们得出一个坚定的结论:全面建成小康社会,加快推进社会主义现代化,实现中华民族伟大复兴,必须坚定不移走中国特色社会主义道路。"③ "建设中国特色社会主义,总依据是社会主义初级阶段,总布局是五位一体,总任务是实现社会主义现代化和中华民族伟大复兴。"④

十八大报告在论述"全面提高党的建设科学化水平"时强调:"我们党担负着团结带领人民全面建成小康社会、推进社会主义现代化、实现中华民族伟大复兴的重任。"⑤ "中国特色社会主义道路上实现中华民族伟大复兴,寄托着无数仁人志士、革命先烈的理想和夙愿。在长期艰苦卓绝的奋斗中,我们党紧紧依

---

① 《习近平关于实现中华民族伟大复兴的中国梦论述摘编》,中央文献出版社2013年版,第6页。
② 胡锦涛《坚定不移沿着中国特色社会主义道路前进 为全面建成小康社会而奋斗》,人民出版社2012年版,第1页。
③ 胡锦涛《坚定不移沿着中国特色社会主义道路前进 为全面建成小康社会而奋斗》,人民出版社2012年版,第10页。
④ 胡锦涛《坚定不移沿着中国特色社会主义道路前进 为全面建成小康社会而奋斗》,人民出版社2012年版,第13页。
⑤ 胡锦涛《坚定不移沿着中国特色社会主义道路前进 为全面建成小康社会而奋斗》,人民出版社2012年版,第49页。

靠人民,付出了最大牺牲,书写了感天动地的壮丽史诗,不可逆转地结束了近代以后中国内忧外患、积贫积弱的悲惨命运,不可逆转地开启了中华民族不断发展壮大、走向伟大复兴的历史进军,使具有五千多年文明历史的中华民族以崭新的姿态屹立于世界民族之林。"①

十八大报告最后说:"让我们高举中国特色社会主义伟大旗帜,更加紧密地团结在党中央周围,为全面建成小康社会而奋斗,不断夺取中国特色社会主义新胜利,共同创造中国人民和中华民族更加幸福美好的未来。"②

上述表明,实现中华民族伟大复兴贯穿于十八大报告的始终,开篇提出这个问题,结尾又落到这个问题上。也就是说,实现中华民族伟大复兴,是十八大精神的出发点和落脚点,是建设中国特色社会主义的总任务和党担负的历史重任。党的十八大作出的一切战略部署,最终都是为了实现中华民族的伟大复兴。

实现中华民族伟大复兴,也是我们党的出发点和落脚点。中国共产党就是在中华民族处于危亡之际诞生的,它是中国工人阶级的先锋队,同时也是中国人民和中华民族的先锋队,担负着复兴中华民族的历史重任。90多年来,党奋力完成和推进了"三件大事",极大推进了中华民族伟大复兴的历史进程。"现在,我们比历史上任何时期都更接近中华民族伟大复兴的目标,比历史上任何时期都更有信心、有能力实现这个目标。"③

习近平阐述的中国梦,是对我们党奋斗历史的科学总结,抓住了十八大精神的精髓。中国梦反映了近代以来一代又一代中国人的美好夙愿,体现了中国共产党人始终不渝的精神追求,承载了全国各族人民对幸福生活的殷切期盼,内含着每个中国人渴望人生出彩的理想诉求。中国梦的提出,使十八大精神更加深入人心、更加激动人心、更加凝聚人心。

2. 中国梦思想内容凝聚了党的十八大精神

中国梦思想的基本理论观点与十八大报告内容相吻合,其来自于十八大精神。学习宣传和全面贯彻落实中国梦思想,就是真正学习宣传和全面贯彻落实党的十八大精神。

什么是中华民族伟大复兴?习近平强调:"在新的历史时期,中国梦的本质

---

① 胡锦涛《坚定不移沿着中国特色社会主义道路前进 为全面建成小康社会而奋斗》,人民出版社2012年版,第56页。
② 胡锦涛《坚定不移沿着中国特色社会主义道路前进 为全面建成小康社会而奋斗》,人民出版社2012年版,第57页。
③ 《习近平关于实现中华民族伟大复兴的中国梦论述摘编》,中央文献出版社2013年版,第82页。

是国家富强、民族振兴、人民幸福。"① 这个回答,是从十八大精神中概括出来的。十八大报告重申了党既定的"两个一百年"目标,即在中国共产党成立100年时全面建成小康社会,在新中国成立100年时建成富强民主文明和谐的社会主义现代化国家。全面建成小康社会、建成"富强中国"、"民主中国"、"文明中国"、"和谐中国"、"美丽中国",概括起来就是国家富强、民族振兴、人民幸福,就是中华民族的伟大复兴。

把人民幸福纳入中国梦中,是中国梦思想的核心价值所在。对此,十八大报告有很多论述。报告开篇就强调党要"继续改善人民生活、增进人民福祉"②。在谈到贯彻落实科学发展观时,报告强调:"必须更加自觉地把以人为本作为深入贯彻落实科学发展观的核心立场,始终把实现好、维护好、发展好最广大人民根本利益作为党和国家一切工作的出发点和落脚点。"③ 在论述社会建设时,报告强调:"提高人民物质文化生活水平,是改革开放和社会主义现代化建设的根本目的。要多谋民生之利,多解民生之忧,解决好人民群众最现实的利益问题,在学有所教、劳有所得、病有所医、老有所养、住有所居上持续取得新进展,努力让人民过上更好生活。"④ 在论述生态文明建设时,报告强调"建设生态文明关系人民福祉"。报告最后强调"创造中国人民和中华民族更加幸福美好的未来"⑤。

上述表明,习近平对什么是中华民族伟大复兴的回答,是从十八大报告中概括出来的,既凝聚了十八大精神,又赋予了民族复兴的时代内涵。中华民族为了实现复兴的伟大梦想,已经奋斗了170多年,经历了不同历史时期,每个历史时期都有不同内容和任务。在新的历史时期,其主要内容和任务就是国家富强、民族振兴、人民幸福。

怎样实现中华民族伟大复兴?习近平强调:"实现中国梦必须走中国道

---

① 《习近平关于实现中华民族伟大复兴的中国梦论述摘编》,中央文献出版社2013年版,第7页。
② 胡锦涛《坚定不移沿着中国特色社会主义道路前进 为全面建成小康社会而奋斗》,人民出版社2012年版,第2页。
③ 胡锦涛《坚定不移沿着中国特色社会主义道路前进 为全面建成小康社会而奋斗》,人民出版社2012年版,第8页。
④ 胡锦涛《坚定不移沿着中国特色社会主义道路前进 为全面建成小康社会而奋斗》,人民出版社2012年版,第34页。
⑤ 胡锦涛《坚定不移沿着中国特色社会主义道路前进 为全面建成小康社会而奋斗》,人民出版社2012年版,第39页。

路","实现中国梦必须弘扬中国精神","实现中国梦必须凝聚中国力量","实现中国梦必须坚持和平发展"。这"四个必须",十八大报告都有论述。

关于"必须走中国道路"问题,十八大报告对中国特色社会主义道路作了重点论述,强调:"道路关乎国家前途、民族命运、人民幸福。""必须坚定不移走中国特色社会主义道路。"[①] 关于"必须弘扬中国精神"问题,十八大报告强调:"大力弘扬民族精神和时代精神,深入开展爱国主义、集体主义、社会主义教育,丰富人民精神世界,增强人民精神力量。"[②] 关于"必须凝聚中国力量"问题,十八大报告强调:"中国特色社会主义事业需要全体中华儿女万众一心、团结奋斗。团结就是大局,团结就是力量。全党同志要用坚强的党性保证团结,用共同的事业促进团结,自觉维护全党的团结统一,巩固全国各民族人民大团结,加强海内外中华儿女大团结,促进中国人民同世界各国人民大团结。"[③] 关于"必须坚持和平发展"问题,十八大报告强调:"必须坚持和平发展。和平发展是中国特色社会主义的必然选择。要坚持开放的发展、合作的发展、共赢的发展,通过争取和平国际环境发展自己,又以自身发展维护和促进世界和平,扩大同各方利益汇合点,推动建设持久和平、共同繁荣的和谐世界。"[④]

上述表明,习近平对怎样实现中华民族伟大复兴的回答,也是来自于十八大报告。无论是从中国梦思想的理论主题看,还是从中国梦思想的理论内容看,都与十八大精神具有本质的一致性,中国梦思想凝聚了十八大精神。中国梦思想的提出,不是冲淡了十八大精神,而是真正宣传贯彻落实了十八大精神。

3. 中国梦思想发扬光大了党的十八大精神

既然讲中国梦就是宣传贯彻落实党的十八大精神,为什么不直接宣传贯彻落实十八大精神?这是因为中国梦思想不仅把十八大精神的话语变得大众化、通俗化,让人们喜闻乐见,可感可触,而且还发扬光大了党的十八大精神,推进了党的理论创新,形成了中国共产党关于实现中华民族伟大复兴的新理论。

用中国人熟悉的中国语言文化表达马克思主义的思想理论和党的主张,是

---

① 胡锦涛《坚定不移沿着中国特色社会主义道路前进 为全面建成小康社会而奋斗》,人民出版社2012年版,第10页。
② 胡锦涛《坚定不移沿着中国特色社会主义道路前进 为全面建成小康社会而奋斗》,人民出版社2012年版,第31页。
③ 胡锦涛《坚定不移沿着中国特色社会主义道路前进 为全面建成小康社会而奋斗》,人民出版社2012年版,第57页。
④ 胡锦涛《坚定不移沿着中国特色社会主义道路前进 为全面建成小康社会而奋斗》,人民出版社2012年版,第15页。

我们党的一大优秀传统。毛泽东在这方面是光辉典范，在毛泽东著作中处处体现了中国特色、中国风格、中国气派。邓小平对"小康"一词的创新也是光辉典范。"小康"一词最早出自《诗经》，其中有"民亦劳止，汔可小康"，指人民生活安康之意。后来儒家把比大同社会较低级的一种社会称之为小康。近代康有为等人对"大同"和"小康"的含义进行了自己的阐发，在海内外华人中有广泛影响。邓小平则给"小康"这一在我国有广泛文化共识的概念赋予新的时代内涵，把"小康"作为我国现代化建设的第二步战略目标。依据邓小平的小康思想，党的十六大把全面建设小康社会作为推进社会主义现代化建设的一个重要阶段，并提出宏伟目标，党的十七大、十八大进一步丰富了这一奋斗目标。现在，"小康社会"已经家喻户晓。习近平对中国梦的阐释，同样是光辉典范。

习近平依据十八大精神，把"梦"与"中华民族伟大复兴"紧密联系起来，赋予"梦"全新的科学内涵。把十八大精神凝聚在中国梦中，推进了十八大精神大众化、通俗化，使老百姓在思想上、情感上广泛认同和接受。中国梦一经提出，就引起举国上下高度关注，激起亿万人民强烈共鸣，成为全体中华儿女的共识。这说明，承载着十八大精神的中国梦已经成为当代中国的最强音，十八大精神得到了更加广泛的传播。

中国梦思想不是简单复制十八大精神，而是以实现中华民族伟大复兴为主题，将十八大精神创造性地凝聚到中国梦上，使十八大精神不仅得到了广泛传播，而且也得到了升华，形成了党关于实现中华民族伟大复兴的中国梦理论。这个理论把国家梦、民族梦、人民梦内在统一起来，把全体人民的梦想同每个中国人的梦想内在统一起来，把中国共产党人的精神追求同中华民族实现复兴的伟大梦想内在统一起来，把中国共产党的艰苦奋斗同推动中华民族伟大复兴内在统一起来，把中国发展与世界发展内在统一起来，赋予了实现中华民族伟大复兴的时代内涵，发扬光大了十八大精神，丰富发展了中国特色社会主义理论体系。

综上分析，可以得出以下结论：第一，中国梦思想是对十八大精神的高度概括，凝聚了十八大精神。讲中国梦，就是学习宣传贯彻落实十八大精神；第二，中国梦思想把十八大精神的话语大众化、通俗化，从而更加深入地走进老百姓内心深处；第三，中国梦思想把十八大精神创造性地凝聚到民族复兴这个主题上，发扬光大了十八大精神，形成了实现中华民族伟大复兴的新理论，推进了马克思主义中国化、时代化、大众化的历史进程，丰富发展了中国特色社会主义理论体系。

四、中国梦与共产党人的精神追求

实现中华民族伟大复兴的中国梦,是中国共产党人精神追求的根本出发点。中国共产党人信仰马克思主义,坚守社会主义和共产主义信念,就是为了实现中国梦。中国共产党人的精神追求是实现中国梦的思想理论支撑。马克思主义不仅为中国梦注入了崭新的内涵,而且从根本上指明了实现中国梦的正确方向;社会主义不仅为实现中国梦开辟了正确途径,而且把中国梦由理想一步步变为现实。在新的历史起点上实现中国梦,要求坚守共产党人的精神追求,强化道路自信、理论自信、制度自信,走中国道路、弘扬中国精神、凝聚中国力量、坚持和平发展。

1. 中国梦催生共产党人精神追求

中国共产党人的精神追求,就是对马克思主义的坚定信仰,对社会主义和共产主义的坚定信念。这个精神追求不是凭空产生的,而是由实现中华民族伟大复兴的中国梦催生的。实现中华民族伟大复兴的中国梦,一直是中国近代以来无数仁人志士顽强追求的目标,一直是时代潮流中最突出的主题,一直是贯穿中国近现代历史的基本线索,一直是紧紧牵动着亿万中华儿女的心愿。中国共产党人的精神追求就是在这种强烈的历史呼唤中产生的。

中华民族曾创造出光辉灿烂的中国古代文明。近代以后陷入了贫穷、落后、挨打、受辱的境地,面临亡国灭种的危险。辉煌的历史,悲惨的现实,唤醒了中国人的民族意识,促进了中华民族的伟大觉醒。先进的中国人从未间断地顽强地探索救亡图存之道。毛泽东在回顾中国人寻找革命理论、求索救国之路的漫长而艰辛的历程时说:"自从一八四〇年鸦片战争失败那时起,先进的中国人,经过千辛万苦,向西方国家寻求真理。洪秀全、康有为、严复和孙中山,代表了在中国共产党出世以前向西方寻求真理的一派人物。那时,求进步的中国人,只要是西方的新道理,什么书也看。向日本、英国、美国、法国、德国派遣留学生之多,达到了惊人的程度。"①

为了救亡图存、富国强兵、振兴中华,先进的中国人提出了许多梦想,如"太平天国"、"中体西用"、"君主立宪"、"民主共和"等,这些梦想的提出和实践,表现出了中华民族自强不息、百折不挠的强大生命力和求生存、求发展的坚强意志。列宁指出:"判断历史的功绩,不是根据历史活动家没有提供现代所要

---

① 《毛泽东选集》第4卷,人民出版社1991年版,第1 469页。

求的东西,而是根据他们比他们的前辈提供了新的东西。"①近代以来,无论是农民阶级还是地主阶级改革派,无论是资产阶级改良派还是革命派,他们的代表人物都以自己的孜孜求索与多方尝试,既提出了前辈没有提出的新东西,又为后辈留下了发人深省、引人警觉、催人奋进的教训。

面对中华民族的苦难深重、面对以往梦想的一次次破灭,中国向何处去?中华民族复兴之路在哪里?正当中国人处于苦闷彷徨之际,"十月革命一声炮响,给我们送来了马克思列宁主义。十月革命帮助了全世界的也帮助了中国的先进分子,用无产阶级的宇宙观作为观察国家命运的工具,重新考虑自己的问题。走俄国人的路——这就是结论"②。随着马克思主义在中国的传播,李大钊、陈独秀、毛泽东、周恩来、李达、邓中夏、蔡和森、杨匏安、高君宇、恽代英、瞿秋白、赵世炎、陈潭秋、何叔衡、俞秀松、向警予、何梦雄、李汉俊、张太雷、王尽美、邓恩铭、张闻天、罗亦农、董必武、林祖涵、吴玉章等一大批满怀爱国情怀的中国先进分子,先后成为马克思主义者。

这些先进分子,把寻求国家民族出路的不懈奋斗提到了新的历史高度,达到了空前的水平,为世世代代的中华子孙树立了与历史同在、与日月同辉的楷模。他们经过千辛万苦的探索,最终得出只有社会主义才能救中国的正确结论。他们把马克思主义同中国工人运动相结合,建立了中国共产党,带来了民族独立、人民解放的新希望,中国革命的面貌从此焕然一新。"中国共产党的诞生,是近现代中国历史发展的必然产物,是中国人民在救亡图存斗争中顽强求索的必然产物。"③中国共产党是为挽救民族危亡、实现中华民族伟大复兴而诞生的。中国共产党人对马克思主义的信仰、对社会主义和共产主义的信念,根本出发点就是为了实现中华民族伟大复兴的中国梦。

2. 共产党人的精神追求引领实现中国梦的方向

"实现中华民族伟大复兴的中国梦,是近代以来中华民族的夙愿。"④为了实现这个伟大梦想,中国人民进行了长期的伟大斗争。毛泽东指出:"灾难深重的中华民族,一百年来,其优秀人物奋斗牺牲,前仆后继,摸索救国救民的真理,是可歌可泣的。但是直到第一次世界大战和俄国十月革命之后,才找到马克思列

---

① 《列宁全集》第 2 卷,人民出版社 1984 年版,第 154 页。
② 《毛泽东选集》第 4 卷,人民出版社 1991 年版,第 1471 页。
③ 胡锦涛《在中国共产党成立 90 周年大会上的讲话》,人民出版社 2011 年版,第 3 页。
④ 《习近平关于实现中华民族伟大复兴的中国梦论述摘编》,中央文献出版社 2013 年版,第 5 页。

宁主义这个最好的真理,作为解放我们民族的最好的武器,而中国共产党则是拿起这个武器的倡导者、宣传者和组织者。马克思列宁主义的普遍真理一经和中国革命的具体实践相结合,就使中国革命的面目为之一新。"①90多年来,中国共产党人坚守对马克思主义的信仰、对社会主义和共产主义的信念,从中国实际出发,把实现中华民族伟大复兴的中国梦引领到正确轨道上,使中国梦一步步变为现实。

中国共产党人把马克思主义基本原理同中国实际相结合,开辟了新民主主义革命道路,推翻了"三座大山",建立了新中国,使人民成为国家、社会和自己命运的主人,实现了中国从几千年封建专制制度向人民民主制度的伟大跨越,实现了中国高度统一和各民族空前团结,彻底结束了旧中国半殖民地半封建社会的历史,彻底结束了旧中国一盘散沙的局面,彻底废除了列强强加给中国的不平等条约和帝国主义在中国的一切特权。中国人从此站立起来了,中华民族的发展进步从此开启了新的历史纪元。"我们的民族将从此列入爱好和平自由的世界各民族的大家庭,以勇敢而勤劳的姿态工作着,创造着自己的文明和幸福,同时也促进世界的和平和自由。我们的民族将再也不是一个被人侮辱的民族了,我们已经站起来了。"②新民主主义革命的胜利,为实现中华民族伟大复兴奠定了根本的政治前提。

新中国成立后,中国共产党人把马克思主义基本原理同中国实际相结合,对生产资料私有制的社会主义改造,创造性地实现由新民主主义到社会主义的转变,在中国确立了社会主义基本制度,使占世界人口1/4的东方大国进入社会主义社会,实现了中国历史上最广泛最深刻的社会变革。社会主义基本制度的建立,为实现中华民族伟大复兴奠定了根本制度基础。

中国共产党人把马克思主义基本原理同中国实际相结合,成功推进了改革开放这一新的伟大革命,30多年来,以巨大的政治勇气、理论勇气、实践勇气实行改革开放,经过艰辛探索,形成了党在社会主义初级阶段的基本理论、基本路线、基本纲领、基本经验,建立和完善了社会主义市场经济体制,坚持全方位对外开放,开创、坚持、发展了中国特色社会主义,推动社会主义现代化建设取得举世瞩目的伟大成就,社会生产力、经济实力、科技实力迈上一个大台阶,人民生活水平、居民收入水平、社会保障水平迈上一个大台阶,综合国力、国际竞争

---

① 《毛泽东选集》第4卷,人民出版社1991年版,第769页。
② 《毛泽东文集》第5卷,人民出版社1999年版,第344页。

力、国际影响力迈上一个大台阶,极大地推进了中华民族伟大复兴的历史进程。

在马克思主义指导下,中国共产党人经过90多年的奋斗、创造、开辟了中国特色社会主义道路,形成了中国特色社会主义理论体系,确立了中国特色社会主义制度,"从根本上改变了中国人民和中华民族的前途命运,不可逆转地结束了近代以后中国内忧外患、积贫积弱的悲惨命运,不可逆转地开启了中华民族不断发展壮大、走向伟大复兴的历史进军,使具有5000多年文明历史的中国面貌焕然一新,中华民族伟大复兴展现出前所未有的光明前景"①。"现在,我们比历史上任何时期都更接近中华民族伟大复兴的目标,比历史上任何时期都更有信心、有能力实现这个目标。"②

3. 实现中国梦必须坚守共产党人的精神追求

"对马克思主义的信仰,对社会主义和共产主义的信念,是共产党人的政治灵魂,是共产党人经受住任何考验的精神支柱。"③历史实践证明,没有马克思主义就没有新中国,只有社会主义才能救中国,只有中国特色社会主义才能发展中国。历史将进一步证明,只有坚守共产党人的精神追求,才能在新的历史起点上实现中华民族伟大复兴的中国梦。实现中国梦必须走中国道路、必须弘扬中国精神、必须凝聚中国力量、必须坚持和平发展。这"四个必须",都离不开共产党人的精神追求。

走中国道路,就是走中国特色社会主义道路。中国特色社会主义道路,是实现我国社会主义现代化和中华民族伟大复兴的必由之路,是创造人民美好生活的必由之路,是发展中国、稳定中国的必由之路。"回首近代以来中国波澜壮阔的历史,展望中华民族充满希望的未来,我们得出一个坚定的结论:全面建成小康社会,加快推进社会主义现代化,实现中华民族伟大复兴,必须坚定不移走中国特色社会主义道路。"④这条道路的开辟,是共产党人坚守精神追求的结果。90多年来,中国共产党人把马克思主义基本原理同中国实际相结合,形成了毛泽东思想和中国特色社会主义理论体系,指导中国的革命、建设、改革、发展的

---

① 胡锦涛《在中国共产党成立90周年大会上的讲话》,人民出版社2011年版,第5页。
② 《习近平关于实现中华民族伟大复兴的中国梦论述摘编》,中央文献出版社2013年版,第82页。
③ 胡锦涛《坚定不移沿着中国特色社会主义道路前进 为全面建成小康社会而奋斗》,人民出版社2012年版,第50页。
④ 胡锦涛《坚定不移沿着中国特色社会主义道路前进 为全面建成小康社会而奋斗》,人民出版社2012年版,第10页。

实践,开辟了中国特色社会主义道路。坚持和拓展这条道路,要求共产党人必须坚守自己的精神追求,不断推进理论创新,及时回答实践提出的新问题,团结和带领广大人民群众在这条道路上实现中华民族的伟大复兴。

弘扬中国精神,就是弘扬以爱国主义为核心的民族精神和以改革创新为核心的时代精神。在中国特色社会主义道路上继续推进中华民族伟大复兴,必然存在可以预见和难以预料的敌人、困难,因此,必须弘扬中国精神。马克思主义既为民族精神注入了社会主义思想内涵,又为时代精神形成提供了思想理论基础,马克思列宁主义、毛泽东思想和中国特色社会主义理论体系是中国精神的灵魂。只有坚守共产党人的精神追求,才能弘扬中国精神、发展和丰富中国精神。

凝聚中国力量,就是凝聚中国各族人民大团结的力量。凝聚中国力量离不开共产党人的精神追求。90多年来,中国各族人民能够团结奋斗,形成不可战胜的磅礴力量,就是因为共产党人始终坚持马克思主义的群众立场、群众观点和群众工作路线,动员群众、组织群众、宣传群众、引领群众,从而把中国各民族紧密团结起来,取得了革命、建设、改革、发展的伟大胜利。在中国特色社会主义道路上实现中国梦,共产党人必须坚守自己的精神追求,紧紧依靠人民,不断为人民造福,把社会各个阶层、各个群体的智慧和力量汇聚到中国特色社会主义伟大事业中来,激发和凝聚实现中国梦的强大力量。

坚持和平发展,走和平发展道路,奉行互利共赢的开放战略。实现中国梦,是中国的事情,也是世界的事情。因为中国是世界的重要组成部分,同世界各国紧密联系。中国梦不可能在"关门"中实现,只能在开放中实现。因此,在实现中国梦的进程中,不可避免地要与世界各国打交道。坚持和平发展,是中国共产党人把马克思主义基本原理同中国实际和时代特征结合起来而形成的基本理念。毛泽东强调:"中国应当对人类有较大的贡献。"[①] 胡锦涛强调:"中国共产党和中国人民历来是促进世界和平与发展的积极力量。为人类作出应有贡献,是中国共产党和中国人民早就作出的庄严承诺。我们将坚持不懈为人类和平与发展的崇高事业作出自己的努力,争取对人类作出新的更大的贡献。"[②] 习近平强调:实现中国梦,"不仅致力于中国自身发展,也强调对世界的责任和贡献;不仅造福中国人民,而且造福世界人民"[③]。坚持和平发展,要求坚守共产党

---

① 《毛泽东文集》第 7 卷,人民出版社 1999 年版,第 157 页。
② 胡锦涛《在中国共产党成立 90 周年大会上的讲话》,人民出版社 2011 年版,第 27 页。
③ 《习近平关于实现中华民族伟大复兴的中国梦论述摘编》,中央文献出版社 2013 年版,第 70 页。

人的精神追求,始终以马克思主义世界观和方法论为指导,正确处理中国同世界各国的关系,坚持走和平发展的道路,与世界共发展,与世界同分享,增进人类的共同利益,共同建设更加美好的地球家园。

总之,中国共产党人的精神追求是实现中华民族伟大复兴催生的,中国共产党人的精神追求赋予了中国梦崭新的内涵,引领了中国梦的发展方向,推进了实现中国梦的历史进程。在新的历史起点上实现中国梦,就是实现国家富强、民族振兴、人民幸福。目标远大,任务艰巨,困难重重,只有坚守共产党人的精神追求,才能有实现艰巨任务、克服重重困难的强大精神动力。

五、中国梦与中国文化

中国梦是关于实现中华民族伟大复兴的伟大梦想。作为一种思想理论体系,中国梦是中国文化孕育的成果。为什么会提出实现中华民族伟大复兴的梦想?这要从中国文化中寻找答案。文化与民族是密不可分的,文化是民族的灵魂,而民族性则是文化的根本特性。民族作为一个历史的范畴,是在一定社会历史阶段上发展起来的人类群体,形成了这个群体的共同文化,即民族共同参与共同事务所形成的文化,这是构成民族的基本因素。各个民族之所以不同,根本的是文化不同。中华民族之所以不同于其他民族,就在于中国文化不同于其他民族的文化,中华民族之所以能够提出复兴的伟大梦想,就是因为中国文化赋予了中华民族强大的生命力,赋予了中华民族百折不挠、自强不息的民族品格。习近平提出的中国梦思想,正是中华民族这种民族品格的反映。因此,中国梦思想具有深厚的文化底蕴。

1. 中国文化的多样性赋予了中华民族生生不息的活力

中国文化自其发生期始,就呈现出多元化状态。这首先是由复杂的地理环境造成的。在生产力很低的情况下,地理障碍对人类活动,特别是交通运输的影响要比现在大得多,有时往往起着完全隔绝的作用,如海洋、大江、高山、沙漠、沼泽、丛林都曾是先民难以逾越的地理障碍。中国历史上的疆域极为辽阔,各地的自然条件千差万别,经济、政治水准也参差不齐。不同的地理环境和物质条件,使人们形成了不同的生活方式和思想观念。在衣食住行方面,中国各地历来就存在很大差别,久而久之就形成各种不同的风俗习惯。农民对农业的重视和对土地的依赖,发展成重农轻商的安土重迁的观念。但生活在海滨的人民却把海洋视为生活的必需和财富的来源,不但把渔业、盐业作为主要产业,还致力于海上交通和与海外联系。西域的一些绿洲小国本身土地有限,但处于东西方交通要道,所以很早就以商业发达著称于世。北方游牧民族生存条件更为严酷,只能以迁徙和战斗来对付自然环境和异族的压力。正因为这样,中国文化在其发祥期,就显示出多元性和区域性的特点。

至春秋战国时代,已形成了以地域为标名,以风俗习尚为分野的邹鲁文化、荆楚文化、吴越文化、巴蜀文化、秦文化、三晋文化等。著名的诸子百家之学,固然是社会转型与士文化勃兴的产物,但与地域文化亦有着深厚的渊源。如儒家与邹鲁文化的关系,道家与荆楚文化的关系,法家与三晋文化的关系,都表明了不同的地理环境和经济、政治状况不仅使人们形成不同的生活方式和思想观念,而且孕育了不同的学派和理念。鲁为周公受封之地,西周典章制度"礼乐"文化于此保留较多,是滋生儒家学派最适宜的土壤。荆楚之地僻处南方,那里的社会风俗与习惯等方面比中原地区远为浓厚地保存了原始氏族社会的许多传统,不像中原地区那样经过严格的"礼"的教化。荆楚沅湘水国与岑峨嶅嵯的自然环境所形成的文化心理,以及社会风俗中所保留下来的原始活力,使荆楚文化孕育了一种杳冥深远、汪洋恣肆的哲学思想,《老子》《庄子》、楚辞,都产生于楚文化圈中。三晋为四战之地,提倡农战的早期法家思想首先在这个地区兴起。秦汉时期随着民族的大融合,国家的大统一,文化也在整合中趋向于一统化。但在统一的汉民族共同体和秦汉帝国广阔的疆域中,不仅仅保存着先秦以来的地域文化,而且溶入了北狄西域等异族文化,如汉乐府中的《鼓吹铙歌》十八曲,就是吸收异族文化而产生的新艺术。

中国文化多元状态的形成,亦缘于中华民族血缘成分的复杂性。作为汉族前身的华夏族,并不是由单一的部族发展而来,而是在许多部族相互融合的过程中形成的。早在上古奴隶制国家出现前的时代,即出现了大致可以按地域划分的四大部族集群:由西而东的姜姓炎帝族、由北而南的姬姓黄帝族、由西而东的史前东夷族、由南而北的苗蛮族。它们从不同的方位向中原大河谷地和沃野平原汇集,逐鹿争雄,经过血与火的多次洗礼,黄帝与炎帝这两个最强有力的大部落结成了联盟,最终不仅造成血缘部落联盟发展为地域部落联盟,蜕变而为国家,而且也促进了不同民族部落之间发生融合,遂产生了古华夏族。在此基础上,公元前21世纪夏启建国,标志着我国开始进入民族的国家。但夏族仍然存在着众多的氏族部落。据《史记·夏本纪》记载,夏部落包括夏后氏、有扈氏、有男氏、斟寻氏、褒氏、费氏、杞氏、辛氏、冥氏等等。至商、周时期,许多经济文化远落后于"诸夏"民族的异族,还散布在商、周的疆域中,经春秋300年的变迁,北狄、西戎、东夷、南蛮等部族逐步实现了华夏化,融合为一个统一的华夏族。作为华夏族的主体——汉族,是吸收四方百族的血液营养而形成的。华夏文化亦是由夏夷百族共同创造的。如果从民族学的角度来看,作为华夏民族始祖的黄帝和炎帝,开华夏文化之源头。据历史学家和民族学家研究,黄帝一系可说是中原民族亦即汉族的远祖,炎帝一系则是以少数民族为主体的夷族的远祖。在华夏历史文化的发展中,炎黄两系融合,形成了华夏族及华夏文化。在华夏文化中,黄帝一系发展脉络较明显,夏周文化及邹鲁文化即属黄帝体系,儒家思想即由此而出;炎帝一系发展脉络较隐,但也不是没有踪迹可寻,殷商文化及楚文化即来自于炎帝一系,道家思想则由此而出。作为中国文化发展基本线索的儒道互补,实际上即来自于夏夷民族与文化的交融。秦汉至明清,经历多次大规模的民族斗争和融合,使中华民族的血统更为复杂。世界上本就没有血统纯粹的民族,但像中华民族血统这样复杂的却不多见。民族既非单一,文化也就不会是单一的,民族血统越复杂,文化的生命力也就越强。

复杂的地理环境和民族血统的复杂,决定了中国文化的多样性。文化的多样性,使得各种文化相互冲突激荡、整合融汇,在"和而不同"中发展。因此,文化多样化,是中国文化生生不息的一个重要源泉,也使中华民族具有生生不息的生机活力。这种生生不息的生机活力是中华民族宝贵的品格,在民族处于生存危机时,这种品格就会充分彰显出来。鸦片战争后,在面临亡国灭种之际,中华民族提出实现伟大复兴的梦想,正是这种生机活力的显现。

2. 中国文化的统一性赋予了中华民族巨大的凝聚力

一国或一个民族的文化如果只具有多样性而不具有统一性,那么,这种文化就不具有凝聚力。中国文化能够递生代长,就在于中国文化的统一性。中国自西周以来,在华夏族和华夏文化形成的过程中,作为一种理性自觉,大一统观念便深深植根于中国人心中,"《春秋》大一统"是人人皆知的名言。春秋战国时期,在经济、政治的变革中,王纲解纽,出现了诸侯争霸的局面,打破了"礼乐征伐自天子出"的政治格局。在重建大一统国家的过程中,诸子百家,蜂出并作,交互争鸣,势同水火,但在国家统一、民族融合,使天下"定于一"的思想方向上,却有一致而百虑、殊途而同归的共识。

事实上,战国中期后的文化发展已出现整合的趋向。《庄子·齐物论》就对纷争的诸子表现出一种超越或整合的精神,《荀子》则通过吸收道家的自然天道观和法家的重法思想而整合了儒、道、法三家。被视为杂家的《吕氏春秋》更具有综合的特点。秦汉帝国大一统局面的确立,更加强化了学术整合与文化统一。秦汉时代的学术整合与文化统一,表现在文化上,是楚汉文化的融合,黄河文化与长江文化的交汇;表现在学术上,则是以儒道互补来整合百家格局的真正确立。

当然,最能表征中国文化统一性的现象,莫过于儒家经学优先并笼罩一切文化领域。所谓经学,就是训解和阐述六经及儒家经典的学问。经学是学术文化领域中压倒一切的学问,成为汉代以后历代的官学。中国文化的发展,不论是哲学、史学、教育学、政治学、社会学、宗教学,还是医学、自然科学、艺术,都与经学有着密切的关系,无一不渗透着儒家思想。尽管经学的主导地位对中国文化的发展有不利的负面影响,因而也就有了诸子百家、道释玄禅从异于儒家的方面加以矫正和补充,但是,经学在统摄和凝聚、规范多样性的中国文化,形成中华民族的共同心理,使中国文化具有无与伦比的同化力,其意义十分重大。在中古时期前,虽有诸子百家之学成为中华民族的思想库,但没有任何一家可以像儒学那样起到统摄整合百家的作用;在中古时期之后,文化上虽已形成了儒道释三家鼎立的格局,然而道与释都不可能对整个中国文化起到支配性的影响。只有儒家,才能建构以儒为主导的诸子互补的自控系统,进而形成以儒为核心的儒道释融合的自控系统,确保了中国文化所具有的整合力、凝聚力和同化力。

在人类历史上,多次出现过因为异族入侵而导致文化中绝的悲剧,如印度文化因雅利安人入侵而雅利安化,埃及文化因亚历山大大帝占领而希腊化、恺撒占领而罗马化、阿拉伯人移入而伊斯兰化,希腊、罗马文化因日耳曼蛮族入侵而中绝并沉睡千年。但是在中国,此类情形从未发生。文化学界将埃及文化、苏美尔文化、密诺斯文化、玛雅文化、安第斯文化、哈拉巴文化、中国文化这七个古代文化称为人类原生形态的"母文化"。而在它们之中,唯有中国文化历经数千年持续至今而未曾中辍。并不是中国没有经受过外族入侵,而是因为中国文化具有强大的同化力,多次"同化"以武力入主中原的北方游牧民族,反复演出"征服者被征服"的戏剧。如春秋以前的"南夷与北狄交侵",十六国时的"五胡乱华",宋元时期的契丹、女真、蒙古族人接连南下,明末满族人入关,这些勇猛剽悍的游牧民族虽然在军事上占上风,甚至多次建立起强有力的统治政权,但在文化方面,总是一次又一次被华夏农耕文化为代表的中原文化所同化。匈奴、鲜卑、突厥、契丹、女真、蒙古族等游牧或半农半牧民族在与先进的中原文化接触过程中,几乎都发生了由氏族社会向封建社会的过渡或飞跃。军事征服的结果,不是被征服者的文化毁灭、中绝,而是征服者的文化皈依和文化进步,说明统一的中国文化的巨大的同化力。这其中,就有儒家思想的重大作用。

中国文化的统一性凝聚、规范了多样性的中国文化,使其在和而不同中发展。如果没有统一性,多样性的中国文化就会杂乱无章,只有冲突,无法融合,不仅不能发展,而且必然衰退,乃至灭亡。中国文化的统一性,赋予了中华民族巨大的凝聚力,使构成中国的56个民族紧密地联系在一起,形成命运共同体、利益共同体。在民族面临重大灾难之时,能够心往一处想,劲往一处使,同甘共苦,团结奋斗。在抗日战争时期,全国各族人民同仇敌忾、共赴国难,充分表现了中华民族的巨大凝聚力。

3. 中国文化的包容性赋予了中华民族融合外部长处的能力

中国文化的包容性主要表现为兼收并蓄、涵溶异质、多元整合,却又"和而不同"。"和同之辨"早在西周末年就已出现。据《国语·郑语》记载,史伯在回答郑桓公"周其弊乎"的发问时认为,西周最大的弊端就是"去和而取同"。他已经认识到,由不同元素相配合,才能使矛盾均衡统一,收到和谐的效果。五味相和,才能产生香甜可口的食物;六律相和,才能形成悦耳动听的音乐;善于倾听正反之言的君主,才能造成"和乐如一"的局面。"和实生物,同则不继,以他平他谓之和,故能丰长而物归之。若以同裨同,尽乃弃矣。"(《国语·郑语》)"以他平他",就是把不同事物联结在一起,使不同事物相配合,就是"和"和才能产生新事物,如果把相同的事物放在一起,就只有量的增加而不会发生质的变化,就不可能产生新事物,事物的发展就停止了。春秋末年齐国的晏婴用"相济"、"相成"的思想丰富了"和"的内涵。孔子继承了这种"重和去同"的思想,提出了"礼之用,和为贵"、"君子和而不同,小人同而不和"。"重和去同"的思想,肯定事物是多样性的统一,主张以广阔的胸襟、海纳百川的气概,容纳不同意见,中国文化在其发展中,就导入了这一理念。"重和去同"反映在文化价值观方面,就是提倡在主导思想的规范下,不同派别、不同类型、不同民族之间思想文化的交相渗透,兼容并包,多样性的统一。在中国文化中,包容了难以数计的特色各异的区域文化和习尚不同的民族文化,而儒道互补,儒法结合,儒佛相融,佛道互通,援阴阳五行入儒,儒佛道三教合一,以至于对基督教、伊斯兰教等外来宗教的容忍和吸收,更是世人皆知的历史事实。中国文化之所以博大精深,就在于它表现出一种"和而不同"的包容性。正是由于这种"和而不同"的包容性所产生的巨大的融合力,使中国文化不断吸收外来文化,表现出了"有容乃大"的宏伟气魄。

中国文化的包容性赋予了中华民族吸收融合外部长处的能力。一个善于学习其他民族长处的民族才是有希望的民族。中华民族这种能力在近代表现尤为充分。从魏源提出"师夷长技以制夷"到洋务运动学习西方先进科学技术,从资产阶级维新派、革命派学习西方先进政治学说到中国共产党人学习俄国革命经验,都能够将外部的长处运用于中国的实践,并在实践中创造性发展,丰富自己、壮大自己。中华民族能够从苦难中走出来,日趋接近伟大复兴的目标,与这种学习融合能力是密切相关的。

4. 中国文化的伦理性强化了中华民族的自我认同感

中国文化是伦理类型的文化,伦理性是中国文化的基本特征。伦理观念不仅在观念的意识形态方面发生着久远的影响,而且深刻地影响着传统的社会心理和人们的行为规范。孝亲敬祖、尊师崇古、修己务实、不佞鬼神、乐天安命,等等,这些在几千年农业宗法社会环境下形成的社会心理和观念形态,渗透到传统文化的方方面面。中国文化的伦理性源于中国古代社会宗法制度。

与世界各国不同,中国是在血缘纽带解体不充分的情况下步入阶级社会的,从而形成了独特的宗法制度。

在社会心理方面,中国人对血缘关系格外注重,怀有浓烈的"孝亲情感",孝道被视为一切道德规范的核心和母体,忠君、敬长、尊上等,都是孝道的延伸。有的中国人也拜神,但无希伯来人、印度人、欧洲人、阿拉伯人那样虔诚和狂热,耶稣受难曾激发欧洲人无以名状的心灵震撼,而中华民族常以"如丧考妣"来形容悲伤至极的情感。正是由于"孝亲"意识笼罩社会,才使得绝大多数炎黄子孙不致成为"六亲不认"、"无君无父"的宗教狂徒。从这个意义上说,纲常伦理观念如同一具庞大的、严密的"思考滤清器",阻挡、淡化了宗教精神对国民意识的渗透。

中国文化的伦理性无疑具有负面的消极影响,但也有其正面的积极作用。如强调在道德面前人人平等,"人皆可以为尧舜"、"满街都是圣人",肯定谁都可以通过道德修养达到最高境界,同时对包括君主在内的统治者也可以形成道德制约和严格要求。更为重要的是中国文化的伦理性所产生的亲和力,至大、至强、至深。这种亲和力是文化心理的自我认同感和超越地域、国界的文化群体归属感。早在西周时期,中华先民便有了"非我族类,其心必异"的观念,春秋时代,沿此又有所谓的"华夷之辨",这些都表达了从文化心理特质方面的自我确认。这种亲和力使中国文化显示出极为明显的情感性或情感表现性,一方面,情感表现性的特点渗透在整个中国文化中,从文学、史学到哲学,几乎无一例外地表现出这一特征,即便在哲学这个需要抽象和思辨的领域,我们也仍然能够感受到情感性的评价与审美,亦即"善"与"美"对认知所具有的作用。情感表现性又显现为一种更为明确的形式,即在中国文化中"诗歌"所具有的重要地位远远超过其他民族。

诗歌宣泄着一个民族的情感。一部中国诗歌史,各类题材的诗,无论是思君念父、游子思归、怀乡恋土、赠别述怀,所表达的情感基本都是伦理性的。从《诗经》、楚辞开始,到唐诗、宋词、元曲,从民间歌谣到文人诗歌,诗的长河源远流长,跳荡的是民族伦理情感的波涛。以伦理文化所表现的文化亲和力,通过各种文化与文学的形式巩固并加强了文化心理特质的自我确认,这一传统直到今天仍然发挥着巨大作用。《老子》、《庄子》、《论语》、《孟子》、《史记》、《汉书》、《诗经》、楚辞,唐诗、宋词,以其深厚的民族情感和伦理的亲和力,使今天海内外中华儿女保持着文化认同。比如,浪迹天涯的华侨华裔,有的已在异国他邦生儿育女、传宗接代,但他们的文化脐带仍然与中华母亲血肉相依,在他们的意识与潜意识中一刻也未曾忘记自己是中华儿女。

中国文化的伦理性所产生的亲和力,是维系中华民族团结统一、中华文化不被间断的重要力量,特别是培育出了中华民族强烈的爱国主义精神。爱国主义是爱亲、爱家、爱家乡情感的升华,是把中华民族团结在一起的精神力量。每当国难当头之际,各个民族都能奋起抗争、浴血奋战,直至牺牲生命。在抗日战争时期,海外华侨华人积极参加国内抗战,以各种方式支援中国的抗日战争。这是民族自我认同感的充分表现,是中国文化伦理性赋予的民族优秀品格。

5. 中国文化的史学传统赋予了中华民族历史认同感

中国文化的史学传统,是有别于其他文化的特性。在中国文化的构型中,史官与史家文化占有特殊的地位。其缘于宗法社会结构,不仅形成了具有极强亲和力的伦理文化,而且也形成了高度重视祖先史迹的史学传统。据传黄帝时代就萌生了史的意识,如《文心雕龙·史传》即有"史肇轩黄"之说。到了夏代,随着国家的建立,在所设置的一系列官职中,其中就有史官——太史令。商、周进一步发展了史官制度。殷商史官,甲骨文中称作"史"、"尹",西周初,周天子置史官,后来各诸侯国也设置了史官。周时的史官名称有"太史"、"内史"、"御史"等。由史官撰写的史籍,便形成了所谓的史官文化。春秋末期,在官学下移、士人文化兴起的潮流中,孔子以其修成的编年体《春秋》,首开私人修史之风,表征继史官之后第一次出现了史家。继此之后,又出现了史实更为详备的《左氏春秋》、《国语》、《战国策》等。中国古代悠久的史官文化传统和发达的史学,在中国文化构型中占有特殊的位置,对哲学、文学的发展都产生了深刻的影响,以致章学诚称"子集诸家,其源皆出于史"。到了汉代,随着民族的大融合、国家的大统一、文化的大整合和民族历史意识的进一步成熟,又出现了更为恢宏的以"究天人之际、通古今之变"为目的的巨著《史记》。

《史记》是一部从黄帝一直叙述到汉武帝的通史,它把各民族的来源归结为同出于黄帝的统一谱系,显示了汉民族的形成和民族历史意识的成熟。《史记》这部划时代历史巨著的意义在于:它在史学领域里自觉地表现了中华民族大一统的要求,高举了大一统的旗帜。《史记》上限起于黄帝,旨在说明三代帝王、列国世家,追祖溯源,皆本于黄帝,整个中华民族皆是黄帝子孙,就连同匈奴、西域、西南夷等族也都属黄帝支系。中华民族大一统的观念形成于春秋,初见于孔子,而正式奠基于汉代,显见于《史记》。正是这种指导思想,使司马迁在《史记》中建立了五帝、夏、商、周、秦、楚、汉的正统序列。而从黄帝到武帝,数千年中国历史的发展,又贯穿着统一与分裂的斗争。帝王君主的统一事业,代表了历史发展的方向,诸侯割据,天下无主,是一种历史的反常情况,中华民族仁人志士自强不息的精神,艰苦卓绝的斗争,其目标即为反对分裂割据的局面,实现或重建天下一统的事业。正是这种大一统的历史观,使《史记》以整合文化为其学术目标,"厥协六经异传,整齐百家之语",把当时流行的官学六经和诸子百家之学整合成一个统一的思想体系,与战国秦汉之际学术分裂而走向百虑而一致、殊途而同归的大趋势是一致的,体现了大一统的历史观与文化整合的统一。正是这一点,奠基了《史记》在中国文化史和史学史上的极其重要的地位。

《史记》之后,中国历朝历代均有断代史著作,形成了延绵不断的史学传统。从先秦至晚清,各种正史、野史浩如烟海,这一史学传统在中国文化构型中的作用不仅使中华民族始终葆有一种历史文化承传的自觉意识,而且由于其大量载录了在各种变革、各种事件中历史人物的活动及其活生生的精神性格,更能显现中华民族仁人志士在历尽磨难、饱尝艰辛的历程中自强不息的奋斗精神,这些都广泛激发了后人对祖先业绩及其精神的自豪与崇敬,从而也就大大强化了中华民族对自己历史的自我认同。这种自豪和认同通过史学传统深深积淀在整个民族的心里,从而产生了极大的延续力,使得中国文化比世界上任何一种文化都具有更大的连续性。而反观其他民族的文化,如同样是文化古国但却缺少历史记忆的印度文化,史学传统在中国文化构型中所起到的独特作用就更为显著突出。

构成民族的基本因素是共同的文化,而共同文化的首要因素是共同的历史,即一致的或相近的历史发展过程、历史命运以及紧密的历史联系。没有史学传统或史学传统弱化,这种共同的历史就不能积淀在整个民族的心里,民族自我认同感就不强,就缺乏延续能力。中华民族之所以有强烈的民族自我认同感、有强大的延续能力,之所以在处于落后时有强烈的复兴愿望,有前赴后继、不屈不挠、自强不息、浴血奋战的英雄气概,就是因为中国文化的史学传统赋予了中华民族历史认同感,从而产生了自强不息的奋斗精神。

6. 中国文化的变易性赋予了中华民族创新精神

博大精深的中国文化蕴含着丰富的变易思想,从而使得中国文化内蓄着一种创造力。变易思想,根源于生生不已、大化流衍的宇宙观。《周易·系辞传》说:"在天成象,在地成形,变化见矣。""易穷则变,变则通,通则久"。《易传》哲学最突出的特点是视变化为创新:"富有之谓大业,日新之谓盛德,生生之谓易。"宋代理学家张载为此释义说:"生生犹言进进。"就是说,宇宙是一个生生不已的大流,这就叫做"易"。一阴一阳,生生之易,发生在天地之间,一切都在创新发展着,宇宙是日新无疆的历程,是开放的、交融互摄、旁通统贯、有机联系的整体。对宇宙创化流衍的信念,实际上就是对人的创造能力的信念。在创进不息、常生常化、包举万有、统摄万象的宇宙精神感召下,人类可以创造富有日新之盛德大业,能够日新其德,日新其业,开物成务,创造美好的世界。人们效法天地的,就是这种不断进取、刚健自强的精神。正是中国文化的变易性所产生的无穷的创造力,才使中国文化高峰迭起、绵延不断、源远流长、博大精深。一部中国文化史,就是一部文化变易与创新的历史。以学术发展为例:春秋战国的诸子之学、两汉时代的经学、魏晋南北朝时期的玄学、宋明时代的理学,都反映了学术上的变异与创新。就诸子之学而言,儒、道、墨、法诸家内部都派中有派,学术上经历着不断的变易和创新。最显著者如儒学,在孔子死后儒分为八,据《韩非子·显学》记载:"有子张之儒,有子思之儒,有颜氏之儒,有孟氏之儒,有漆雕氏之儒,有仲良氏之儒,有孙(荀)氏之儒;有乐正氏之儒。""孟氏之儒"即孟子,"孙(荀)氏之儒"即荀子。从孟子的性善说到荀子的性恶说,即反映了儒学的变易。墨家在墨翟死后"离为三":有相里氏之墨、相夫氏之墨和邓陵氏之墨,"离为三"也是变易。道家在老子之后也分为数派,既有"秉要执本"、"君人南面之术"的稷下黄老学派,也有"绝去礼学"、"玄同是非"的庄子学派。法家学派内部亦在法、术、势三者的侧重上显示了差别:商鞅重"法",申不害重"术",慎到重"势",发展到韩非,则集其大成。春秋战国时代的百家争鸣,主要表现了学术分化中的变易和创新,其轨迹较好把握。至于秦汉之后,学术在整合要求下变易的创新更是举不胜举,难以一一罗列。举其大者,如汉代董仲舒是在儒家之外吸收了阴阳、道、法等思想后更化了儒学,宋代朱熹则通过整合儒、道、释而创新了儒学,都是人所共知的显例。整合中的创造既包含对本土文化的继承与创新,同时也包括吸收与改造外来文化使之中国化。中国文化之所以被称为博大精深,不仅在于其底蕴深沉,而且在于其具有在整合中创新的特质。

中国文化的变易性赋予了中华民族创新精神。创新是一个民族的灵魂。中华民族的创新精神代代都有表现,辉煌的中华文明就是这种创新精神的成果。中华民族的创新精神在中国共产党人身上表现得尤为充分。在理论创新方面,中国共产党人继承和发扬了中华民族的创新精神,把马克思主义同中国实际相结合,创造出了中国化的马克思主义。以毛泽东为代表的中国共产党人正确回答了"什么是中国革命、怎样进行中国革命"问题,创立了毛泽东思想;以邓小平为代表的中国共产党人正确回答了"什么是社会主义、怎样建设社会主义",创立了邓小平理论;以江泽民为代表的中国共产党人正确回答了"建设什么样党、怎样建设党"的问题,创立了"三个代表"重要思想;以胡锦涛为代表的中国共产党人正确回答了"实现什么样发展、怎样发展"的问题,创立了科学发展观;以习近平为代表的中国共产党人正确回答了"什么是中华民族伟大复兴、怎样实现中华民族伟大复兴"的问题,创立了中国梦思想。实践基础上的理论创新是社会发展和变革的先导。在道路创新方面,中国共产党人在新民主主义革命时期探索出了农村包围城市、武装夺取政权的革命道路,取得了伟大胜利;在社会主义革命时期探索出和平改造的社会主义革命道路,取得了伟大胜利;在改革开放时期探索出中国特色社会主义道路,实现了人类历史上的伟大的道路创新。在制度创新方面,中国共产党人经过90多年的不懈探索,创立了中国特色社会主义制度,实现了人类历史上的伟大制度创新。

习近平的中国梦思想具有深厚的中国文化底蕴,是5000中国文化年孕育的成果,是中国文化赋予中华民族强大生命力的表现。习近平强调中华民族优秀的文化传统是我们民族的"根"和"魂",丢了这个"根"和"魂",就没有根基了。中国梦思想正是这个"根"和"魂"的表现。

第二章
中国梦的标志——实现国家富强

习近平指出:"实现中华民族伟大复兴,是近代以来中国人民最伟大的梦想,我们称之为'中国梦',基本内涵是实现国家富强、民族振兴、人民幸福。"①"在新的历史时期,中国梦的本质是国家富强、民族振兴、人民幸福。"② 由此可见,国家富强是中国梦的第一要义和根本标志。国家既是民族的物质载体,也是民族的精神依托,民族振兴、人民幸福都离不开国家富强。国家是民族社会发展的产物,是民族为建立和维护社会秩序而创造出来的管理机构,是民族政治关系的集中表现,代表民族的根本利益和共同意志。国家的强弱,代表了民族的兴衰。因此,实现中华民族伟大复兴的中国梦,首要的目标就是实现国家富强。当然,这里所说的"国家富强",其内容不完全等于中国古代和近代人们提出的"富国强兵",也不完全等于党在社会主义初级阶段基本路线中提出的"富强"目标,而是涵盖实现国家现代化的各个方面,主要是指完善和发展中国特色社会主义制度,推进国家治理体系和治理能力现代化,建成富强民主文明和谐美丽威武的社会主义现代化国家,包括建设富强中国、民主中国、文明中国、和谐中国、美丽中国、威武中国等内容。同时,实现国家富强也包含着实现国家的完全统一。

一、建设富强民主文明和谐美丽威武的现代化国家

国家富强表现在多方面,包括经济富强、政治民主、精神文明、社会和谐、生态文明、军事强大等内容。实现国家富强,就要推动经济发展,建设富强中国;推动政治发展,建设民主中国;推动文化发展,建设文明中国;推动社会发展,建

---

① 《习近平关于实现中华民族伟大复兴的中国梦论述摘编》,中央文献出版社2013年版,第5页。
② 《习近平关于实现中华民族伟大复兴的中国梦论述摘编》,中央文献出版社2013年版,第7页。

设和谐中国；推动生态文明发展，建设美丽中国；推动国防和军队现代化，建设威武中国。

1. 建设富强中国

"富强中国"是中国梦中"国家富强"的一个方面，即经济方面，与党在社会主义初级阶段基本路线中提出的"富强"目标相同。经济富强是政治民主、精神文明、社会和谐、生态文明、国防和军队现代化的基础。鸦片战争以来，旧中国之所以一步一步沦为列强争相宰割的对象，最主要的原因就是经济落后、积贫积弱、民不聊生、国力衰败。新中国成立后，特别是改革开放以来，建设富强中国取得了巨大成就，国家经济实力越来越强大。然而，面对世界强国的新挑战，面对中华民族伟大复兴的新要求，建设富强中国的任务依然繁重而迫切。在前进道路上，我们要继续牢牢坚持经济建设这个中心不动摇。以经济建设为中心是兴国之要，是我们党、我们国家兴旺发达、长治久安的根本要求。只有推动经济又好又快发展，才能筑牢国家发展繁荣的强大物质基础，才能筑牢全国各族人民幸福安康的强大物质基础，才能筑牢中华民族伟大复兴的强大物质基础。改革开放30多年来，我们坚持以经济建设为中心，推动社会生产力以前所未有的速度发展起来，这是我国综合国力、人民生活水平、国际地位大幅度提升的根本原因。

第一，以经济建设为中心，就是要解放和发展生产力。生产力是人类社会发展的根本动力。我们党是以中国先进生产力的代表登上历史舞台的。党的一切奋斗，归根到底都是为了解放和发展社会生产力，不断改善人民生活。我们已经取得了举世瞩目的伟大成就，但我国仍处于并将长期处于社会主义初级阶段的基本国情没有变，人民日益增长的物质文化需要同落后的社会生产之间的矛盾这一社会主要矛盾没有变，我国是世界上最大的发展中国家的国际地位没有变。发展仍然是解决我国所有问题的关键。牢牢抓住和用好我国发展的重要战略机遇期，是我们赢得主动、赢得优势、赢得未来的关键所在，是对我们党执政能力的重大考验，也是对我们民族自强能力的重大考验。我们必须继续聚精会神搞建设、一心一意谋发展，不断夯实坚持和发展中国特色社会主义、实现中华民族伟大复兴的物质基础。

第二，以经济建设为中心，就是要坚持发展是硬道理。在当代中国，坚持发展是硬道理的本质要求就是坚持科学发展。我们要以科学发展为主题，以加快转变经济发展方式为主线，更加注重以人为本，更加注重全面协调可持续发展，更加注重统筹兼顾，更加注重改革开放，更加注重保障和改善民生，加快经济结构战略性调整,加快科技进步和创新,加快建设资源节约型、环境友好型社会,促进社会公平正义,促进经济长期、平稳、较快发展和社会和谐稳定,不断在生产发展、生活富裕、生态良好的文明发展道路上取得新的更大的成绩,不断为全面建成小康社会、实现中华民族伟大复兴打下更为坚实的基础。

第三,以经济建设为中心,就是要推动经济持续健康发展。改革开放以来,我国以世界上少有的速度实现了持续快速发展,经济总量大幅跃升,人民生活水平得到显著提高。在经济快速发展的同时,我们对经济发展质量和效益的认识也不断深化,作出了以科学发展为主题,以加快转变经济发展方式为主线这一关系我国发展全局的战略抉择。推动经济持续健康发展,是在总结改革开放以来我国经济发展经验教训的基础上取得的新认识。如何以更好的质量实现经济社会的发展,是我们面临的也是必须要解决好的重大问题。在未来的发展中,资源环境对经济发展已构成严重制约,城乡之间、区域之间、经济与社会之间发展不平衡的矛盾趋于突出,资源相对短缺、生态环境脆弱、环境容量不足,已经成为我国发展中的突出问题,如果不能很好地解决这些问题,经济社会的发展就难以持续。国民经济的进一步发展对提高质量和效益、节约资源和保护环境、实现经济和社会协调发展、持续健康发展的要求更加突出。只有推动经济持续健康发展,才能筑牢国家繁荣富强、人民幸福安康、社会和谐稳定的物质基础。

一是必须加快转变经济发展方式。这是发展理念变革、模式转型、路径创新的综合性、系统性、战略性转变。调整经济结构是转变经济发展方式的主攻方向,是提升国民经济整体素质、赢得国际经济竞争主动权的战略重点和根本途径。要积极推动战略性新兴产业、先进制造业健康发展,加快传统产业转型升级,推动服务业特别是现代服务业发展壮大。

二是必须坚持走中国特色新型工业化、信息化、城镇化、农业现代化道路。工业化、信息化、城镇化、农业现代化是一个整体,"四化"同步发展是现代经济发展的基本特征。这是党的十八大提出的关于"四化"同步发展的一个重要思想。

三是必须坚持走中国特色自主创新道路,实施创新驱动发展战略,全面依靠创新驱动发展,提高经济质量和效益。坚持走中国特色自主创新道路的基本内涵是:以全球视野谋划和推动创新,提高原始创新、集成创新和引进消化吸收再创新能力,更加注重协同创新,坚持自主创新、重点跨越、支撑发展、引领未来的指导方针,不断提高创新能力,着力建立以企业为主体、市场为导向、产学研相结合的技术创新体系,加快建设国家创新体系,努力培育全社会的创新精神,把全社会智慧和力量凝聚到创新发展上来。党的十八大提出的创新驱动发展战略是在我国改革发展的关键时期作出的重大抉择。实施创新驱动发展战略,要进一步提高自主创新能力。围绕产业发展需求部署战略,完善科技有效支撑引领产业发展的机制。要进一步深化科技体制改革。加快建立企业主导产业技术研发创新的体制机制,使企业成为技术创新决策、研发投入、科研组织合成果应用的主体,完善市场导向的创新格局。要进一步优化创新环境。积极研究制定深化科技体制改革、加快国家创新体系建设有关政策措施。要进一步扩大科技开放合作。加快科技资源流动和重组,在开放合作中提高我国的产业技术水平和科技实力。

四是必须健全城乡发展一体化体制机制。推动城乡发展一体化是统筹城乡发展、缩小城乡差距的客观要求,是强农、惠农、富农政策和实践发展的必然趋势。必须健全体制机制,形成以工促农、以城带乡、工农互惠、城乡一体的新型工农城乡关系,让广大农民平等参与现代化进程、共同分享现代化成果。城乡二元结构是制约城乡发展一体化的主要障碍。加快完善城乡发展一体化体制机制,深化农村体制改革,适应工业化、城镇化快速推进的新形势,针对农业劳动力大规模转移、市场经济的观念和机制在农村中不断深化、现代农业科学技术普遍应用等新情况,加快构建新型农业经济体系,大力推进农业组织和制度创新,发展农民专业合作和股份合作,培植新型经营主体,发展多种形式规模经营,发展各类农业社会化服务组织和农业产业化经营体系,赋予农民更多财产权利,推进城乡要素平等交换和公共资源均衡配置,完善城镇化健康发展体制机制。

坚持以经济建设为中心,不断解放和发展生产力,坚持发展是硬道理,推动经济持续健康发展,是建设富强中国的基本途径,也是改革开放30多年实践积累的最重要的经验。按照党的十八大和十八届三中全会的部署,富强中国建设必将呈现光明前景。

2. 建设民主中国

民主中国是国家富强的一个重要方面,国家富强表现在政治方面,就是政治民主。没有民主就没有社会主义,就没有社会主义现代化,就没有现代意义的国家富强。因此,建设民主中国,是建设富强中国、文明中国、和谐中国、美丽中国、威武中国的政治保证。旧中国之所以经济落后、积贫积弱、民不聊生、国力衰败,与封建专制主义和官僚资本主义的腐朽统治有直接关系。新中国成立后,党领导人民建立了崭新的社会主义民主政治,实行人民民主专政的国体、人民代表大会制度的政体;在政党关系上,实行中国共产党领导下的多党合作和政治协商制度;在民族关系上,实行民族区域自治制度;在社会基层,实行基层群众自治制度。可以说,我们在民主中国建设上取得了重大成就。然而,我们必须看到,由于我国政治体制还不完善,政治制度的优越性没有得到充分发挥,建设民主中国的任务任重道远。

第一,人民民主是中国共产党始终高扬的光辉旗帜。改革开放以来,我们党总结发展社会主义民主的正反两方面经验,明确提出没有民主就没有社会主义,就没有社会主义现代化,人民当家做主是社会主义民主政治的本质和核心。我们坚持推进政治体制改革,在发展社会主义民主政治方面取得了重大进展。我们废除了实际上存在的领导干部职务终身制,确保了国家政权机关和领导人员有序更替。我们不断扩大人民有序政治参与,人民实现了内容广泛的当家做主。我们坚持和完善中国共产党领导的多党合作,深入开展政治协商、民主监督、参政议政,发展最广泛的爱国统一战线。我们建立、健全、深入了解民情、充分反映民意、广泛集中民智、切实珍惜民力的决策机制,保证决策符合人民利益和愿望。我们建立、健全广纳群贤、人尽其才、能上能下、充满活力的用人机制,为各方面优秀人才建功立业开辟了广阔渠道。我们形成了中国特色社会主义法律体系,我们党自觉在宪法和法律范围内活动,支持人大、政府、政协、司法机关等依照法律和各自章程独立负责、协调一致开展工作。我们建立健全权力运行制约和监督体系,保证党和国家机关按照法定权限和程序行使权力。事实充分证明,我国社会主义民主政治具有强大生命力,中国特色社会主义政治发展道路是保证人民当家做主的正确道路。

第二,推进社会主义民主政治建设。我国社会主义民主法制建设与扩大人民民主和促进经济社会发展的要求还不完全适应,社会主义民主政治的具体制度方面还存在不完善的地方,在保障人民民主权利、发挥人民创造精神方面还存在不足。随着中国特色社会主义事业持续推进,我国社会主义民主政治建设需要也必然会继续向前推进。发展社会主义民主政治,必须坚持中国特色社会主义政治发展道路,关键是要坚持党的领导、人民当家做主、依法治国有机统一。我们要积极稳妥推进政治体制改革,以保证人民当家做主为根本,以增强党和国家活力、调动人民积极性为目标,扩大社会主义民主,建设社会主义法治国家,发展社会主义政治文明。要坚持发挥党总揽全局、协调各方的领导核心作用,提高党科学执政、民主执政、依法执政水平,保证党领导人民有效治理国家。要坚持国家一切权力属于人民,健全民主制度,丰富民主形式,拓宽民主渠道,保证人民依法实行民主选举、民主决策、民主管理、民主监督。要全面落实依法治国基本方略,在全社会大力弘扬社会主义法治精神,不断推进科学立法、严格执法、公正司法、全民守法进程,实现国家各项工作法治化。总之,我们要不断推进社会主义民主政治制度化、规范化、程序化,进一步把我国社会主义政治制度的优越性发挥出来,为党和国家兴旺发达、长治久安提供更加完善的制度保障。十八届三中全会强调:紧紧围绕坚持党的领导、人民当家做主、依法治国有机统一深化政治体制改革,加快推进社会主义民主政治制度化、规范化、程序化,建设社会主义法治国家,发展更加广泛、更加充分、更加健全的人民民主。

推进政治体制改革,建设民主中国,必须以保证人民当家做主为根本,坚持和完善人民代表大会制度、中国共产党领导的多党合作和政治协商制度、民族区域自治制度以及基层群众自治制度,更加注重健全民主制度、丰富民主形式,从各层次、各领域扩大公民有序参与政治,充分发挥我国社会主义政治制度优越性。一是要推动人民代表大会制度与时俱进,坚持和完善人民代表大会制度,是建设民主中国的根本。二是要推进协商民主广泛、多层、制度化发展的关键是坚持和完善中国共产党领导的多党合作和政治协商制度。三是发展基层民主,坚持和完善基层群众自治制度。四是强化权力运行制约和监督体系,构建决策科学、执行坚决、监督有力的权力运行体系,健全惩治和预防腐败体系,建设廉洁政治,努力实现干部清正、政府清廉、政治清明。

按照党的十八大和十八届三中全会的部署,推进政治体制改革,必将极大地推进民主中国建设的历史进程,为富强中国、文明中国、和谐中国、美丽中国、威武中国建设提供政治保证。当然,民主建设是一个漫长的历史过程,世界民主进程表明,推进民主建设,既不能照搬外国模式,也不能急于求成,要从中国的实际出发,有领导、有秩序地积极推进。

3. 建设文明中国

国家富强表现在文化方面,就是精神文明。发展精神文明,建设文明中国,必须高度重视文化建设。精神文化与精神文明是密不可分的,文化是精神文明形成的前提、存在的基础、进步的途径;精神文明则是文化发展的程度显现和进步成果。没有文化的大发展、大繁荣,就不会有精神文明的进步和提高。建设文明中国对实现国家富强的意义也主要体现在文化的作用上,因此,必须努力建设文化强国。

第一,发展文化是建设文明中国的基本途径。党的十七大报告指出:"当今时代,文化越来越成为民族凝聚力和创造力的重要源泉、越来越成为综合国力竞争的重要因素、越来越成为经济社会发展的重要支撑,丰富精神文化生活越来越成为我国人民的热切愿望。"[①] 十七届六中全会强调:"当今世界正处在大发展大变革大调整时期,世界多极化、经济全球化深入发展,科学技术日新月异,各种思想文化交流交融交锋更加频繁,文化在综合国力竞争中的地位和作用更加凸显,维护国家文化安全任务更加艰巨,增强国家文化软实力、中华文化国际影响力要求更加紧迫。"[②] 由此可见,发展文化,建设文明中国,是实现国家富强的一个非常重要的途径。

从各种思想文化交流、交融、交锋得更加频繁方面看,推动文化大发展、大繁荣具有重要性。由于全球化的迅猛发展,给国际经济、政治、文化生活带来重大影响,突出特点之一是世界各国经济、政治联系越来越紧密,全球性的文化交流、交融、交锋更加频繁。文化的交流、交融,为我们发展繁荣文化提供了极为难得的战略机遇。文化的交锋冲突,使中国文化面临严峻挑战。从文化在综合国力竞争中的地位和作用更加凸显来看,文化是综合国力的重要内容,已经成为一个国家发展速度快慢、发展质量高低、综合国力强弱的重要变数。从维护国家文化安全任务更加艰巨来看,在文化霸权入侵日趋严重的情况下,维护国家文化安全任务更加艰巨。从增强国家文化软实力、中华文化国际影响力的要求来看,国家富强不仅要表现在硬实力上,而且要表现在软实力上。没有强大的文化软实力,国家硬实力也"硬"不起来。实现国家富强的一个重要标志就是国家在世界的影响力,这种影响力主要是通过文化来传播的,一个国家没有文化优势,对其他国家就不会产生影响力。

第二,努力建设社会主义文化强国。人类文明进步的历史充分表明,没有先进文化的引领,一个国家、一个民族不能屹立于世界先进民族之林。当今时代,文化在综合国力竞争中的地位日益重要,谁占据了文化发展的制高点,谁就能够更好地在激烈的国际竞争中掌握主动权。实现中华民族伟大复兴,迫切要求我国由一个文化资源大国转变成为一个文化强国,这是中华民族几千年文化积淀赋予我们的历史使命。

所谓文化强国,是指这个国家具有强大的文化力量。这种力量既表现为具

---

① 胡锦涛《高举中国特色社会主义伟大旗帜　为夺取全面建设小康社会新胜利而奋斗》,人民出版社 2007 年版,第 33 页。
② 《中共中央关于深化文化体制改革　推动社会主义文化大发展大繁荣若干重大问题的决定》,人民出版社 2011 年版,第 3 页。

有高度文化素养的国民,也表现为发达的文化产业,还表现为强大的文化软实力。建设社会主义文化强国,就是要着力推动社会主义先进文化更加深入人心,不断开创全民族文化创造力持续迸发、社会文化生活更加丰富多彩、人民基本文化权益得到更好保障、人民思想道德素质和科学文化素质全面提高、中华文化影响力不断增强的新局面,建设中华民族共有的精神家园,为人类文明进步作出更大贡献。

建设社会主义文化强国,需要培养高度的文化自觉自信。文化自觉自信是建设社会主义文化强国的一个必要条件。当前,我国的经济发展水平已经处于一个较高的起点上,经济实力位居世界前列。但文化发展相对滞后,总体实力和国际影响力与我国的国际地位很不相称。要看到我国文化发展还不完全适应经济社会发展的需要,与一些文化强国相比还有很大差距,但更要看到,我国有着悠久的历史传统和深厚的文化资源,已经具备了相对雄厚的物质基础,人民群众对文化的需求快速增长,我国的文化发展面临着难得的机遇。要清醒地认识到我国文化发展的历史和现状,增强文化的自觉自信,更好地把握文化发展的规律,以主动担当的精神加快文化发展步伐,建设社会主义文化强国。

建设社会主义文化强国,必须加快文化体制改革。改革开放以来,特别是党的十六大以来,我国文化体制改革由点到面,逐步推开,取得了重大突破和阶段性成果。但文化体制改革成果还不够稳固,一些制约文化发展的深层次矛盾和问题还比较突出。十八届三中全会对全面深化文化体制改革作出了新的重大战略部署。要坚持以人民为中心的工作导向,坚持把社会效益放在首位、社会效益和经济效益相统一,以激发全民族文化创造活力为中心环节,进一步深化文化体制改革。紧紧围绕建设社会主义核心价值体系、社会主义文化强国深化文化体制改革,加快完善文化管理体制和文化生产经营机制,建立健全现代公共文化服务体系、现代文化市场体系,推动社会主义文化大发展、大繁荣。

中国共产党具有高度的文化自觉,历来重视文化建设,能够把握和运用文化发展规律,制定了发展文化的政策体系,确立了推动社会主义文化大发展、大繁荣的正确思路。按照十八大和十八届三中全会的部署推进文化建设,必将使中国更加文明。

4. 建设和谐中国

一个强大的国家,必然是社会和谐的国家。社会矛盾丛生加剧,社会必然不稳定,国家必然因此衰败。古代有些盛极一时的帝国之所以成为历史陈迹,除了更强的外敌入侵原因,主要是社会内部矛盾发展所致。因此,实现国家富强，必须高度重视构建和谐社会。党的十六大第一次将"社会更加和谐"作为全面建设小康社会的重要奋斗目标，十六届三中全会强调："社会和谐是中国特色社会主义的本质属性，是国家富强、民族振兴、人民幸福的重要保证。构建社会主义和谐社会，是我们党以马克思列宁主义、毛泽东思想、邓小平理论和'三个代表'重要思想为指导，全面贯彻落实科学发展观，从中国特色社会主义事业总体布局和全面建设小康社会全局出发提出的重大战略任务，反映了建设富强民主文明和谐的社会主义现代化国家的内在要求，体现了全党全国各族人民的共同愿望。"[①] 构建社会主义和谐社会，建设和谐中国，就是要建设充满活力、公平正义、民主法治、安定有序、诚信友爱、人与自然和谐相处的社会。

第一，建设充满活力的社会。充满活力是"和谐"的根本要义，是社会主义和谐社会的根本表现。中国传统文化中的阴阳学说认为，"阴"与"阳"只有达到和谐才能使宇宙万物蓬勃发展，这种对立的和谐，不是机械的、静止的。"阴、阳"是相互渗透的，即"阴"中有"阳"，"阳"中有"阴"。"阴、阳"是相互转化的，即"阳"尽"阴"来，"阴"去"阳"到。"阴、阳"是在运动中达到协调、和谐的。和谐是新事物产生的源泉，五声和，则可听；五色和，则成文，五味和，则可食。这种"和谐的辩证法"最基本的精神就是充满生命活力。从"和谐"这一基本精神去构建社会主义和谐社会，必须着眼于发展创造，使整个社会充满勃勃生机和活力。社会的生机和活力来自于社会主体的主动性、积极性和创造性。这就要求我们必须贯彻尊重劳动、尊重知识、尊重人才、尊重创造的方针，发挥人民群众的首创精神，使全社会的创造能量充分释放、创新成果不断涌现、创业活动蓬勃开展。必须坚持人民群众是历史创造者的观点，最广泛地调动一切积极因素，充分发挥全体社会成员的积极性、主动性、创造性。必须坚持把创新精神贯彻到治国理政的各个环节，使一切有利于社会进步的创造才能得到发挥，保护创新热情，鼓励创新实践，完善创新机制，宽容创新挫折，增强自主创新能力，建设创新型国家。必须深化体制改革，清除影响和束缚社会发展活力的制度和政策，促进公平有序的竞争，完善发展的动力机制。

第二，建设公平正义的社会。公平正义是"和谐"之本，是实现社会和谐的根本途径。儒家"中和"思想强调，施政使民，贵乎"执中"；天地万物，贵乎"中和"；君子言行，贵乎"中庸"。《周易》讲"乾道变化，各正性命，保和太和，乃利贞。首出庶物，万国咸宁"，即天体按照自己的运行规律运动变化，公正无私地

[①]《中共中央关于构建社会主义和谐社会若干重大问题的决定》，人民出版社2006年版，第1～2页。

对待各种事物的生命,保持着完美的和谐,这一切都是以有利万物的正常生长为前提的。西方文化中的"和谐"也强调公正,柏拉图阐述了"公正即和谐"的观点,提出了"理想国"的构想。由此可以得出结论:公平正义是和谐的核心和实质,没有公正就没有和谐。构建社会主义和谐社会,必须突出解决公平正义问题。公平正义的实质是妥善协调各种利益关系。当前,我国存在着多元化的利益群体和利益个体,只有公正地协调好利益主体间的关系,才能化解矛盾,增强凝聚力,使各个利益主体处于和谐的关系中。

公平正义的基本要求,一是保证社会所有成员的基本权利。只有对社会成员基本权利予以切实的保证,才能真正调动一切积极因素,发挥社会主体的主动性、积极性、创造性。二是保证机会平等。机会平等就是共享机会,即从总体说所有的社会成员都应有大致相同的发展机会。当然,机会平等也承认个体之间的差距,只要这种差距机会没有损害共享机会,就应当给予承认和肯定。三是按贡献进行分配。按贡献进行分配,就是把个体对社会的具体贡献同自身的切身利益紧密结合在一起,这有利于调动每个社会成员的积极性,有利于激发整个社会的活力。四是进行必要的公正调剂。由于社会主体间的发展条件不同,收益不同,必然产生较大差距。对于那些尽职尽责但因发展条件限制而收入较少的社会成员进行补偿是必要的,也是公平原则的重要要求。上述四个方面是一个有机整体,缺一不可。按照公平正义四个方面要求构建和谐社会,必须加强制度建设,保障人民在政治、经济、文化、社会等方面的权利和利益,引导公民依法行使权利、履行义务。加强制度建设,主要是完善民主权利保障制度,巩固人民当家做主的政治地位;完善法律制度,夯实社会和谐的法治基础;完善司法体制机制,加强社会和谐的司法保障;完善公共财政制度,逐步实现基本公共服务均等化;完善收入分配制度,规范收入分配秩序;完善社会保障制度,保障群众基本生活。

第三,建设民主法治社会。民主法治是"和谐"的基本要求,是实现社会和谐的根本保证。中国传统文化中的"和谐",不仅强调多样性,也强调平衡性。多样性是"和"的本质要求。西周末年,伯阳父(史伯)同郑桓公谈论西周末年政局时,提出"和实生物,同则不继"的思想,指出"以他平他谓之和,故能丰长而物归之,若以同裨同,尽乃弃矣"。也就是说,相异的事物相互协调并进,就能发展,就能产生新事物。而相同事物叠加,没有不同的因素、不同的声音、不同的意见,就不会产生新的事物,就会窒息生机和活力。孔子因此提出了做人的一个重要准则:"君子和而不同,小人同而不和。"由此可见,和谐是一种多样性的统一。"和谐"也包含着平衡性的要求,即"万物并育而不相害,道并行而不相悖"。"不相害"、"不相悖"就是万事万物并行互补,平衡发展。在社会政治领域中,多样性要求民主,平衡性要求法治。社会是由多样性的群体和多元化的个体构成的整体。不同的群体、不同的个体,有不同的利益、不同的愿望、不同的看法,不发扬民主,多数人的愿望就不可能充分表达,就会暗流涌动,矛盾丛生,社会整体就不可能和谐发展。法治是平衡性的要求,不以法律为准绳,民主就没有保证,就会出现"相害"、"相悖"的混乱状态,就不可能和谐发展。加强民主建设,主要是坚持党的领导、人民当家做主和依法治国的有机统一,依法实行民主选举、民主决策、民主管理、民主监督,积极稳妥地推进政治体制改革,健全民主制度,丰富民主形式,实现社会主义政治制度化、规范化、程序化,保障人民享有广泛的民主权利。加强法治建设,主要是维护社会主义法制的统一和尊严,树立社会主义法制权威。坚持公民在法律面前一律平等,尊重和保障人权,依法保证公民权利和自由。坚持科学立法、民主立法,完善各方面的法律法规。加快建设法治政府,加强对权力运行的制约和监督,坚持司法为民、公正司法。

第四,建设安定有序的社会。安定有序是"和谐"的应有之义,是社会主义和谐社会的重要表现。儒家"中和位育"思想内含着安定有序的要求。《中庸》强调"中也者,天下之大本也;和也者,天下之达到也。致中和,天地位焉,万物育焉"。"中和"就能正位,位正就能育万物。正位就是要求各安其位、各尽其责。"万物并育而不相害,道并行而不相悖",也是要求万事万物各安其位、协调相处、有序运行。安定来自"有序",无序则乱,乱则"相害"、"相悖",也就不能安定。对人类社会而言,安定有序的社会一直是人们世代追求的理想。无论是西方人提出的"理想国"、"实业制度"、"和谐制度"、"理性制度"等社会理想,还是中国古代人提出的"小康社会"、"大同世界"、"太平世界"等社会理想,都是安定有序的社会。马克思、恩格斯提出的共产主义社会,更是消灭阶级、消灭剥削、消灭三大差别的安定有序的社会。

构建和谐的社会主义社会,必须完善社会管理,保持社会安定有序。一是要建设服务型政府,强化社会管理和公共服务职能;二是要推进社区建设,完善基层服务和管理网络;三是要健全社会组织,增强服务社会功能;四是要统筹协调各方面利益关系,妥善处理社会矛盾;五是要完善应急管理体制机制,有效应对各种风险;六是要加强社会治安综合治理,增强人民群众安全感;七是要加强国家安全工作和国防建设,保障国家稳定安全。当然,要保持社会的安定有序,还必须努力促进社会各方面的有序发展。不发展不符合和谐的要求,不有序发展也不符合和谐的要求。竞争是发展的动力系统,没有竞争就没有活力,就没有发展,就不符合和谐的要求。但竞争必须是在有序中进行,无序竞争必然带来混乱,阻碍发展。有规则才能有序。这就要求必须建立健全各项规章制度,完善竞争机制,将竞争纳入到秩序范围内。

  第五,建设诚信友爱的社会。诚信友爱是"和谐"的道德要求,是社会主义和谐社会的精神表现。中国传统文化中的"和谐",最重要的是强调"人和"。"和以处众"、"天时不如地利,地利不如人和"、"和气生财"、"和衷共济"、"心平气和"等古训,讲的都是"人和"。万事万物在和谐中发展,人类社会也应在和谐中发展。因此,儒家倡导人和——"和以处众";家和——"家和万事兴";国和——"协和万邦"。人和是基础。如何实现人和?儒家提出了道德要求:人伦纲常,即人人都要遵循人伦纲常;各安其位,即人人都要认可自己在社会中的位置;群而不党,即不拉帮结派,不结党营私;鉴己言它,即以"仁"为出发点,不强迫别人。强调用道德手段调节人际关系,实现人和,具有重大意义。调节人际关系,需要多种手段,道德调节是不可或缺的,是其他手段不能代替的。构建和谐社会,必须高度重视人际关系的和谐,特别要强化道德调节的作用,大力倡导诚信友爱。诚信,就是诚实、诚恳、信用、信任,也就是忠诚老实,诚恳待人,以信用取信于人,对他人给予信任。诚信不仅是每个人都应具备的品德,而且也是道德教育最有效的方式。孟子讲"诚者,天之道也;思诚者,人之道也。至诚而不动者,未之有也;不诚未有能动者也"。只有真诚不欺,才能使教育者与受教育者之间形成道德情感与道德信念上的共鸣。友爱,就是友好、友谊、友情、关心人、爱护人、尊重人。人有理性诉求,因而有科学的产生与发展;人有情感诉求,因而有宗教、道德的产生与发展。诚信友爱是满足人情感诉求的产物,人际关系中充满诚信友爱的氛围,人才能心平气和,人与人才能和谐相处,其乐融融。构建诚信友爱的社会主义和谐社会,必须大力加强和谐文化建设,巩固社会和谐的思想道德基础。

  第六,建设人与自然和谐相处的社会。人与自然和谐相处是"和谐"的重要内容,是社会主义和谐社会的重要方面。中国传统文化中的"和谐",既强调事物内部的和谐,也强调事物与事物、人与人、人与社会、国家与国家之间的和谐,更强调人与自然的和谐相处。中国传统文化把"天"、"地"、"人"并称为"三才",主张"天地人和"、"天人合一",也就是主张尊重自然规律,强调人与天地即大自然万类万物和谐相处。人类社会的实践证明,人类发展只有合理地利用自然界,与自然界保持和谐,才能维持和发展人类创造的文明,才能与自然界共生共荣、协调发展。遗憾的是，工业化以来，人类为了满足自身的物欲，不断征服自然界，过度算计、盘剥自然界，严重破坏了自然界的发展规律，引起了自然界对人类的报复，突出表现为生态危机日趋严重，已经威胁人类生存和发展。建设社会主义和谐社会，必须高度重视人与自然的和谐相处，全面贯彻科学发展观，实现社会经济与人口、资源、环境协调发展。

建设和谐社会是贯穿中国特色社会主义事业全过程的长期历史任务。党的十八大围绕全面建成小康社会提出了社会建设的目标：人民生活水平全面提高；基本公共服务均等化总体实现；全民受教育程度和创新人才培养水平明显提高，进入人才强国和人力资源强国行列，教育现代化基本实现；就业更加充分；收入分配差距缩小，中等收入群体持续扩大，扶贫对象大幅减少；社会保障全民覆盖，人人享有基本医疗卫生服务，住房保障体系基本形成，社会和谐稳定。党的十八届三中全会对深化社会体制改革提出了新的要求：紧紧围绕更好地保障和改善民生、促进社会公平正义深化社会体制改革，改革收入分配制度，促进共同富裕，推进社会领域制度创新，推进从基本公共服务均等化，加快形成科学有效的社会治理体制，确保社会既充满活力又和谐有序。按照上述部署推进和谐社会建设，一个更加和谐的中国必将呈现在世人面前。

5. 建设美丽中国

古代意义的国家富强，不会包含生态环境方面的要求，那时不存在生态环境问题。生态环境问题是伴随工业化而产生的日趋严重的问题。在当代，解决好生态环境问题，是国家富强的重要标志。因此，中国梦中提出的实现国家富强的目标，表现在生态环境方面，就是实现生态文明，建设美丽中国。习近平指出："走向生态文明新时代，建设美丽中国，是实现中华民族伟大复兴的中国梦的重要内容。中国将按照尊重自然、顺应自然、保护自然的理念，贯彻节约资源和保护环境的基本国策，更加自觉地推动绿色发展、循环发展、低碳发展，把生态文明建设融入经济建设、政治建设、文化建设、社会建设各方面和全过程，形成节约资源、保护环境的空间格局、产业结构、生产方式、生活方式，为子孙后代留下天蓝、地绿、水清的生产生活环境。"① 在这里，习近平把"建设美丽中国"作为中国梦的重要内容，主要是属于"国家富强"的范畴。

生态文明是指人类遵循人、自然、社会和谐发展这一客观规律而取得的物

---

① 《习近平关于实现中华民族伟大复兴的中国梦论述摘编》，中央文献出版社2013年版，第8页。

质与精神成果的总和,是人与自然、人与人、人与社会和谐共生、良性循环、全面发展、持续繁荣为基本宗旨的文化伦理形态。生态文明同物质文明、政治文明和精神文明一样,已逐渐成为衡量一个国家整体发展水平的重要标志。建设生态文明,就是要尊重自然、顺应自然、保护自然,切实改善人民生活和生产的空间环境,走生产发展、生活富裕、生态良好的发展道路,营造一个天更蓝、山更绿、水更清的美好家园;就是要在有序的生态运行机制基础上,建设资源节约型、环境友好型社会,统筹兼顾经济、社会和生态的关系,实现经济、社会和生态的良性循环。建设生态文明,必须树立尊重自然、顺应自然、保护自然的生态文明理念。必须坚持节约资源和保护环境的基本国策。

第一,树立尊重自然、顺应自然、保护自然的生态文明理念。党的十八大强调:在当代中国,建设生态文明,是关系人民福祉、关乎民族未来的长远大计。面对资源约束趋紧、环境污染严重、生态系统退化的严峻形势,必须树立尊重自然、顺应自然、保护自然的生态文明理念,把生态文明建设放在突出地位,融入经济建设、政治建设、文化建设、社会建设各方面和全过程,努力建设美丽中国,实现中华民族永续发展。

尊重自然,是人与自然相处时应秉持的首要态度。尊重自然,要求人对自然怀有敬畏之心、感恩之情、报恩之意,尊重自然界的创造和存在,绝不能凌驾于自然之上。历史上,在生产力相对低下时,人类曾崇拜自然、畏惧自然。近代以来,随着改造自然能力的大幅提高,人类开始轻视自然、藐视自然,甚至以征服者、占有者的姿态面对自然,为满足自身需要向大自然不断索取,使人类赖以生存的自然环境遭受严重破坏,生态危机日益严重。反思过去,正视现实,只有尊重自然才是人与自然相处的科学态度。尊重自然,就要深刻认识到人类与自然是平等的,人类不是自然的奴隶,也不是自然的上帝,人属于自然,而不是自然属于人;就要深刻认识到自然界是人类赖以生存发展的基本条件,人类生活所需要的一切均直接或间接来自自然;就要深刻认识到一切物种均有生命,均有其独特价值,均是自然大家族中不可或缺的部分。

顺应自然,是人与自然相处时应遵循的基本原则。顺应自然,要求人顺应自然的客观规律,按自然规律办事。因为包括人类在内的自然界是一个完整有机的生态系统,具有自身运动、变化和发展的内在规律,不以人的意志为转移。人利用和改造自然的实践活动只有适应自然规律,才能做到人与自然和谐相处。顺应自然,就是要使人类的活动符合而不是违背自然界的客观规律,以制度约束人的行为,防止出现因急功近利和个人贪欲而违背自然规律的现象。

保护自然，是人与自然相处时应承担的重要责任。保护自然，要求人发挥主观能动性，在向自然界索取生存发展之需的同时，呵护自然，回报自然，保护自然界的生态系统，把人类活动控制在自然能够承载之内，给自然留下恢复元气、休养生息、资源再生的空间，实现人类对自然获取和给予的平衡，多还旧账，不欠新账，防止出现和人为造成的不可逆的生态灾难。

第二，坚持节约资源和保护环境的基本国策。良好的生态环境是人和社会持续发展的根本基础，节约资源和保护环境是我国的基本国策。这一基本国策的主要内容有四个方面。

一是坚持节约优先、保护优先、自然恢复为主。在资源开发和利用中，把节约资源放在首位；在环保工作中，把预防为主、源头治理放在首位；在生态系统保护和修复中，把自然力修复生态系统放在首位。

二是着力推进绿色发展、循环发展、低碳发展。在经济发展中，要牢固树立保护生态环境就是保护生产力、改善生态环境就是发展生产力的理念，坚持在保护中发展、在发展中保护，更加自觉地推进绿色发展、循环发展、低碳发展。积极发展节能产业，推广高效节能产品；加快发展资源循环利用产业，推动矿产资源和固体废弃物综合利用；大力发展环保产业，壮大可再生能源规模；建立循环经济体系，发展循环经济，促进生产、流通、消费过程的减量化、再利用、资源化。

三是形成节约资源和保护环境的空间格局、产业结构、生产方式、生活方式。在现代化建设中，要整体谋划国土空间开发，尽可能集中、集约利用国土空间，减少对自然生态空间的占用，促进生产空间集约高效、生活空间宜居适度、生态空间山清水秀，给自然留下更多修复空间，给农业留下更多良田，给子孙后代留下天蓝、地绿、水净的美好家园。

四是建立系统完整的生态文明制度体系，用制度保护生态环境。建立系统完整的生态文明制度体系，最重要的是要把资源消耗、环境损害、生态效益等体现生态文明建设状况的指标纳入经济社会发展评价体系，使其成为推进生态文明建设的重要导向和约束。还要建立国土空间开发保护制度，健全自然资源资产产权制度和用途管制制度，划定生态保护红线，实行资源有偿使用制度和生态补偿制度，改革生态环境保护管理体制，逐渐形成生态文明宣传教育的长效机制等，推动形成人与自然和谐发展的现代化建设新格局。

党的十七大首次把建设生态文明写入党代会报告中；党的十八大把生态文明建设作为国家社会发展总布局"五位一体"的重要组成部分；十八届三中全

会提出:紧紧围绕建设美丽中国深化生态文明体制改革,加快建立生态文明制度,健全国土空间开发、资源节约利用、生态环境保护的体制机制,推动形成人与自然和谐发展的现代化建设新格局。按照党中央的部署推进生态文明建设,中国必将更加美丽。

6. 建设威武中国

"强"以"弓"字为边。实现国家富强,本身就包含"强兵"之意,也就是加强国防和军队现代化建设,建设威武中国。自古以来,任何强大的国家,都是"兵强马壮"的国家,《管子·治国》中说:"国富者兵强,兵强者战胜,战胜者地广。"近代中国的落后挨打,也与军事落后有直接关系。因此,魏源在《圣武记·道光洋艘征抚记》中提出:"尽转外国之长技,为中国之长技,富国强兵。"在当代世界,位居强国之列的国家,也都是军事强国。面对内外敌对势力的挑战和威胁,富国必须强兵。习近平指出:"实现中华民族伟大复兴,是中华民族近代以来最伟大梦想。可以说,这个梦想是强国梦,对军队来说,也是强军梦。我们要实现中华民族伟大复兴,必须坚持富国和强军相统一,努力建设巩固国防和强大军队。"[①]

历史反复证明,一个国家要自立于世界民族之林,既要有雄厚的经济实力为基础,又要有强大的军事力量作后盾。强国梦蕴含强军梦,强军梦支撑强国梦。没有一个强大的军队,便没有一个强大的国家;强军梦不圆,强国梦难圆。现在,我们前所未有地靠近世界舞台中心,前所未有地接近实现中华民族伟大复兴的目标,前所未有地具有实现这个目标的能力和信心。但前进的道路不会一帆风顺。中华民族伟大复兴绝不是轻轻松松、顺顺当当就能实现的,我们越发展壮大,遇到的阻力和压力就会越大,面临的外部风险就会越多。这是我国由大向强发展进程中无法回避的挑战,是实现中华民族伟大复兴绕不过的门槛。我国仍然面临国家安全的挑战。从国际上看,虽然世界形势总体和平稳定,但天下并不太平。美国推进亚太"再平衡"战略影响我国安全,世界新军事革命加速发展对我军提出严峻挑战,陆上方向安全形势仍然复杂,海上方向安全威胁更趋严峻,维护国家安全和发展利益的任务更加艰巨。从国内看,我国正处于发展关键期、改革攻坚期、矛盾凸显期,维护国内社会安全稳定的任务也更加艰巨。因此,深化国防和军队改革,建设威武中国,是维护国家主权、安全和

[①] 《习近平关于实现中华民族伟大复兴的中国梦论述摘编》,中央文献出版社2013年版,第4页。

发展利益的迫切需要,是实现国家富强、民族振兴、人民幸福的坚强力量保证。

党的十八届三中全会强调:紧紧围绕建设一支听党指挥、能打胜仗、作风优良的人民军队这一党在新形势下的强军目标,着力解决制约国防和军队建设发展的突出矛盾和问题,创新发展军事理论,加强军事战略指导,完善新时期军事战略方针,构建中国特色现代军事力量体系。按照十八届三中全会的部署,深化国防和军队改革,就一定能建成威武中国。

富强中国、民主中国、文明中国、和谐中国、美丽中国、威武中国是中国梦中所说的"国家富强"的不同方面,共同构成社会主义现代化的中国。富强是基础,实现国家富强必须坚持以经济建设为中心;民主是政治保证,实现国家富强必须坚定不移地发展社会主义民主政治;文明是标志,实现国家富强必须推动社会主义文化大发展、大繁荣;和谐是基本条件,实现国家富强必须构建社会主义和谐社会;美丽是必然要求,实现国家富强必须努力建设生态文明;威武是力量保证,实现国家富强必须高度重视国防和军队现代化建设。

二、实现国家的完全统一

实现国家的完全统一,是中华民族伟大复兴的历史任务,中国梦强调的"实现国家富强",内含着实现祖国完全统一。实现祖国完全统一是中华民族的根本利益,是实现国家富强的一个重要标志。

1. 祖国完全统一是实现中华民族伟大复兴的重要内容

第一,维护祖国统一是中华民族的爱国主义传统。爱国主义是在长期历史发展过程中形成的对自己祖国的一种最深厚的感情,是一个国家民族意识和民族觉悟的集中反映。中华民族富有爱国主义光荣传统。爱国主义是动员和鼓舞中国人民团结奋斗的一面旗帜,是维护民族团结和国家统一、推动我国社会历史前进的巨大力量,是各族人民共同的精神支柱。

从遥远的古代起,我国各族人民共同开发祖国的河山,建立了紧密的政治、经济、文化联系,2000多年前就形成了幅员广阔的统一国家。悠久的中华文化,成为维系民族团结和国家统一的牢固纽带。民族团结和国家统一始终是中华民族历史发展的主流。国家统一,反映了人民对于和平和安定的渴望与追求,有利于经济社会的发展和进步,有利于各民族之间的亲密合作和交流。而分裂则常常伴随着连绵不断的战争和破坏,伴随着外部势力的入侵和压迫,给人民造成了极大的痛苦。

反对分裂,坚持统一,是中华民族自古以来就有的光荣传统。我国各族人民历来关心祖国的前途和命运,为捍卫民族的尊严和国家的统一进行了英勇斗争。在中国历史上,出卖国家民族利益、制造分裂的人,历来被人民所唾弃。近代以来,由于帝国主义侵略,中国局部地区处于分离状态。各族人民以坚忍不拔的意志,同各种分裂势力及其活动进行了坚决斗争。

中国共产党领导中国人民推翻了帝国主义、封建主义和官僚资本主义的反动统治,建立了中华人民共和国,结束了中华民族遭受外敌入侵、任人宰割的悲惨命运,实现了中国的统一和各民族的大团结。香港问题和澳门问题是历史上殖民主义侵略遗留下来的问题,是分别属于中国和英国之间、中国和葡萄牙之间的问题。台湾问题是中国国内战争遗留下来的问题。60多年来,中国共产党和中国政府一直致力于推进祖国完全统一大业,顺利实现了香港、澳门的回归,有力地推动了两岸关系的发展。

第二,实现祖国完全统一是中华民族伟大复兴的历史任务。民族复兴,就是要改变民族因某种原因陷入停滞不前、贫穷落后、被动挨打的状况,使民族奋发图强、独立解放,实现繁荣昌盛,以重振民族雄风、重塑民族形象、重立民族地位、重现民族辉煌。实现中华民族伟大复兴,是近代以来仁人志士魂牵梦萦的执着追求。中国共产党成立后,义无反顾地担当起中华民族解放和实现中华民族伟大复兴的历史使命。新民主主义革命的胜利为中华民族伟大复兴扫清了障碍,社会主义制度的建立成为中华民族伟大复兴的重要起点,波澜壮阔的改革开放开创了中华民族伟大复兴的崭新局面。

实现祖国完全统一,是中华民族伟大复兴的重要内容和基本任务。国家的完全统一是民族复兴的重要标志,没有国家的完全统一,就没有完全意义上的民族复兴。中华民族的伟大复兴既是一个走向现代化、实现繁荣强盛的过程,同时也是一个实现祖国完全统一的过程。只有实现祖国的完全统一,才能更好地凝聚整个民族的力量加快国家建设的步伐,更好地在国际上展现中华民族团结奋进、朝气蓬勃的雄姿,使中华民族真正自立于世界民族之林。

第三,实现祖国完全统一是中国人民不可动摇的坚强意志。民族团结和国家统一,符合中华民族的根本利益,符合中国社会发展的历史潮流。实现祖国完全统一是包括台湾同胞在内的所有海内外中华儿女的共同心愿。中国共产党代表中国最广大人民的根本利益,始终高举爱国主义的伟大旗帜,把捍卫民族尊严、实现祖国完全统一、维护国家主权和领土完整作为自己神圣的历史使命,并带领中国人民为之英勇奋斗。

2. 坚持用"和平统一、一国两制"推动祖国完全统一

"和平统一、一国两制"的基本内容，就是在祖国统一的前提下，国家的主体坚持社会主义制度，同时在香港、澳门、台湾保持原有的资本主义制度长期不变。具体来说，有十个方面的内容。

一是一个中国。这是"和平统一、一国两制"的核心，是发展两岸关系和实现和平统一的基础。世界上只有一个中国，大陆和台湾同属一个中国，中国的主权和领土完整不容分割。坚决反对制造分裂祖国的言行。

二是两制并存。在祖国统一的前提下，国家的主体部分实行社会主义制度，同时在台湾、香港、澳门保持原有的社会制度和生活方式长期不变。

三是高度自治。祖国完全统一后，台湾、香港、澳门作为特别行政区，享有不同于中国其他省、市、自治区的高度自治权。台湾、香港、澳门同胞的各种合法权益将得到切实尊重和维护。他们可以充分行使选择社会制度和生活方式的权利，更加广泛、直接地参与管理国家大事。

四是尽最大努力争取和平统一，但不承诺放弃使用武力。和平统一，有利于两岸社会的共同发展，有利于两岸同胞感情的融合，有利于统一后台湾的长期繁荣稳定，也有利于维护亚太地区的和平与稳定。不承诺放弃使用武力，不是针对台湾同胞的，而是针对外国势力干涉中国统一和台湾分裂势力搞"台湾独立"图谋的。

五是解决台湾问题，实现祖国的完全统一，寄希望于台湾人民。台湾同胞具有光荣的爱国主义传统，是发展两岸关系的重要力量。

六是积极促谈，争取通过谈判实现统一。以和平的方式实现国家统一，就需要通过谈判解决问题。

七是积极促进两岸"三通"和各项交流，增进两岸同胞的相互了解和感情，密切两岸经济、文化关系，为实现和平统一创造条件。

八是坚决反对任何"台湾独立"的言行。"台独"活动与国际反华力量的支持是分不开的。维护祖国统一事关中华民族的根本利益，中国人民将义无反顾地捍卫国家主权和领土完整，绝不允许任何人以任何方式把台湾从中国分割出去。

九是坚决反对外国势力插手和干涉台湾问题。解决台湾问题是中国的内政，任何国家无权干涉。

十是集中力量搞好经济建设，是解决国际国内问题的基础，也是实现国家统一的基础。中国解决所有问题的关键是靠自己的发展。解决台湾问题，实现

祖国统一,归根到底还是要把自己的事情搞好。

"和平统一、一国两制"构想是充分尊重历史和现实、照顾各方面利益、维护民族团结、实现祖国完全统一和民族伟大复兴的科学构想。"一国两制"是中华民族对人类政治文明的独特贡献。"和平统一、一国两制"构想丰富和发展了马克思主义,具有重大的意义。

第一,"和平统一、一国两制"构想创造性地把和平共处原则用之于解决一个国家的统一问题。和平共处是处理国际关系必须遵循的普遍准则,"一国两制"构想将这一准则的精神应用于解决一个国家内部不同社会制度的地区之间的关系,以解决祖国的和平统一问题。邓小平说:"根据中国自己的实践,我们提出'一个国家,两种制度'的办法来解决中国的统一问题,这也是一种和平共处。"①

第二,"和平统一、一国两制"构想创造性地发展了马克思主义的国家学说。马克思主义认为,国家是历史范畴,是阶级矛盾不可调和的产物。从这个意义上说,在一个国家内一般只能有代表统治阶级利益的一种社会制度存在。"一国两制"构想是马克思主义经典作家没有说过的新话,是解决中国统一问题的新思路、新办法。"一国两制"的国家结构形式,既不是传统的单一制,又不是通常的复合制,而是一种新型的国家结构组织形式,即不仅在单一制的国家结构下带有某些复合制的特点,而且容纳了两种性质不同的经济、政治和社会制度。

第三,"和平统一、一国两制"构想体现了既坚持祖国统一、维护国家主权的原则坚定性,也体现了照顾历史实际和现实可能的策略灵活性,可以避免武力统一会造成的不良后果。在国家统一问题上,所谓原则坚定性,就是坚持一个中国原则,坚持中国国家主权的统一与领土的完整不受侵犯,坚持国家主体即祖国大陆社会主义制度不动摇。所谓策略灵活性,就是在一个国家的主体坚持社会主义制度的前提下,允许非主体的资本主义制度长期存在及特别行政区实行高度自治。按照"和平统一、一国两制"构想实现祖国统一,既适应了我国社会主义现代化建设的实际需要,也充分照顾到港澳台地区的历史和现实情况,同时也妥善照顾到有关国家在这里的投资和其他利益。

第四,"和平统一、一国两制"构想有利于争取社会主义现代化建设事业所需要的和平的国际环境与国内环境。只有实行"一国两制",在中国的主体坚定

---

① 《邓小平文选》第3卷,人民出版社1993年版,第96~97页。

不移地实行社会主义的前提下,在小范围内的某些区域容许资本主义存在,局势可以长期稳定,有利于我们一心一意搞建设。同时,也有利于香港、澳门、台湾的长期稳定、繁荣和发展。"一国两制"确实是面对现实、解决问题的好办法,顺应历史潮流,有功于民族,有益于人民。

第五,"和平统一、一国两制"构想为解决国际争端和历史遗留问题提供了新的思路。"一国两制"构想及其实践,不仅为中国的和平统一开创了光明的前景,而且为解决国际争端和世界遗留的类似问题提供了新的思路和途径。正如邓小平指出的:"世界上一系列争端都面临着用和平方式来解决还是用非和平方式来解决的问题。总得找出个办法来,新问题就得用新办法来解决。香港问题的成功解决,这个事例可能为国际上许多问题的解决提供一些有益的线索。"① "一国两制"构想的提出及其在香港和澳门的成功实践,证实了"一国两制"构想的科学性,也为国际社会解决世界争端、稳定世界局势,提供了一个极好的范例。

从香港、澳门回归祖国后的情况看,"一国两制"构想是伟大的科学构想。香港、澳门回归后不仅没有衰落,而且继续保持繁荣,不仅没有停滞不前,而且快速发展。这证明,"一国两制"具有强大的生命力,是完全符合香港、澳门的实际的。由此可以得出结论:"一国两制"必将适用于解决台湾问题。当然,台湾问题是中国的内政,不同于香港、澳门问题。由此,在实践"和平统一、一国两制"构想中,可以有更多的灵活性,在坚持一个中国的前提下,可以更多地考虑台湾同胞意愿。

3. 坚定不移地走两岸关系和平发展道路

经过多年努力,两岸中国人面临共同繁荣发展、共谋中华民族伟大复兴的历史机遇,这个历史机遇就是两岸关系出现和平发展的良好势头。党的十八大后,党中央多次表示要珍惜历史机遇,保持两岸关系和平发展的良好势头。习近平在一系列重要讲话中,提出了坚定不移走两岸关系和平发展道路的战略思想。

2013年2月25日《在会见中国国民党荣誉主席连战一行时的谈话》中,习近平指出:"我们有充分信心继续坚定不移推动两岸关系和平发展,有充分信心克服各种困难开辟两岸关系新前景,有充分信心同台湾同胞携手迎接中华民族伟大复兴。"

"两岸关系虽然历经坎坷,但终究能打破长期隔阂,开启交流合作。这是因

---

① 《邓小平文选》第3卷,人民出版社1993年版,第59~60页。

为,两岸同胞同属中华民族,这种天然的血缘纽带任何力量都切割不断;两岸同属一个中国,这一基本事实任何力量都无法改变;两岸交流合作得天独厚,这种双向利益需求任何力量都压制不住。更是因为,全体中华儿女有决心通过自己的不懈奋斗自立于世界民族之林,这种全民族共同愿望任何力量都阻挡不了。"

"'兄弟齐心,其利断金。'实现中华民族伟大复兴,需要两岸同胞共同努力。我们真诚希望台湾同大陆一道发展,两岸同胞共同来圆中国梦。携手推动两岸关系和平发展,同心实现中华民族伟大复兴,应该成为两岸关系的主旋律,成为两岸中华儿女的共同使命。"①

2013年3月17日《在第十二届全国人民代表大会第一次会议上的讲话》中,习近平指出:"香港特别行政区同胞、澳门特别行政区同胞,要以国家和香港、澳门整体利益为重,共同维护和促进香港、澳门长期繁荣稳定。广大台湾同胞和大陆同胞要携起手来,支持、维护、推动两岸关系和平发展,增进两岸同胞福祉,共同开创中华民族新的前程。广大海外侨胞,要弘扬中华民族勤劳善良的优良传统,努力为促进祖国发展、促进中国人民同当地人民的友谊作出贡献。"② 2013年6月13日《在会见中国国民党荣誉主席吴伯雄一行时的谈话》中,习近平指出:"坚持从中华民族整体利益的高度把握两岸关系大局。我们坚持维护中华民族根本利益,维护包括台湾同胞在内的全体中华儿女共同利益。从中华民族整体利益把握两岸关系大局,最根本的、最核心的是维护国家领土和主权完整。大陆和台湾虽然尚未统一,但同属一个中国,是不可分割的整体。国共两党理应坚持一个中国立场、共同维护一个中国框架。希望两党都本着对历史、对人民负责任的态度,以中华民族整体利益为重,把握好两岸关系和平发展大局,推动两岸关系沿着正确方向不断向前迈进。"

"坚持在认清历史发展趋势中把握两岸关系前途。经过中华儿女不懈奋斗,中华民族伟大复兴展现出前所未有的光明前景。我们应该登高望远,看到时代发展、民族振兴大趋势,看到两岸关系和平发展已经成为中华民族伟大复兴的重要组成部分,摆脱不合时宜的旧观念束缚,明确振兴中华的共同奋斗目标。两岸关系发展是大势所趋,我们应该据此确定自己的路线图,继续往前走。我们两党应该以实现民族振兴、人民幸福为己任,促进两岸同胞团结合作,积极宣

---

① 《习近平关于实现中华民族伟大复兴的中国梦论述摘编》,中央文献出版社2013年版,第57~58页。
② 《习近平关于实现中华民族伟大复兴的中国梦论述摘编》,中央文献出版社2013年版,第58~59页。

导'两岸一家人'的理念,汇集两岸中国人智慧和力量,在共同实现中华民族伟大复兴的进程中抚平历史创伤,谱写中华民族繁荣昌盛的崭新篇章。"①

2013年7月20日在《致中国国民党主席马英九的贺电》中,习近平指出:"当前,两岸关系站在新的起点上,面临重要机遇。贵我两党实当顺应世界发展之大势、两岸同胞福祉之大义,登高望远,深化互信,良性互动,继续推动两岸关系全面发展,拓宽两岸关系和平发展道路,俾使两岸关系不断前行,共同为两岸同胞之幸福、中华民族之复兴而携手努力。"②

2013年10月6日《在会见台湾两岸共同市场基金会荣誉董事长萧万长一行时的谈话》中,习近平指出:"两岸双方应该坚持走两岸关系和平发展的正确道路,倡导'两岸一家亲'的理念,加强交流合作,共同促进中华民族伟大复兴。"③

上述表明,中国共产党在实现祖国完全统一问题上,将坚定不移地坚持走两岸关系和平发展道路。这条道路的主要内容,一是坚持从中华民族整体利益的高度把握两岸关系大局,最根本的、最核心的是维护国家领土和主权完整。二是坚持在认清历史发展趋势中把握两岸关系前途,两岸关系和平发展已经成为中华民族伟大复兴的重要组成部分。三是坚持增进互信、良性互动、求同存异、务实进取。增进互信,核心就是要在巩固和维护一个中国框架这一问题上形成更为清晰的共同认知和一致立场。良性互动,就是要加强沟通、平等协商、相向而行,相互释放善意,维护两岸和平发展局面,合情合理解决彼此间的问题。求同存异,就是汇集和扩大推动两岸关系发展的共识,妥善处理和管控分歧。务实进取,就是要本着实事求是的态度,坚持从实际出发,循序渐进,稳步向前,以更大勇气和决心面对和克服前进道路上的困难。四是稳步推进两岸关系全面发展,保持两岸关系大局稳定,增进两岸民众福祉。

实现国家富强是中国梦的根本标志,国家富强不仅表现为经济富强、政治民主、精神文明、社会和谐、生态文明、军事强大,而且也表现为国家的完全统一。台湾问题不解决,就不是完全意义上的国家富强。两岸实现统一,是实现

---

① 《习近平关于实现中华民族伟大复兴的中国梦论述摘编》,中央文献出版社2013年版,第59~60页。
② 《习近平关于实现中华民族伟大复兴的中国梦论述摘编》,中央文献出版社2013年版,第60页。
③ 《习近平关于实现中华民族伟大复兴的中国梦论述摘编》,中央文献出版社2013年版,第61页。

国家富强的一个重要标志。实现中华民族伟大复兴的中国梦,必须把实现国家的完全统一作为一个重要目标。台湾问题是中国的内政,但国际敌对势力必然插手进行干预,"台独"势力必然进行破坏。因此,我们必须有两手准备,既坚定不移地走两岸关系和平发展道路,又要积极进行军事准备。没有充分的军事准备,和平的愿望很难实现。

第三章
中国梦的主题——实现民族振兴

中国梦是关于实现中华民族伟大复兴的梦,因此,实现民族振兴必然成为中国梦的主题。"民族振兴"与"民族复兴"意义相同,都是指实现中华民族繁荣昌盛,走在世界民族之林的前列,为人类文明发展作出更大贡献。正是因为民族振兴是中国梦的主题,才把中国梦叫作"实现中华民族伟大复兴的中国梦"。习近平指出:"中国梦是一种形象的表达,是一个最大公约数,是一种为群众易于接受的表述,核心内涵是中华民族伟大复兴,可以适当拓展,但不能脱离中华民族伟大复兴这个主题,要紧紧扭住这个主题激活和传递正能量。"[①] 所谓主题,是指主题思想,或叫基本观点、基本思想、中心思想,有时也指主要内容。所谓中国梦的主题,就是指中国梦的中心思想、灵魂,凝聚着中国梦的精神实质。

一、民族振兴与国家富强、人民幸福的关系

所谓民族,是指人们在长期历史发展中形成的稳定的共同体。由于民族是一种社会历史现象,因此,在不同历史阶段,构成民族的因素有所不同。当历史上最初的民族共同体出现时,共同的地域是构成民族的基本条件。在现代,构成民族的基本因素是共同的文化,这包括以下几方面。

一是共同的历史。列宁认为:"'没有历史的民族'的例子是任何地方都找不到的(除非在乌托邦),要找,只能到历史的民族之中去找。"[②] 所谓共同的历史,是指一致的或相近的历史发展过程、历史命运以及紧密的历史联系。二是共同的语言、宗教、价值标准、心理素质、风俗习惯以及在此基础上形成的特定的民族意识和民族感情。三是统一的族称及认同,即共同体成员接受、认同统

---

① 《习近平关于实现中华民族伟大复兴的中国梦论述摘编》,中央文献出版社2013年版,第10页。
② 《列宁全集》第24卷,人民出版社1990年版,第369页。

一的族称。

民族一旦形成就具有稳定性，但在发展过程中也是变动的。有的民族分解为不同的民族，有的民族是由不同族体聚合而成的，中国的汉族就是由不同民族单位不断融合而成的。由于民族基本构成要素是共同文化，因此，中国梦中提出的"实现民族振兴"，是指振兴中华文化，使中华文明再现辉煌。应当明确，中华民族不是指一个民族，而是56个民族的统称，中华民族也不仅是指在中国大陆居住的56个民族，也包括在中国的港澳台以及世界各地的中华儿女。"民族振兴"包含了56个民族的共同繁荣昌盛。

民族和国家是完全不同的两个概念。民族必须以社会的形式存在。民族的形成、活动、作用的发挥都是在社会中展开的。民族文化、民族传统、民族生活方式、民族意识、民族风俗习惯都是在社会中形成的。社会作为人类特有的存在方式和活动方式，它以社会关系为纽带将人们联系成一个整体。维护社会关系，有效处理社会内部关系和外部关系，就必须建立社会秩序。建立和维护社会秩序，就需要一种具有约束力的强制性的权力对社会进行调节和控制，这样，社会公共权力就产生了。这种权力开始时表现为族长所享有的威信、尊敬和权力。"一般说来，在联合为民族的德意志各部落中，也曾发展出像英雄时代的希腊人和所谓王政时代的罗马人那样的制度，即人民大会、氏族尊长议事会和已经图谋获得真正王权的军事首长。这是氏族制度下一般所能达到的最发达的制度；这是野蛮时代高级阶段的典型制度。只要社会一越出这一制度所适用的界限，氏族制度的末日就来到了；它就被炸毁，由国家来代替了。"① 列宁认为："国家正是这种从人类社会中分化出来的管理机构。当专门从事管理并因此而需要一个强迫他人意志服从暴力的特殊强制机构的特殊集团出现时，国家也就出现了。"②

民族和国家有着非常密切的关系，特别是民族国家和多民族国家的出现，使两者更加紧密联系起来。民族国家和多民族国家是现代意义的国家形式。由一个占全国人口绝对多数的主体民族执掌国家政权的主权国家为民族国家，由两个或多个民族共同执掌国家政权的主权国家为多民族国家。我国是多民族国家，尽管汉族占绝大多数，但国家是各民族共同缔造的，各民族一律平等，共同执掌和分享国家政权。在民族国家或多民族国家中，民族和国家的结合不

---

① 《马克思恩格斯文集》第4卷，人民出版社2009年版，第163～164页。
② 《列宁全集》第37卷，人民出版社1986年版，第63页。

仅是形式上的结合,而且是内容上的、实质上的结合。国家是民族社会发展的产物,是民族为了建立和维护社会秩序而创造出来的管理机构。国家是民族政治关系的集中表现,代表民族的根本利益和共同意志,国家的强弱,代表了民族的兴衰。但无论怎样,两者毕竟是两个不同的概念。民族是由共同文化维系的共同体,国家是由政治关系维系的共同体。一个国家可以由一个或多个民族组成,而一个民族可以分布在不同国家里。中华民族主要居住在中华人民共和国境内,但也有一部分分布在世界各地。因此,中国梦中提出的"实现国家富强",是指实现中华人民共和国繁荣富强,其基本内涵是指完善和发展中国特色社会主义制度,推进国家治理体系和治理能力现代化,建成富强民主文明和谐美丽威武的社会主义现代化国家。

人民是一个政治概念,主体是从事物质生产和精神生产的广大劳动群众。但在不同的国家、不同的历史时期,人民这个概念有不同的内容。如中国的抗日战争时期,一切抗日的阶级、阶层和社会集团都属于人民;解放战争时期一切反对帝国主义、封建主义、官僚资本主义的阶级、阶层和社会集团都属于人民;在社会主义时期,人民的范围更加广泛,不仅包括工人、农民和知识分子,而且包括一切拥护社会主义的爱国者和拥护祖国统一的爱国者。人民和民族既有密切联系又有区别。人民都是民族共同体成员,但民族共同体成员不都是人民,只有热爱国家、拥护现政权的民族共同体成员才是人民,那些敌视国家、敌视现政权的民族共同体成员不属于人民。人民是有国界的,任何一个时期的人民,都是一个国家的人民,而民族共同体成员不一定都在一个国家。人民与国家也是既有密切联系又有区别的。人民是国家的主体,国家则是人民的工具。当然,由于国家性质不同,人民的范畴也不同。在剥削阶级统治的国家,人民是指少数统治者。在社会主义国家,人民是国家的主人,是绝大多数劳动人民群众。因此,中国梦中提出的"实现人民幸福",是指中国人民过上幸福美满生活。

上述表明,民族、国家、人民是相互联系又相互区别的概念,因此,中国梦中提出的"实现国家富强、民族振兴、人民幸福"既相互联系又有不同的内涵。国家富强是中国梦的第一要义,是实现中华民族伟大复兴的根本标志;民族振兴是中国梦的主题,是实现中华民族伟大复兴的本质体现;人民幸福是中国梦的出发点和落脚点,是实现中华民族伟大复兴的必然要求,三者统一于实现中华民族伟大复兴的中国梦之中。

实现国家富强、人民幸福,都是围绕民族振兴这个主题而展开的。实现国家富强是民族振兴首要要求,只有国家富强,才能保证民族共同利益,彰显民族共同意志,实现国家富强要服从和服务于民族振兴。实现人民幸福是民族振兴在新的历史时期的根本目的,在新的历史起点上实现民族振兴,不是为了争王称霸,不是为了侵略、掠夺、欺压其他民族,而是为了构成中华民族主体的中国人民过上幸福美满的生活。只有民族振兴起来了,才能实现人民幸福。因此,实现人民幸福必须以民族振兴为前提。

二、民族振兴的历史依据

从世界各民族的发展史来看,并不是所有的民族都会提出实现复兴的课题。只有自身文明曾经繁荣兴盛过的民族,才有条件提出复兴的目标。如果过去不曾辉煌过,何来复兴可言?中华民族提出实现复兴的课题,有充分的历史依据,即中华民族曾经长期领先于世界民族之林。那么,中华民族有过怎样的辉煌?中华民族历史悠长,在四大文明古国里,中华民族是唯一没有中断,至今仍在发展延续的一脉。而在中华民族5000年的历史过程中,勤劳智慧的中国人民创造了灿烂辉煌的中华文明,在19世纪以前的漫长岁月里,中华文明也一直居于世界前列,在物质、精神、科技、文化、艺术、军事等方面,中华民族都创造了辉煌的成就。

1. 物质文明

在5000年的历史长河中,中华民族创造了灿烂的物质文明,从农耕到手工业,从丝绸到炼钢,中华民族不仅开创了物质文明发展的新纪元,并且领先欧洲长达几千年之久。

第一,农耕文明发达。农业是人类发展最基本的物质基础,而农耕的发明正是中华文明的起源所在。近几十年的考古发现与研究表明,大约在距今8000年前,在我国黄河、长江流域周边的广大地区,就已经有了较大规模的农耕活动,并已培育出较好的栽培作物种子。农业的出现,使人类最终摆脱了对自然界完全依赖的采集、渔猎生活,转入以定居为依托的农耕畜牧经济,在人类发展历史上具有重大意义,被称为"绿色革命"。中国"绿色革命"最伟大的成果是粟、黍、稻三大谷物的栽培成功。中国是世界农业起源的一个重要的中心地区,在人类文明发展史上占有十分重要的地位。

第二,手工业发达。中国古代的手工业也是举世闻名的,传世的龙山黑陶、仰韶彩陶、商周的青铜器、汉唐的丝织品、宋元明清的瓷器等,都是我国的国宝。中国素有"瓷国"之称。中国古代瓷器的制造在全世界享有盛誉,它的历史源远流长,可以追溯到3000多年前的商朝,到唐朝时已高度发展,到宋朝时登峰造极。我国还是世界上生产丝绸最早的国家,早在四五千年前的新石器时代,我们的祖先就在河南、河北一带从事养蚕生产丝绸,著名的"丝绸之路"的起点就是有着"丝国"美誉的中国。同时,我国的炼钢技术也是世界上最早发展的,据资料考证,我国的炼钢技术领先其他国家至少2000年之久。

第三,经济总量长期处于世界领先地位。中华民族创造的物质文明,直到18世纪仍然处于世界领先地位。历史学家戴逸在《十八世纪的中国与世界》的报告中指出:当时全世界有九亿人口,中国有三亿,占世界人口的1/3;粮食产量也占也世界的1/3;工业产值(主要是手工业生产)占世界的33.3%,而整个欧洲只占世界的28.1%;18世纪全世界超过50万人口的大城市共有十个,中国占了六个:北京、南京、扬州、苏州、杭州、广州。直到18世纪末期,中国的经济规模仍然是世界上最大的。

2. 精神文明

中华民族不仅对人类的物质文明作出了巨大的贡献,而且对人类精神文明也作出了杰出的贡献。几千年来,有着悠久文化积淀的中国出现了许多伟大的思想家、科学家、文学家、艺术家,他们在自然科学、社会科学、文学艺术的各个专业、各个门类都写下了自己光辉的一页。

第一,在哲学、政治思想方面,春秋战国时代的孔子是儒家学派的创始人,也是当时世界上最伟大的思想家和教育家,比古希腊的大思想家、教育家苏格拉底、柏拉图还要早上几十年。他的思想不仅支配了中国封建时代的思想,而且给东亚乃至全世界以重大的影响,其中一些言论和思想,至今仍然具有积极意义。战国时期的百家争鸣,彰显了中华民族的智慧。儒家的代表有孔子、孟子、荀子;墨家的代表有墨子;道家的代表有老子、庄子;法家的代表有韩非等。他们立说著书、互相争鸣,对后代的思想产生了深远的影响。而秦汉以后,思想家、哲学家更是人才辈出,西汉的董仲舒,东汉的王充,晋朝的周弼,唐朝的韩愈,宋朝的柳宗元,北宋的周敦颐、程颐,南宋的朱熹、陆九渊,明朝的王守仁,明末清初的王夫之、黄宗羲、顾炎武等,这些思想家的思想闪耀着中华民族的智慧之光。

第二,在历史学方面,我国的历史学遗产特别丰富,各种史学著作更是浩如烟海。著名的《史记》出自西汉著名思想家、史学家司马迁之手,是世界上第一部纪传体通史。我国第一部纪传体断代史《汉书》出自东汉史学家班固。而此后历朝历代纪传体史书也从未间断。另外,唐代杜佑的《通典》,宋代郑樵的《通志》,司马光的《资治通鉴》,元代马端临的《文献通考》,明代的《永乐大典》,清代的《古今图书集成》等,都为中国历史学的发展和延续作出了突出的贡献。

第三，在天文历法方面，我国的天文学家早在公元前21世纪的夏朝就创造了历法，称为"夏历"。商朝时期的历法在此基础上又有所改进，在甲骨文中已有了大小月份的区分，大月30天，小月29天，一年分为12个月，这些都与我们今天所用的公历基本相同。此外，在商朝时我国便有了对日食、月食最早的记录。春秋时代，鲁国的天文学家留下了许多观察恒星的记录，观测到37次日食，测定了冬至和夏至的日期。在《左传》里已有了世界上最早的关于哈雷彗星的记录。战国时代的甘德、石申合著的《甘石星经》，是世界上最早的天文学著作，它记录了800个恒星的名字，其中121个恒星的位置已经测定，并且发现了五大行星出没的规律。西汉时期，我国天文学家已经发现了太阳黑子，这是世界天文史上第一次观测日斑的记录，比欧洲早1000多年。东汉时期的张衡是我国也是世界上伟大的天文学家，他第一次科学地解释了月食的成因。同时，他还根据自己多年对天文、历法和数学的研究经验，制造了重要的天文仪器浑天仪。132年，他又发明了地动仪，这是世界上最早的测定地震方位的仪器，比欧洲人的类似发明早1700余年。唐代的僧一行，在他的倡议领导下，测出了子午线的长度，这在世界上也是第一次。元代的郭守敬算出一年的长度为365.2425日，与地球绕太阳一周的时间相比只差26秒。他所编著的《授时历》和现行公历一年的周期相同，但比现行公历的确立早300年。

第四，在建筑学方面，秦代的万里长城以及现存的我国古代宫殿建筑、寺院建筑，都是举世闻名的。尤其是长城的修建，是世界历史上最伟大的工程之一，是人类的奇迹。中国古代产生了许多著名的建筑学家。例如，战国时代的鲁班，是鲁国著名的工匠，他善于建筑房屋和桥梁，改进生产工具，被后世奉为工匠之祖。隋代的李春也是一位杰出的工匠，他领导设计、建造的赵州桥（原名安济桥），是世界上保存到今天的一座最古老的石拱桥，经历1300多年仍很坚固，这是具有高度科学水平和艺术水平的桥梁工程，在中国以及世界桥梁史上都占有重要的地位。北宋时李诫的《营建法式》一书，是世界上第一部完整的建筑学著作。

此外，在数学、医学、地理学等方面，中国都取得过令世人瞩目的成绩。中华民族在精神文明方面的辉煌成就不仅让国人自豪，更让世人为之敬仰。

3. 科技文明

中国古代的科学技术、发明创造，在17世纪以前一直处于世界领先地位。造纸术、活字印刷术以及火药和指南针，被称为中国"四大发明"。马克思对这"四大发明"曾给予高度评价，说这是"资产阶级发展的必要前提"，对世界历史的发展起到了重大的推动作用。除此之外,在中国历史上还有一大批先进的知识分子,他们继承和总结了劳动人民长期生产和生活实践的经验,对科学技术的发展作出了多方面的贡献。

第一,在农业方面,中国早在战国时代就出现了专门研究农业生产的农家学派,并有农业科学专著《后翟农书》。西汉时又出现了《祀胜之书》、北魏贾思勰的《齐民要术》、元代王桢的《农书》、明代徐光启的《农政全书》,这四部书号称中国的"四大农书",也是世界农学史上的名著。

第二,在水利工程方面,最著名的是战国末年李冰领导兴修的综合性防洪灌溉水利工程都江堰,2000多年来都江堰一直发挥着重要作用,其设计技术水平之高,不仅为中外水利专家所公认,而且在今天仍有参考学习的现实意义。隋代的大运河是我国也是世界上开凿最早和最长的人工运河。运河全长约2000千米,在京沪杭、京汉铁路通车以前,一直是南北交通的大动脉,对保持南北统一以及经济文化的交流起了极大的作用。黄河是中国古代文化的摇篮,但也给人民带来了许多灾害,历代人民为治理黄河曾经进行了长期的斗争。明代潘季驯前后四次奉命治河,达27年之久,他总结了历代治河的经验,又根据自己多年的亲身实践,写成《河防一览》、《两河管见》、《两河经略》等书,这些著作不仅在中国水利史上占有重要的地位,而且在今天仍有参考价值。

4. 文学艺术

中国古代的文学艺术,在世界史上也占有光辉的地位,其成就是多方面的,主要有诗歌散文、词、曲、小说、书法、绘画、雕刻、音乐、舞蹈等。在诗歌方面,应首推《诗经》。《诗经》大部分是西周到春秋时期的民间诗歌,是我国也是世界上最早出现的一部诗歌总集。战国时期的伟大诗人屈原,用楚国的方言,利用民谣形式,创造出一种新的诗歌体裁"楚辞",《离骚》是其代表作。他的诗歌已被译成许多国家文字,是我国也是全世界文化宝库中的珍贵的文学遗产。汉代《乐府》也是一部民间诗歌总集,它不仅哺育了当代的诗歌,并且给后代诗人以巨大影响。唐朝是我国历史上诗歌的繁荣时代,产生了许多杰出的诗人,其中最有名的是李白、杜甫、白居易。历代散文作家层出不穷,先秦诸子基本上都是优秀的散文作家。司马迁的《史记》和班固的《汉书》,不仅是伟大的史学著作,而且也是散文的典范。唐宋的韩愈、柳宗元、欧阳修、苏洵、苏轼、苏辙、王安石、曾巩,都是著名的散文作家。宋朝是宋词的创作繁荣时代,最著名的词人有苏轼、陆游、辛弃疾、李清照。元朝是戏曲文学盛行的时代,最有名的戏曲作家是关汉卿,他写了60多种剧本,代表作有《窦娥冤》、《望江亭》等,这些作品对后代戏曲文学有很大的影响。元代著名的剧作家还有王实甫(代表作《西厢记》)、白朴(代表作《墙头马上》)、马致远(代表作《汉宫秋》)等,他们都留下了许多现实主义作品,在思想上和艺术上都有很高的成就。明清两代小说盛行。罗贯中的《三国演义》、施耐庵的《水浒传》、吴承恩的《西游记》、曹雪芹的《红楼梦》、吴敬梓的《儒林外史》、蒲松龄的《聊斋志异》,在世界文坛上有很大影响。

中国古代的艺术成就是多方面的,诸如书法、绘画、雕刻、音乐、舞蹈等,都在世界上享有很高的声誉。书法是我国独创的一门艺术,著名的书法家有晋代的王羲之,唐代的欧阳询、颜真卿、褚遂良、虞世南、柳公权、张旭、怀素,宋代的苏轼、黄庭坚、米芾、蔡襄,元代的赵孟、鲜于枢,明代的祝允明、文徵明,清代的董其昌、何绍基、邓石如、赵子谦等。石窟艺术是我国古代艺术家集体创作的珍品,山西大同云冈石窟、河南洛阳龙门石窟和甘肃敦煌莫高窟,是我国也是世界上伟大艺术的宝库。中国的音乐舞蹈,也有悠久的历史,中华民族大家庭中的许多少数民族都是能歌善舞的民族。

上述表明,中华民族创造出了高度发达的物质文明、精神文明、科技文明以及繁荣的文学艺术,为人类文明发展作出了巨大贡献。到了近代,中华民族处于落后状态,因而提出了实现伟大复兴的课题。提出复兴这一课题的历史依据,就是中华民族曾拥有辉煌的历史。

三、民族振兴梦的缘起

实现中华民族伟大复兴,一直是中国近代以来无数仁人志士顽强追求的目标,一直是时代潮流中最突出的主题,一直是贯穿中国近现代历史基本的线索,一直是亿万中华儿女共同的心愿。习近平指出:"实现中华民族伟大复兴是中华民族近代以来最伟大的梦想。从孙中山先生第一个喊出'振兴中华'的口号以来,中华民族和中国人民为实现这个目标进行了不屈不挠的斗争,付出了巨大努力,作出了巨大牺牲。六十多年前,我们党领导人民经过长期艰苦卓绝的斗争建立了新中国,三十多年前我们党领导人民开始了改革开放,这两件大事大大加快了实现中华民族伟大复兴的历史进程。"① 也就是说,鸦片战争以来,历代先进中国人的抗争、中国共产党搞革命、搞建设、搞改革,归根结底都是为了实现中华民族伟大复兴这个目标。近代以来,中华民族之所以提出实现伟大复兴的目标,就是因为屈辱的历史和悲惨的命运。

---

① 《习近平关于实现中华民族伟大复兴的中国梦论述摘编》,中央文献出版社2013年版,第10页。

随着资本主义生产方式的兴起、近代工业革命脚步的加快,中国很快落伍了。故步自封的封建统治者仍然沉浸在往日的辉煌所造就的梦想之中,等待着"万国来仪"。不料,等来的却是西方列强的船坚炮利,等来的却是亡国灭顶之灾。近代以来中华民族因此饱受欺凌,山河破碎,民生凋敝。这100多年被侵略、被凌辱的历史中,中国遭受了列强野蛮而残酷的侵略和殖民,中华民族遭受的屈辱与苦难世所罕见,因此,中国的近代史也可以说是中华民族的屈辱史和苦难史。

1840年6月,英国悍然发动了蓄谋已久的鸦片战争,古老中国遭受到前所未有的冲击,社会性质、阶级关系产生了剧烈的变化。鸦片战争后,列强相继染指中国。他们凭借其雄厚的实力,通过军事上发动战争、政治上加紧控制、经济上大肆掠夺、文化上逐步渗透等各种手段,使中国逐渐坠入了半殖民地半封建社会的深渊。

第一,军事侵略。列强对中国进行军事侵略手段多种多样。它们凭借先进的武器装备和军事技术,通过进行武力威胁、发动侵略战争、武装干涉中国内政、直接出兵镇压中国革命等方式对中国进行侵略。列强的军事侵略是一个逐步升级的过程,从骚扰、蚕食中国沿海、边疆,到割占中国大片领土,直至企图瓜分中国。早在鸦片战争前,它们就对中国的沿海、边疆进行了多次海盗式的骚扰和武力侵犯。从鸦片战争开始,列强对中国发动了一次又一次的侵略战争。在近代,从1840～1919年的80年间,资本主义列强对中国发动的大规模的武装侵华战争就有五次,即第一次鸦片战争、第二次鸦片战争、中法战争、中日甲午战争、八国联军侵华战争。几乎所有的资本主义强国,都参与了对中国的侵略和掠夺,清政府在历次战争中均遭惨败。每次侵华战争,无辜的中国人民都要遭受血腥的屠杀、中国的领土被强行侵占、中国的财富被勒索和掠夺。国家主权丧失,社会财富遭洗劫,使中国人民失去了最起码的生存条件。

第二,政治控制。列强对中国人民的政治控制是多方面的。《天津条约》的一项重要内容,就是允许外国公使常驻北京。列强通过驻华公使、领事等粗暴地干涉中国内政,践踏中国主权。第二次鸦片战争后,英、法、俄、美等国在北京建立了公使馆。当时西方列强的公使,是以战胜者的姿态进入北京的,他们不是普通的外交官,而是清政府的"太上皇"。他们不仅在中国竭力培植买办官僚,刺探军政情报,而且时常以"劝告"、"建议"等方式干涉中国的内政与外交。此外,列强还通过享有领事裁判权、海关管理权以及对外交涉等特权,操纵中国的内政与外交,更是达到了无以复加的地步。

第三,经济掠夺。鸦片战争前,清政府实行闭关政策,只允许外国商人在广州一地贸易,而且必须经过官方指定的公行即"十三行"进行。1842年《南京条约》规定,开放广州、厦门、福州、宁波、上海5个港口城市为通商口岸。1858年《天津条约》又规定,开放牛庄(后改营口)、登州(后改烟台)、台湾(后定为台南)、淡水、潮州(后改汕头)、琼州、汉口、九江、南京、镇江10个口岸。1860年《北京条约》又规定增加天津为通商口岸。陆路方面,清政府还向俄国开放伊犁、喀什噶尔等商埠。在这些通商口岸里,外国人依仗不平等条约享有种种特权,控制当地的工商、金融事业,甚至设立租界,实行殖民统治。这些通商口岸大多成了列强在中国进行经济侵略的基地。近百年中,列强通过暴力的与非暴力的、非法的与"合法"的手段,从中国掠去的白银总数达1000亿两。在列强的侵略下,一个独立自主、领土完整的中国被弄得主权丧尽,山河破碎;一个地大物博、资源丰富的中国被弄得国弱民穷,经济落后,民不聊生。

列强通过军事侵略、政治控制、经济掠夺,使中国在经济上也丧失了独立性,中国被纳入世界经济体系,成了西方大国的经济附庸。除了沿海、沿江少数城市的经济得到畸形繁荣以外,中国广大地区特别是农村的经济都濒临破产。外国列强和中国封建主义的联合统治,导致了近代中国经济的落后和人民的贫困。面对屈辱的历史和悲惨的命运,中华民族没有听之任之,而是奋起抗争。鸦片战争后,为了救亡图存、富国强兵、振兴中华,中国各派政治力量都做出了巨大努力。

第一个登场亮相的是中国农民阶级。以洪秀全为领袖的中国农民阶级开展了一场声势浩大的太平天国运动。太平天国运动沉重打击了腐朽的中国封建制度,抗击了西方列强的侵略。然而,太平天国运动最终还是失败了,证明中国农民阶级无力承担救亡图存、富国强兵、振兴中华的历史重任。

第二个登场亮相的是以李鸿章、曾国藩、张之洞等人为代表的地主阶级改革派。他们以"中学为体、西学为用"为指导思想,试图在维护中国封建制度基础上,学习西方先进的科学技术,师夷长技以制夷,来达到救亡图存、富国强兵、振兴中华的目的。从19世纪60年代到90年代,地主阶级改革派在长达30多年的时间里,轰轰烈烈地开展了一场洋务运动。洋务运动历史功绩巨大,西方先进的科学技术在中国得到了传播,诞生了中国近代第一批民族工业,创造出中国的资产阶级和无产阶级。然而,洋务运动没有挽救中华民族的命运,甲午中日战争,中国失败,洋务运动破产,中华民族危机进一步加深。证明中国地主阶级无力承担救亡图存、富国强兵、振兴中华的历史重任。

第三个登场亮相的是以康有为、梁启超等人为代表的中国资产阶级改良派。他们掀起了中国近代史上第一次思想启蒙运动,全面宣扬资产阶级思想,把洋务派向西方学习西技发展到学习西政,主张建立中国资本主义制度。他们开展的维新变法运动虽然失败,但是变法精神永存。戊戌变法失败也表明,中国资产阶级改良派无力承担救亡图存、富国强兵、振兴中华的历史重任。

第四个登场亮相的是以孙中山为代表的中国资产阶级革命派。中国资产阶级革命派进行了可歌可泣的伟大斗争,他们领导的辛亥革命,推翻了长达2000多年的中国封建专制制度,打开了中国进步的历史闸门。但是革命成果却被封建军阀窃取。无量头颅无量血,可怜购得假共和。辛亥革命的失败表明,中国资产阶级革命派同样难以承担救国图存、富国强兵、振兴中华的历史重任。

中国农民阶级、地主阶级、资产阶级的努力,表现出了中华民族自强不息、百折不挠的强大生命力和求生存、求发展的坚强意志。这些努力为中国的进步奠定了基础,但是,没有改变中华民族的历史命运。五四运动后,中国无产阶级开始登上历史舞台,马克思主义同中国工人运动相结合,诞生了中国共产党。从此,在中国共产党的领导下,经过北伐战争、土地革命、抗日战争、解放战争,长达28年的艰苦奋战,终于推翻了压在中国人民头上的"三座大山",也就是帝国主义、封建主义和官僚资本主义,建立了中华人民共和国,完成了救亡图存的历史重任。为此中国共产党也做出了巨大牺牲,仅有名可查的革命烈士就有32万人之多,无名烈士不可胜数。在人类历史上从来没有哪一个政党像中国共产党这样为国家和民族前仆后继、勇于牺牲。

建立中华人民共和国,是实现中华民族伟大复兴迈出的具有决定性的一步。一是实现了国家独立。中华人民共和国的成立,结束了帝国主义在中国的统治,废除了帝国主义在中国的一切特权,胜利结束了中国人民从1840年开始的"百年战争",实现了中国人民梦寐以求的国家独立。从此,中国可以独立自主地处理国内事务和国际事务。二是实现了国家统一。中华人民共和国的成立,结束了近代中国长期战乱和一盘散沙的局面,从根本上改变了旧中国四分五裂和山河破碎的状态,实现了国家统一和各民族的大团结。三是实现了人民解放。中华人民共和国的成立,推翻了封建地主阶级和官僚资本主义的统治,建立了人民民主专政的国家政权,人民成了新国家、新社会的主人,从此掌握了自己的命运。四是影响了世界历史的发展。中华人民共和国的成立,是第二次世界大战后最重大的政治事件,对国际局势和世界的和平与发展具有深远的影响。中国站立起来了,激励了许多与中国有相同历史命运的国家争取独立斗争。当今世界上的国家中,有100多个国家是在20世纪50年代获得独立的,这与中国革命胜利的影响是分不开的。中国革命的胜利和这些国家的独立,彻底铲除了殖民主义。资本主义有两大邪恶的怪物,即法西斯主义和殖民主义。这两大邪恶的怪物都是在20世纪猖獗,又在20世纪被铲除。

今天,我们站在21世纪的历史高度,重新审视新中国从孕育到诞生的历史画卷,可以看出,中国人民在中国共产党的领导下结束"百年战争",是人类文明史上的伟大杰作,开启了实现中华民族伟大复兴的新纪元。

四、民族振兴的光明前景

新中国成立以来,党领导人民完成和推进了两件大事,使中华民族实现伟大复兴呈现出光明前景。一是我们党紧紧依靠人民完成了社会主义革命,确立了社会主义基本制度。我们创造性地实现了由新民主主义到社会主义的转变,使占世界人口1/4的东方大国进入社会主义社会,实现了中国历史上最广泛、最深刻的社会变革。我们建立起独立的比较完整的工业体系和国民经济体系,积累了在中国这样一个社会生产力水平十分落后的东方大国进行社会主义建设的重要经验。二是我们党紧紧依靠人民进行了改革开放新的伟大革命,开创、坚持、发展了中国特色社会主义。党的十一届三中全会以来,总结了我国社会主义建设经验,同时借鉴国际经验,以巨大的政治勇气、理论勇气、实践勇气实行改革开放,经过艰辛探索,形成了党在社会主义初级阶段的基本理论、基本路线、基本纲领、基本经验,建立和完善了社会主义市场经济体制,坚持全方位对外开放,推动社会主义现代化建设取得了举世瞩目的伟大成就。30多年来,我们党始终以改革开放为强大动力,在新中国成立以后取得成就的基础上,推动党和国家各项事业取得举世瞩目的新的伟大成就。

1. 国民经济上大台阶

1978年,我国国内生产总值只有3645亿元,在世界主要国家中位居第10位。人均国民总收入仅190美元,位居全世界最不发达的低收入国家行列。改革开放的推进,不断为发展注入生机和活力,我国经济迅速走上快速发展的轨道。改革开放的30多年,是我国经济蓬勃发展的30多年,是我国综合国力和国际影响力由弱变强的30多年,是我国逐步摆脱低收入国家不断向世界中等偏上收入国家行列迈进的30多年。

第一,经济总量居世界位次稳步提升。经济总量的加速扩张大大缩小了我国与世界主要发达国家的差距。30多年来,我国国内生产总值居世界的位次由

1978年第10位上升到目前的第2位,仅次于美国。

第二,人均国内生产总值成倍增加。随着经济的快速发展,人均国民总收入也实现同步快速增长,按照世界银行的划分标准,我国已经由低收入国家跃升至世界中等偏上收入国家行列,对于我国这样一个经济发展起点低、人口基数庞大的国家,能够取得这样的进步,确实是一个了不起的成绩。

第三,国家财政实力不断增强。经济的快速发展和规模的扩大,同时带来了国家财力的增加。财力的增加为促进经济发展、加强经济和社会中的薄弱环节、切实改善民生、有效应对各种风险和自然灾害的冲击提供了有力的资金保障。

第四,外汇储备实现由短缺到富足的历史性转变。1978年,我国外汇储备仅1.67亿美元,人均只有0.17美元,折合成人民币不足1块钱,短缺是当时外汇储备的基本特征,出口创汇是发展对外贸易的基本动力。但随着我国对外经济的发展壮大,经常项目贸易盈余不断积累,外汇储备的短缺迅速成为历史,我国外汇储备扩大到3.8万亿美元,稳居世界第一位。

第五,商品和服务供给能力大提高,实现了从短缺到总体基本平衡的根本性转折。经过30多年的快速发展,我国商品和服务的供给能力明显提高,曾经困扰我们多年的商品和服务的短缺问题大大缓解。改革开放的30多年,是商品和服务由短缺转向总体基本平衡或略有结余的30多年,是商品和服务供给能力不断提高的30多年。

第六,基础设施和基础产业大加强,实现了从制约到有力支持经济发展的显著转变。基础设施基础产业曾经是制约经济发展的主要瓶颈,改革开放30多年来,加大能源、交通、通信等基础设施和基础产业的投入取得明显效果。改革开放的30多年,是基础设施和基础产业大加强的30多年,是能源、交通、通信等"瓶颈"制约不断缓解的30多年。

第七,对外经济大开放,实现了从封闭半封闭到全方位开放的历史性转折。改革开放前,我国基本上处在封闭半封闭状态,对外贸易规模较小,1978年,进出口总额只有200多亿美元,利用外资基本是空白。30多年来,我国对外开放的广度和深度不断拓展,对外经济呈现加速发展态势。改革开放的30多年,是我国对外经济逐步实现大开放的30多年,是我国经济国际地位和国际影响力由弱变强、空前提高的30多年。

2. 人民生活水平、质量大提高

改革开放以前,城乡居民生活基本上处在温饱不足状态,农村还有2.5亿贫困人口。经过30多年经济的快速发展,居民生活明显改善,居民拥有的财富迅速增加。改革开放的30多年,是人民群众得到实惠最多、生活水平提高最快的30多年,是城乡居民生活实现从温饱不足到总体小康历史性跨越的30多年。

第一,就业人员持续不断增加。作为我国这样一个人口大国,在经济快速增长的同时实现就业人数的同步甚至更快增长,是确保新增财富让大多数人共享的关键。30多年来,党和政府对就业问题的重视始终如一。进入新时期,根据就业形势日趋严峻的现实,提出了积极的就业政策方针,出台了系统配套的财税和金融政策,就业人员持续不断增加,就业矛盾大为缓解。与此同时,实现了数以亿计的农村富余劳动力向非农产业转移。

第二,城乡居民收入水平和富裕程度显著提高。股票、债券等金融资产规模不断扩大。城镇居民拥有的财产性收入占全部收入比重由无到有。城乡居民生活水平和质量明显改善。从耐用消费品看,彩电、洗衣机、电冰箱、空调、电话等在城镇地区逐步普及,汽车、家用电脑等高档耐用消费品拥有量大幅提高。农村居民彩色电视机、电风扇、洗衣机、摩托车等普及率也不断提高。电话普及率、移动电话普及率迅速上升,城乡居民的居住面积在不断增加。

第三,覆盖城乡的社会保障制度逐步建立和完善。构筑覆盖全体居民的社会保障体系,确保居民生活水平的稳定提高,是党和政府30多年孜孜以求的重要目标之一。30多年来,在各方的共同努力下,社会保障体系建设取得明显效果。在城镇,养老、医疗、失业、工伤、生育保险在内的社会保障体系框架基本形成,而且覆盖面不断扩大。在农村,社会养老保险制度正在积极探索,新型农村医疗改革试点也在加快推进。低保等制度的实施使得低收入居民生活得到保障。

3. 社会事业大发展

改革开放前,与经济发展的落后相比,社会事业发展更加滞后。30多年来,随着我国经济实力的不断增强,社会事业发展开始得到重视,特别是进入新世纪以来,在科学发展观的指导下,社会事业呈现加快发展态势,社会与经济协调发展明显增强。

第一,教育科技事业成效卓著。教育事业的快速发展,培养了一大批德才兼备的知识分子队伍,科技事业不断取得重大成果。30多年来,我国不断加大科技投入,科技体制改革力度逐步加大,一批重大科技成果相继问世。

第二,公共卫生事业成效明显,医疗卫生体制改革进展顺利。改革开放以来,我国医疗卫生服务体系建设不断强化。尤其是2003年以来,针对突如其来的"非典"和高致病性禽流感等重大疫情,国家以建设全国疾病预防控制体系和突发公共卫生事业医疗救治体系为重点,基本建成了有效应对重大疫情的公共卫生网络体系。艾滋病、血吸虫病、结核病、肝炎、鼠疫、碘缺乏病等重大传染病以及地方病和慢性非传染病的防治取得新进展。医疗体制改革也做了积极的探索,新型农村合作医疗制度改革的试点工作逐步推开,多层次医疗保障体系初步形成。

第三,文化事业得到长足发展。文化基础设施建设得到加强,国家图书馆二期暨国家数字图书馆、国家博物馆等文化基础设施建设进展顺利。初步形成了可以覆盖全国特别是城镇的公共文化服务体系。

总起来看,中国共产党执政 60 多年,成就辉煌,从根本上改变了中国人民和中华民族的前途命运,结束了近代以后中国内忧外患、积贫积弱的悲惨命运,开启了中华民族不断发展壮大、走向伟大复兴的历史进军,使具有 5000 多年文明历史的中国面貌焕然一新,中华民族伟大复兴展现出前所未有的光明前景。

第四章
中国梦的目的——实现人民幸福

中国梦的基本内涵是国家富强、民族振兴和人民幸福。国家富强是标志，民族振兴是主题，人民幸福是目的。国家富强、民族振兴是人民幸福的前提和基础，"每个人的前途命运都与国家和民族的前途命运紧密相连。国家好，民族好，大家才会好"①。人民幸福是民族振兴、国家富强的根本目的，实现中华民族伟大复兴的中国梦，必须把实现人民幸福作为根本出发点和落脚点。强调实现人民幸福，是中国梦在理论上的伟大创新，也是其具有强大生命力、号召力、感染力、凝聚力的原因所在。

一、中国梦归根到底是人民的梦

人民是一个政治概念，在不同的国家、不同的历史时期，有不同的内容。在当代中国，人民是指所有的中国特色社会主义建设者、一切拥护社会主义的爱国者和拥护祖国统一的爱国者。中国人民不仅是中华民族共同体成员，而且在中华民族中占主体地位。因此，习近平强调："中国梦归根到底是人民的梦，必须紧紧依靠人民来实现，必须不断为人民造福。"②

1. 实现人民幸福是中国梦的出发点和落脚点

强调中国梦是人民的梦，是因为人民是中国梦的实践主体，实现中国梦必须紧紧依靠人民。从历史上看，"我们的人民是伟大的人民。在漫长的历史进程中，中国人民依靠自己的勤劳、勇敢、智慧，开创了各民族和睦共处的美好家园，培育了历久弥新的优秀文化"③。辉煌的中华文明是伟大的中国人民创造出

---

① 《习近平关于实现中华民族伟大复兴的中国梦论述摘编》，中央文献出版社2013年版，第3页。
② 《习近平关于实现中华民族伟大复兴的中国梦论述摘编》，中央文献出版社2013年版，第14页。
③ 《习近平关于实现中华民族伟大复兴的中国梦论述摘编》，中央文献出版社2013年版，第13页。

来的。近代以来，面对亡国灭种的历史命运，中国人民自强不息，奋起抗争。特别是在中国共产党的领导下，中国人民经过90多年的努力，从根本上改变了中国人民和中华民族的命运，使具有5000多年文明历史的中国面貌焕然一新，中华民族伟大复兴展现出前所未有的光明前景。

在改革开放中实现中国梦，同样要紧紧依靠人民的力量。习近平指出："改革开放是亿万人民自己的事业，必须坚持人民首创精神，坚持在党的领导下推进。改革开放是人民的要求和党的主张的统一，人民群众是历史的创造者和改革开放事业的实践主体。所以，必须坚持人民主体地位和党的领导的统一，紧紧依靠人民推进改革开放。改革开放在认识和实践上的每一次突破和发展，改革开放中每一个新生事物的产生和发展，改革开放每一个方面经验的创造和积累，无不来自亿万人民的实践和智慧。"① 广大工人、农民、知识分子、国家机关工作人员，中国人民解放军指战员，中国人民武装警察部队全体官兵，非公有制经济人士和其他新的社会阶层人士，青少年，构成实现中国梦的实践主体。实现中国梦必须紧紧依靠这个实践主体，用13亿人的智慧和力量汇集起不可战胜的磅礴力量。

强调中国梦是人民的梦，是因为中国梦是人民追求幸福的梦。人民的奋斗，本质上是为了实现幸福生活。当然，实现幸福生活首先要获得生存权、发展权，国家不强大、民族不振兴，人民的生存权、发展权就无法保障，幸福生活只能是幻想。因此，中国梦首先体现为国家梦、民族梦。中华民族在数千年的发展中创造了辉煌灿烂的中华文明，19世纪之前的中国是世界上最繁荣富裕的国家之一。但是，如果国家不强大、民族不兴盛，创造的财富再多也保不住。自1842年英国通过《南京条约》开了向中国勒索赔款的先例，其后《北京条约》、《马关条约》、《辛丑条约》中的赔款数额节节攀升。截至1901年，中国八次对外赔款达19.53亿银圆，相当于清政府当年全国财政总收入的16倍。圆明园是一座中西合璧的建筑瑰宝，1860年英法侵略军在把其中的艺术珍品抢劫一空后，纵火连烧3天3夜，使之化为一片废墟。中国是中国人的家园，但国家不强大、民族不兴盛，中国人即使在自己的国土上也只是二等公民。1868年，上海外滩的英租界建立了第一座公园，可公园门口却竖立起"华人与狗不得入内"的牌子，中国人在自己的国土上都不能自由出入。在日本侵华战争中，中国人更是连基

---

① 《习近平关于实现中华民族伟大复兴的中国梦论述摘编》，中央文献出版社2013年版，第46页。

本的生命安全都无法保障,伤亡3500万人之多。所有这些都是因为国家的软弱、民族的衰落。新中国成立后特别是改革开放以来,我国从经济到政治、从文化到社会都发生了翻天覆地的变化。目前,我国已成为世界第二大经济体,国际地位和国际影响力空前提升,人民的生存权、发展权得到了保障。没有国家梦、民族梦,实现不了人民的梦。但是,国家梦、民族梦最终要落脚到人民的梦上,着眼点正是为了人民的幸福。人民向往中国梦、共筑中国梦,就是因为中国梦是人民孜孜以求的幸福梦。

在中国共产党诞生前,先进中国人的奋斗,目的是救亡图存、富国强兵、振兴中华。由于历史和阶级的局限,他们不会把人民幸福作为奋斗的出发点和落脚点。中国共产党诞生后,接过前人的接力棒继续奋斗。中国共产党人的奋斗不同于前人的奋斗,虽然直接的奋斗目标仍是救亡图存、富国强兵、振兴中华,但最终目标是为了人民幸福,这是由中国共产党的性质和宗旨决定的。中国共产党是中国工人阶级的先锋队,同时是中国人民和中华民族的先锋队,全心全意为人民服务是党的根本宗旨,实现人民幸福是党的最根本的价值目标。中国梦是以习近平为代表的中国共产党人在新的历史起点上对实现中华民族伟大复兴这个历史课题作出的新概括、新阐述、新论断,因此,必然把实现人民幸福作为中国梦的出发点和落脚点。

2. 人民幸福的基本内涵和实现途径

所谓幸福,是指使人心情舒畅的境遇和生活。什么样的境遇和生活使人心情舒畅?不同的人、不同历史时期的人、不同国家的人、每个人在不同年龄段都有不同的理解。学术界对于幸福的研究涉及了哲学、心理学、社会学、经济学、文化学等多个学科,人们从不同角度提出了各种各样的幸福指数。总的来看,幸福是人们对收入、就业、住房、教育、环境、卫生、健康、社区生活、机构管理、安全、工作、家庭关系、生活条件等方面的整体满意度。一个国家能够为民众提供的生存与发展条件与该国民众的幸福体验息息相关。国际上越来越重视把幸福指数作为衡量一个社会进步发展的重要指标,强调衡量一个社会的进步与发展,最为根本的标准是这个社会是否能够很好地满足民众的生存需求、是否能够为民众提供广阔的自由发展空间、是否坚持了社会发展目标上的以人为本。中国梦中提出的实现人民幸福,主要是指加强经济、政治、文化、社会、生态文明建设,不断满足人民日益增长的物质文化需要。

习近平指出:"我们要坚持发展是硬道理的战略思想,坚持以经济建设为中心,全面推进社会主义经济建设、政治建设、文化建设、社会建设、生态文明建设,深化改革开放,推动科学发展,不断夯实实现中国梦的物质文化基础。"①

第一,实现人民幸福,要不断满足人民的物质利益需要。衣食住行是人的最基本的需要,人的基本需要满足不了,幸福无从谈起。因此,国家在推动科学发展的战略布局中,必须把经济建设作为中心。十一届三中全会以来,我们党在推进改革开放中,始终坚持以经济建设为中心,持续推动经济发展,不仅解决了人们的温饱问题,而且从总体上使人民生活达到小康水平。按照党既定的目标,到2020年全面建成小康社会,届时中国人民的生活水平将会显著提高,人民的幸福感将会大大增强。

第二,实现人民幸福,要不断满足人民的政治利益需要。维护人民的政治权益,是维护人民的经济利益的需要。没有政治权益,经济利益很难保证。因此,必须加强社会主义民主政治建设,主要是以保证人民当家做主为根本,坚持和完善人民代表大会制度、中国共产党领导的多党合作和政治协商制度、民族区域自治制度以及基层群众自治制度,更加注重健全民主制度、丰富民主形式,从各层次各领域扩大公民有序政治参与,充分发挥我国社会主义政治制度优越性。

第三,实现人民幸福,必须不断满足人民的文化利益。人民的幸福不仅是物质需要的不断满足,还包括精神需要的不断满足。满足人民的精神需要,只能通过文化建设来实现。因此,必须深化文化体制改革,推动社会主义文化大发展、大繁荣。

第四,实现人民幸福,要不断满足人民的社会利益需要。社会不和谐,人民的幸福感就会减弱。因此,必须加强以改善民生为重点的和谐社会建设,建立民主法治、公平正义、诚信友爱、充满活力、安定有序、人与自然和谐相处的社会主义和谐社会。

第五,实现人民幸福,必须不断满足人民的生态环境利益需要。生态文明同物质文明、政治文明和精神文明一样,已逐渐成为衡量一个国家整体发展水平的重要标志。生态危机、环境污染严重影响了人民的幸福感,必须加强生态文明建设,切实改善人民生活和生产的空间环境,走生产发展、生活富裕、生态良好的发展道路,营造一个天更蓝、山更绿、水更清的美好家园。

总之,加强经济建设、政治建设、文化建设、社会建设、生态文明建设,是实现人民幸福的基本途径。党的十八大把中国特色社会主义建设的总体布局确

---

① 《习近平关于实现中华民族伟大复兴的中国梦论述摘编》,中央文献出版社2013年版,第14页。

定为经济建设、政治建设、文化建设、社会建设、生态文明建设"五位一体",出发点和落脚点就是为了实现人民幸福。

二、实现人民幸福必须改善民生

习近平指出:"我们的人民热爱生活,期盼有更好的教育、更稳定的工作、更满意的收入、更可靠的社会保障、更高水平的医疗卫生服务、更舒适的居住条件、更优美的环境,期盼孩子们能成长得更好、工作得更好、生活得更好。"① 这些"期盼",就是人民幸福的主要内容,人民拥护中国梦,就是希望实现这些"期盼"。这些"期盼"直接表达了人民最关心、最直接、最现实的利益问题。实现人民幸福,必须解决好人民最关心、最直接、最现实的利益问题。

1. 更好的教育

实现人民对"更好的教育"的期盼,就是要办好人民满意的教育。教育涉及千家万户,惠及子孙后代。中华民族自古就有尊师重教的优良传统。教育寄托着人民群众对美好生活的期盼,是人民群众日益增长的物质文化需求的重要组成部分。

保障公民依法享有受教育的权利和接受良好教育的机会,是发展成果由人民共享的集中体现。从党的十七大提出"努力使全体人民学有所教",到党的十八大明确要求在学有所教上"持续取得新进展",在部署以改善民生为重点的社会建设时特别强调努力办好人民满意的教育,这是我们党坚持以人为本、执政为民的庄严承诺。必须全面推动教育事业科学发展,使教育更加符合国家经济社会发展对人才培养的需要,更加符合广大人民群众对优质教育的期盼,更加符合促进人的全面发展的目标。

一是要全面贯彻党的教育方针。坚持教育为社会主义现代化建设服务、为人民服务,把立德树人作为教育的根本任务,培育德智体美全面发展的社会主义建设者和接班人,是党的教育方针。党的教育方针凝聚了党和人民对教育事业的总体要求,明确了中国特色社会主义教育道路的基本原则。办好人民满意的教育,就要把党的教育方针融入学校教育、家庭教育、社会教育全过程,着力提高学生思想道德素质,全面培养具有社会责任感、创新精神、实践能力的一代新人。

---

① 《习近平关于实现中华民族伟大复兴的中国梦论述摘编》,中央文献出版社 2013 年版,第 13 页。

二是推动教育事业协调发展。办好人民满意的教育,就要办好学前教育、均衡发展九年义务教育、基本普及高中阶段教育、加快发展现代职业教育、推动高等教育内涵式发展、积极发展继续教育、完善终身教育体系,建设学习型社会。推动教育事业协调发展,有利于践行终身学习观念,推动形成中国特色社会主义现代教育体系,维护最广大人民根本利益,对于促进全体人民学有所教、学有所成、学有所用具有重要意义。

三是深化教育改革创新。人民满意的教育,必须是更高质量的教育,必须深化改革创新,着力提高教育质量,培养社会责任感、创新精神、实践能力。要坚持以素质教育为导向,以提高质量为核心,更加注重教育内涵发展;要坚持科学的教育质量观,把促进人的全面发展和适应社会需要作为衡量质量的根本标准,为每个学生提供适合的教育,着力提升学生思想道德素质、科学文化素质和健康素质;要深化教育领域综合改革,以人才培养体制改革为核心,系统推进考试招生制度、现代学校制度、管理体制、办学体制、投入保障制度改革,深化基础教育课程改革,努力搭建终身学习"立交桥";要鼓励引导社会力量兴办教育,要把教育资源配置和学校工作重点集中到强化教学环节、提高教育质量上来,制定教育质量国家标准,健全教育质量保障体系,形成科学的质量评价体系,努力实现教育质量整体提升,教育现代化水平明显提高,优质教育资源总量不断扩大,更好地满足人民群众接受高质量教育的需求。

四是大力促进教育公平。坚持教育的公益性和普惠性,是中国特色社会主义教育的显著特征。人民满意的教育,既是均等化的基本公共教育服务,更是受教育机会、公共教育资源配置机制、教育制度规则的公平状况都有显著提高的教育。党的十八大强调要"大力促进教育公平,合理配置教育资源,重点向农村、边远、贫困、民族地区倾斜,支持特殊教育,提高家庭经济困难学生资助水平,积极推动农民工子女平等接受教育,让每个孩子都能成为有用之才"。贯彻落实党的十八大精神,要以加快基本公共教育服务均等化步伐、建立全面覆盖困难群体的资助政策体系和帮扶制度为重点,强化政府责任,完善资源配置制度,健全法制保障,促进教育资源向重点领域、关键环节、困难地区和薄弱学校倾斜,着力保障农民工子女、残疾儿童少年、家庭经济困难学生的受教育权利,逐渐缩小教育发展中的区域差距城乡差距和义务教育学校之间的校际差距,为所有学生开辟不同的成长成才之路。要健全保障教育公平的规则程序,加强制度建设和社会监督,在推进校务公开及招生"阳光工程"、促进民办教育健康持续发展等方面,用更为规范的管理协调来维护教育公平。

2. 更稳定的工作

实现人民对"更稳定的工作"的期盼,就是要解决好就业问题。就业是民生之本,没有工作就没有收入,幸福就无从谈起。解决好就业问题,就要实施就业优先战略和更加积极的就业政策,推动实现更高质量的就业。

一是贯彻劳动者自主就业、市场调节就业、政府促进就业和鼓励创业的方针。贯彻这一方针,重点是鼓励创业。创业是就业之源,大力弘扬创业精神,优化创业环境,使更多的劳动者成为创业者。落实鼓励创业的方针,就是要坚持将促进创业与推动新兴产业发展、科技创新更加紧密地结合起来,完善鼓励自主创业、自谋职业的政策体系,落实财税、金融、场地等扶持政策,改善创业和投资环境;加强创业观念教育,树立创业典型,激发创业热情,大力加强创业型城市建设;加强创业培训,提高创业者的创业能力,强化项目信息、政策咨询、创业指导、融资等一系列创业服务,提高创业成功率。

二是实施就业优先战略和更加积极的就业政策。实施就业优先战略,就是要把促进就业作为经济社会发展的优先目标,放在经济社会发展的优先位置,更加注重选择有利于扩大就业的经济社会发展战略,把扩大就业规模、优化就业结构、提升就业质量作为经济社会发展和经济结构调整的优先目标,发挥政府投资和重大项目带动就业的作用。落实更加积极的就业政策,就是要根据就业形势和就业工作重点的变化,即时充实和完善各项就业政策,加强就业政策与产业、贸易、财政、税收金融等政策措施的协调,加大公共财政对促进就业的资金投入,完善财税金融扶持政策,着力扶持发展吸纳就业能力强的现代服务业、战略性新兴产业、劳动密集型企业和小型微型企业。

三是做好重点群体就业工作。做好重点群体就业工作,就是要做好以高校毕业生为重点的青年就业工作和农村转移劳动力、城镇困难人员、退役军人就业工作。做好以高校毕业生为重点的青年就业工作,就是要继续将高校毕业生就业放在就业工作首位,畅通高校毕业生在不同地区、不同单位、不同行业之间的职业通道;积极开发适合高校毕业生的就业岗位,鼓励和引导更多高校毕业生到城乡基层、中西部地区、艰苦边远地区和中小企业就业,大力推动少数民族地区高校毕业生就业工作;强化对高校毕业生的就业服务,加强职业指导、培训和见习,全面提高就业能力;以就业需求和人才培养为学向,深入推动高等教育制度和人才培养模式改革,使高等教育更好地适应经济社会发展需要。做好农村转移劳动力就业工作,就是要坚持城乡统筹,健全城乡劳动者平等就业制度,进步完善职业培训、就业服务、劳动维权"三位一体"工作机制,引导农村劳动力有序进城就业,鼓励就地就近就业,支持返乡创业。做好城镇困难人员就业工作,就是要进一步健全对就业困难人员的援助制度,完善各项就业援助政策,形成援助困难人员和零就业家庭就业的长效机制。做好退役军人就业工作,就是要对退役军人开展有针对性的职业技能培训,提供及时有效的职业介绍、就业指导、岗位信息等公共就业服务,落实就业创业扶持政策,促进退役军人尽快实现就业。

四是加强职业技能培训。加强职业技能培训,就是要把提升劳动者就业创业能力、增强就业稳定性作为根本目标,更加注重提升劳动者适应职业变化的能力。要结合经济发展方式转变和经济结构优化升级需要,进一步健全面向全体劳动者的职业培训制度,完善有利于劳动者成长成才的引导机制、培养机制、评价机制和激励机制。要加大培训投入,大规模开展就业技能培训、岗位技能提升培训和创业培训等各种形式的职业培训,特别要注重对城乡未继续升学的初高中毕业生的劳动预备制培训,使他们成为掌握新知识、新技能、新本领的高素质劳动者。要大力实施国家高技能人才振兴计划,努力造就一批数量充足、结构合理、素质优良、技艺精湛的高技能人才队伍。要进一步发挥企业在技能人才培养中的主体作用,广泛开展技能竞赛和岗位练兵活动,畅通技能人才成长通道,鼓励更多劳动者到基层、到生产和服务一线建功立业。

五是健全人力资源市场,完善就业服务体系。健全人力资源市场,就是要进一步破除人力资源市场城乡分割、地区分割和身份分割,充分发挥市场机制在人力资源配置中的基础性作用,完善城乡劳动者平等就业制度;健全人力资源市场监管体系,规范人力资源市场秩序;大力发展人力资源服务业,提升人力资源服务供给能力。完善就业服务体系,就是要以公共服务平台建设为重点,完善覆盖城乡的公共就业创业服务体系,健全城乡均等的公共就业创业服务制度,拓展服务内容,完善服务功能,明确服务标准,规范服务流程,提升服务质量;以信息化为手段,大力创新公共就业创业服务方式,建立更加高效便捷、全国联网的招聘信息公共服务平台;完善就业失业登记管理办法,建立健全覆盖全国的就业信息监测平台;加大政府对公共就业创业服务的投入,加强公共就业创业服务机构建设。

六是增强失业保险对促进就业的作用。失业保险不仅具有保障生活的功能,而且具有预防失业和促进就业的作用。增强失业保险对促进就业的作用,就是要进一步完善失业保险制度,建立健全失业保险预防失业、促进就业的政策体系,构建稳定就业的长效机制。通过使用失业保险基金支付岗位补贴、社会保险补贴和培训补贴等政策,对参保企业稳定岗位及鼓励企业吸纳失业人员就业发挥积极作用。鼓励失业人员尽快实现就业,对享受失业保险期满前提前就业的失业人员,使用失业保险基金给予一定的就业补贴。

七是构建和谐劳动关系。劳动关系是最基本的社会经济关系,构建和谐劳动关系是保障和改善民生、维护社会安定和谐的基础。健全劳动标准体系,就是要根据企业发展和职工权益保障需求,制定和完善相关劳动标准,加强劳动定额标准管理,督促企业严格落实国家规定的工时制度和特殊工时管理规定,依法安排劳动者休息休假,促进企业改善劳动条件。健全劳动关系协调机制,就是要完善并全面实行劳动合同制度,健全平等协商和集体合同制度,充分发挥政府、工会和企业组织三方机制共同研究解决劳动关系领域问题的作用,形成企业和职工利益共享机制。加强劳动保障监察,就是要完善和落实劳动保障监察执法制度,健全违法行为预警防控机制,建立劳动保障监察执法与刑事司法联动等多部门综合治理机制,畅通举报投诉渠道,加强专项整治,及时有效查处违法案件。加强争议调解仲裁,就是要完善和落实劳动人事争议调解仲裁制度,健全集体争议调处机制,加强基层社区和企业的争议调解仲裁机构建设,规范组织程序和工作规则。

3. 更满意的收入

实现人民对"更满意的收入"的期盼,就是要改革收入分配制度,千方百计增加居民收入。收入分配问题是广大人民群众最关心最直接最现实的利益问题。合理的收入分配制度是保障社会公平正义的重要制度。千方百计增加居民收入,是解决当前收入分配差距较大、分配不公等突出问题的重要着力点,是构建社会主义和谐社会的基本前提。要以千方百计增加居民收入为重点,合理调节收入分配关系,努力形成全体人民各尽所能、各得其所而又和谐相处的局面。

一是深化收入分配制度改革。要切实扭转居民收入在国民总收入中的比重、劳动报酬在初次分配中的比重下降趋势,合理调整国民收入分配格局。努力实现居民收入增长和经济发展同步,劳动报酬增长和劳动生产率提高同步,提高居民收入在国民收入分配中的比重,提高劳动报酬在初次分配中的比重。初次分配和再分配都要兼顾效率和公平,再分配更加注重公平。建立公共资源出让收益合理共享机制。建立健全公共资源有偿使用制度和公平、公正、公开的出让机制。完善国有资本收益分享机制,建立健全覆盖全部国有企业、国有资本经营的预算和收益分享制度,合理分配和使用国有资本收益。扩大国有资本收益上缴范围,提高上缴比例。建立健全公共资源和国有资本收益主要用于公共支出的机制,重点用于保障和改善民生。

二是完善劳动、资本、技术、管理等要素按贡献参与分配的初次分配机制。要加大劳动报酬保护力度,以体现按劳分配在基本分配制度中的主体地位。加快改革完善工资制度,缓解初次分配领域不公平的问题。建立规范的最低工资制度,有效保证普通劳动者工资收入随国民经济、社会平均工资同步增长,随着物价水平变动及时调整。深化企业和机关事业单位工资制度改革,推行企业工资集体协商制度,形成反映劳动力市场供求关系和企业经济效益的工资决定机制和正常增长机制。完善资本、技术、管理等生产要素按贡献参与分配机制。进一步促进生产要素市场化改革,打破垄断和条块分割,推动生产要素自由流动。建立规范的要素市场,更好地发挥市场在要素价格形成中的基础性作用,形成主要由市场决定要素价格的机制。加强知识产权保护,保障技术成果在收入分配中的应得份额。健全相关制度和政策措施,防止资本、管理等要素超额分配,防止非市场因素参与分配。

三是加快健全以税收、社会保障、转移支付为主要手段的再分配调节机制。健全的再分配调节机制,对于调节收入分配关系,缩小城乡、区域和社会成员之间的收入差距,促进收入分配公平具有重要作用。加大对城乡贫困人口的转移支付力度。调整财政支出结构,集中更多财力用于保障和改善城乡贫困群众的基本生活。要大力促进城乡基本公共服务均等化。大幅增加对"三农"的转移性支出,提高农村居民收入。大幅度增加扶贫开发投入,对不具备生存和致富条件的地区,加大移民扶贫力度。进一步深化税制改革。逐步提高直接税在税收中的比重。改革个人所得税制,研究综合和分类相结合的个人所得税制度,切实减轻中低收入者纳税负担,有效调节过高收入。建立健全调节存量财富的税收制度。加快健全社会保障体系。按照全覆盖、保基本、多层次、可持续的要求,加快推进覆盖城乡居民的社会保障体系建设。完善最低生活保障制度,保障好城乡贫困人口的基本生活。健全覆盖城乡居民的基本养老、基本医疗保险制度,保障全体人民老有所养、病有所医。促进慈善事业发展,发挥慈善事业在调节收入分配和作为社会保障制度重要补充的作用。

四是多渠道增加居民财产性收入。要进一步深化改革、加强立法、完善制度,有效保护居民的合法财产和财产收益。适度扩大存贷款利率浮动范围,逐步缩小存贷款利差,保护存款人权益。加强上市公司监管,明确和落实分红制度,持续回报股东。支持社会保险基金积极稳妥地进入资本市场,并将投资收益划入统筹基金和个人账户,实现保值增值。在加强市场监管和风险防范基础上拓宽居民投资渠道。鼓励商业银行等金融机构研发大众化理财产品,丰富债券基金、货币基金等基金产品。发挥机构投资者专业理财的优势和作用。促进创业投资规范发展。鼓励居民金融资产投向实体经济,支持有条件的企业实施员工持股计划。依法保障农民对承包土地的占有、使用、收益等权利。按照依法自愿有偿原则,允许农民以转包、出租、互换、转让、股份合作等形式流转土地承包经营权,确保农民分享土地承包经营权流转收益。改革征地制度,缩小征地范围,提高征地补偿标准,逐步实现农村集体建设用地与国有建设用地同权同价。鼓励有条件的地方推进农村集体经济组织产权制度改革。积极发展农村土地股份合作以及社区合作、专业合作等合作形式,鼓励农户利用土地承包经营权、农用设备、技术、资金等入股,拓宽农民租金、股息、红利等财产性收入渠道。

五是规范收入分配秩序。加强收入分配领域的法制建设,建立公正合理的收入分配秩序,切实保护合法收入,增加低收入者收入,调节过高收入,取缔非法收入。

4. 更可靠的社会保障

实现人民对"更可靠的社会保障"的期盼,就是要推进社会保障制度改革,促进社会保障事业发展。社会保障是保障人民生活、调节社会分配的一项基本制度,关系人民幸福安康和社会公平和谐。要统筹推进城乡社会保障体系建设,把社会保障全民覆盖作为全面建成小康社会的重要目标。

一是坚持全覆盖、保基本、多层次、可持续方针。全覆盖就是要根据社会保障制度的类型实现最广泛的覆盖,其中基本养老和基本医疗保障制度要覆盖城乡全体居民,工伤、失业、生育保险制度要覆盖城镇所有职业群体,实现人人享有基本社会保障的目标;保基本就是要坚持尽力而为、量力而行的原则,根据我国经济社会发展状况合理确定社会保障待遇水平,保障基本的生活需求;多层次就是要以社会救助为保底层、社会保险为主体层,积极构建以企业(职业)年金等补充社会保险和商业保险为补充层的多层次社会保障体系;可持续就是要立足制度的长远发展,统筹协调,探索建立长效机制,实现社会保障制度长期稳定运行。

二是统筹推进城乡社会保障制度改革。要以增强公平性、适应流动性、保证可持续性为重点,全面建成覆盖城乡居民的社会保障体系。增强公平性就是要实现各类群体的全覆盖,着力缩小城乡差距和地区差距,坚持公平与效率、权利与义务、统一性与灵活性相结合,增强制度的激励约束功能,明确政府、用人单位、个人和社会的责任。适应流动性就是要适应市场经济条件下人们在城乡、地域、行业间的流动性日益增强的新要求,通过提高社会保险统筹层次、整合城乡社会保障体制实现社会保险关系的顺利转移衔接,实现社会保障的城乡统筹和区域统筹,促进人力资源的合理流动。保证可持续性就是要在着力解决现实突出问题和历史遗留问题的同时,着眼长远,统筹协调,实现社会保障制度长期、稳定运行。改革和完善企业和机关事业单位社会保险制度,在推进事业单位分类改革的基础上,同步推进机关事业单位社会保险制度改革,实现企业与机关事业单位各项社会保险制度的有效衔接,实现新老制度的平稳过渡;整合城乡居民基本养老保险和基本医疗保险制度,建立城乡居民基本养老保险制度和城乡居民基本医疗保险制度,实现城乡居民在基本养老保险和基本医疗保险制度上的平等和管理资源上的共享;逐步做实养老保险个人账户,实现基础养老金全国统筹,更好地体现我国养老保险社会统筹和部分积累相结合的制度要求;建立兼顾各类人员的社会保障待遇确定机制和正常调整机制,合理确定社会保障水平,实现社会保障待遇与经济社会发展相联系的持续、有序、合理增长;完善社会救助体系,健全社会福利制度,支持发展慈善事业,做好优抚安置工作;建立市场配置和政府保障相结合的住房制度,加强保障性住房建设和管理,满足困难家庭基本需求。

三是确保社会保障基金安全和保值增值。要扩大社会保障基金筹资渠道,建立社会保险基金投资运营制度,确保基金安全和保位增值。扩大社会保障基金筹资渠道,就是要着眼于社会保障基金的长期平衡,抓住经济平稳较快发展的有利时机,开辟新的社会保障资金筹集渠道,进一步充实已经建立的全国社会保障战略储备基金。建立社会保险基金投资运营制度,就是要在确保当期养老金发放和保证基金安全的前提下,积极稳妥推进基金投资运营,适当拓宽基本养老保险基金投资渠道,探索新的投资运营方式,切实加强基金监管,努力实现保值增值。

四是健全社会保障经办管理体制。要健全社会保障经办管理体制,建立更加便民快捷的服务体系。随着我国社会保障事业的快速发展,社会保障经办管理体制不顺和服务能力不足的矛盾日益突出。健全社会保障经办管理体制,就是要进一步理顺社会保障行政管理体制,着力整合管理资源,加强基层社会保障服务平台建设,切实提高管理服务效率。建立更加便民快捷的服务体系,就是要加强社会保障规范化、信息化、专业化建设,建立标准统一、全国联网的社会保障管理信息系统,逐步建立覆盖全民的社会保险登记制度。特别是要加大社会保障卡发行力度,全面推行社会保障"一卡通",努力实现为参保人员"记录一生,保障一生,服务一生"的目标。

5. 更高水平的医疗卫生服务

实现人民对"更高水平的医疗卫生服务"的期盼,就是要深化医药卫生体制改革,提高人民健康水平。医疗卫生事业关系人民健康福祉,关系民族未来。发展卫生事业,提高全体人民素质,是把我国十几亿人口压力转化为长期的发展优势的前提。医药卫生体制改革必须立足国情,一切从实际出发,坚持正确的改革原则,不断提升深化医改的质量和水平。

一是坚持促进公平和提高效率相结合。健康公平是社会主义制度的本质要求,是由卫生事业的公益性所决定的。在深化医改中,要把促进健康公平放到更加突出的位置,优先发展和保证基本医疗卫生服务,努力做到公平公正,使人人分享医改成果。在投入和政策上重点向农村、社区、困难地区、中西部地区倾斜,着力改变医疗卫生服务资源分布不合理的状况。在促进公平的同时,也要注重效率。一方面,要建立科学的考核评价体系,激发医疗卫生机构的运行活力;另一方面,要精打细算,科学预算,把有限的资金投向最重要的领域、最关键的环节、最需要的人群,使有限的投入产生更大的效益。

二是坚持政府主导与引入市场机制相结合。持续深化医改,必须正确处理好基本和非基本的关系,充分发挥好政府和市场的积极性。政府要承担保基本的责任,做到均等化、广覆盖。对群众的基本医疗卫生服务需求努力做到尽力而为、量力而行,使保基本与经济社会发展水平相适应。还要认识到,在社会主义市场经济条件下,人民群众多样化、多层次的医疗卫生需求难以完全由政府直接提供。这就要求在强化政府主导的同时,还要充分发挥各类市场主体和社会组织的作用,形成医疗卫生服务多方参与的机制,更多地动员社会力量支持卫生事业的发展。

三是坚持制度建设和体制机制创新相结合。制度是事业发展的根本,更具有全局性、基础性和长远性。新一轮医改提出,坚持把基本医疗卫生制度作为公共产品向全民提供,这是重大的理念和制度创新。前几年改革,我们重点建立了全民基本医保制度、基本药物制度、基层医疗卫生机构运行新机制等,努力做到从制度设计上保障人人享有基本医疗卫生服务。当前,医改进入了新的阶段,需要从打好基础向提升质量、从形成框架向制度建设、从试点探索向全面推进转变,这就要求在深化医改中,必须进一步解放思想,大胆探索,不断推进理念创新、制度创新、管理创新和发展模式创新,逐步建立符合国情、惠及全民的基本医疗卫生制度。

四是坚持让人民群众得实惠和调动医务人员积极性相结合。为民惠民是深化医改的最终目的。医疗卫生事业是公益性事业,具有社会性、群众性和普遍性,无论是深化改革,还是推动发展,都要始终坚持为人民健康服务的方向,切实维护人民群众的健康权益,不断提升全民健康水平。广大医务人员是医改的主力军,要切实保障好他们的合法权益,营造尊医重卫的良好氛围,充分调动他们的积极性、主动性和创造性,使其主动参与改革、支持改革、拥护改革。

继续坚持把基本医疗卫生制度作为公共产品向全民提供的基本理念,按照保基本、强基层、建机制的要求,统筹安排、突出重点、循序推进,进一步深化医疗保障、医疗服务、公共卫生、药品供应以及监管体制等领域的改革,健全全民医保体系,深化基层医疗卫生机构综合改革,加快推进公立医院改革,积极推进健康服务业发展,加强卫生信息化建设,推进人才培养使用制度改革,完善医疗卫生监管体制,努力实现人民对更高水平的医疗卫生服务的期盼。

6. 更舒适的居住条件

实现人民对"更舒适的居住条件"的期盼,就是要解决好住有所居问题。只有把"居住"的问题解决了,人们才能安心工作、安稳休息。"住房难"绝不仅是住房领域的问题,而且是经济社会发展中诸多矛盾和问题的综合反映,涉及城镇化发展、收入分配格局调整、财税制度完善、消费结构升级等问题,因此,需要多管齐下、多措并举。住房制度改革以来的实践说明:解决住房问题,国家统建、福利分配的老路走不通,完全靠市场也不行,必须坚持"两条腿"走路,一方面抓好房地产市场调控,一方面加大住房保障力度,形成政府保障和市场机制相结合的住房供应体系。

一是加强市场调控。房地产市场是城镇住房供应的主渠道,加强市场调控、使房价保持在合理价位,是解决城镇居民住房问题的迫切需要。目前,城镇化快速发展带来的新增需求强劲,城镇居民的改善性需求不断加大,投机投资性需求仍在伺机而动,再加上房地产市场制度不完善等原因,稳控房价还面临较大压力,调控效果还有待巩固和加强。坚定不移地抓好各项政策措施的落实,把调控进行到底,努力实现市场供求总量基本平衡、结构和价格基本合理的目标。

二是增加有效供给。供需矛盾突出是房价上涨的一个重要原因。因此,应努力增加中低价位、中小套型普通商品住房的供应,加快普通商品住房的土地投放,保证住房建设进度。完善土地出让方式,推广"限房价、竞地价"方式,改变单纯的"价高者得",防止地价助推房价。低收入群体甚至一些中等偏下收入家庭,由于经济能力弱,不具备在市场上购房或租房的条件,他们的住房问题,需要通过政府保障和支持来解决。对中低收入住房困难家庭实行"托底",这不仅是国际上的通行做法,也是市场调控的有力砝码,有助于分流商品住房市场需求,稳定群众住房消费预期,对市场起到"镇静剂"的作用。保障性安居工程是"十二五"时期保障和改善民生的标志性工程。"十二五"时期,我国将新建保障房和棚户区改造3600万套,覆盖面将提高到20%左右。按照一家三口计算,这意味着将解决1亿多人的住房问题。

三是保基本需求。住房保障,重点是保障群众基本住房需求。我国土地资源相对不足、生态环境脆弱,需要住房保障的对象又比较多,必须从国情国力出发,提供户型小、功能齐、质量可靠的住房。应在小空间里面做大文章,努力提高设计水平,合理配置住房内部空间,充分考虑群众实际生活需要,保证必备的居住功能,创造安全、适用、健康的居住环境。

四是市场监管要强化。一些开发企业和中介机构散布虚假信息、捂盘惜售,哄抬房价,坑害购房者。应进一步加大市场监管力度,严肃查处各类违法违规行为。完善房地产市场统计、分析和监测制度,及时向社会公开信息,稳定市场预期。

住有所居,是人民群众特别是低收入群体的强烈期盼,也是社会稳定和谐的基础。近年来,国家已将保障性住房建设工作提到了前所未有的政治高度。中国特色的住房保障体系正在逐步建立、完善。从城镇最低收入家庭到低收入家庭、中低收入家庭,住房保障的范围正在逐步扩大,实现全体中国人的安居梦,并不遥远。

7. 更优美的环境

实现人民对"更优美的环境"的期盼,就是要大力推进生态文明建设。建设生态文明,关系人民福祉,关乎民族未来的长远大计。党的十八大报告把生态文明建设放在突出地位,纳入社会主义现代化建设总体布局中,进一步强调了生态文明建设的地位和作用,进一步昭示了我们党加强生态文明建设的意志和决心。党的十八届三中全会强调要紧紧围绕建设美丽中国深化生态文明体制改革,加快建立生态文明制度,健全国土空间开发、资源节约利用、生态环境保护的体制机制,推动形成人与自然和谐发展的现代化建设新格局。

建设生态文明,要树立尊重自然、顺应自然、保护自然的生态文明理念,把生态文明建设放在突出地位,融入经济建设、政治建设、文化建设、社会建设各方面和全过程,坚持节约资源和保护环境的基本国策,着力推进绿色发展、循环发展、低碳发展,形成节约资源和保护环境的空间格局、产业结构、生产方式、生活方式,从源头上扭转生态环境恶化的趋势,为人民创造良好的生产生活环境,努力建设美丽中国,实现中华民族永续发展,为全球生态安全作出贡献。必须建立系统完整的生态文明制度体系,实行最严格的源头保护制度、损害赔偿制度、责任追究制度,完善环境治理和生态修复制度,用制度保护生态环境。

实现人民幸福,就要努力实现人民群众的上述"七个期盼"。当然,实现"七个期盼"是一个动态的过程,是一个由低到高、由数量到质量的发展过程,不可能一蹴而就、一步到位。同时,实现"七个期盼"也是一个复杂的过程,既存在"七个期盼"的相互关联性,又存在"七个期盼"与整个社会发展进步的关联性。因此,实现"七个期盼"既要有近期考虑,又要有长期的战略思想,既要着眼于"七个期盼",又要着眼于社会的全面发展进步。

实现人民幸福不仅要从总体上不断满足人民的诉求,也要不断满足个体成功和人生出彩的诉求。习近平指出:"生活在我们伟大祖国和伟大时代的中国人民,共同享有人生出彩的机会,共同享有梦想成真的机会,共同享有同祖国和时代一起成长与进步的机会。"[①] 实现人民幸福,就是让13亿人在中华民族大家庭中心情舒畅地生活。

---

① 《习近平关于实现中华民族伟大复兴的中国梦论述摘编》,中央文献出版社2013年版,第48页。

第五章
实现中国梦的基本途径——坚持中国道路

中国道路是实现中国梦的基本途径。任何梦想的实现都离不开正确的道路。没有正确的道路,再光明的前景,再美好的梦想,都是无法实现的。实现中华民族伟大复兴是近代以来中华民族的伟大梦想,实现这个伟大梦想,最根本的途径就是走中国道路。

一、实现中国梦必须走中国道路

中国道路是指中国特色社会主义道路。实践充分证明,中国特色社会主义道路,是实现我国社会主义现代化和中华民族伟大复兴的必由之路,是创造人民美好生活的必由之路,是发展中国、稳定中国、实现中国梦的必由之路。习近平关于走中国道路的一系列论述,充分阐明了其中的道理。

2012年11月15日在《全面贯彻落实党的十八大精神要突出抓好六个方面工作》中,习近平指出:"中国特色社会主义,承载着几代中国共产党人的理想和探索,寄托着无数仁人志士的意愿和期盼,凝聚着千千万万革命先烈的奋斗和牺牲,凝聚着全国各族人民的奋斗和实践,是近代以来中国社会发展的必然选择,是历史和人民的选择。中国特色社会主义伟大实践,不仅使我们国家快速发展起来,使我国人民生活水平快速提高起来,使中华民族大踏步赶上时代前进潮流、迎来伟大复兴的光明前景,而且使中国人民和中华民族为世界和平与发展作出了重大贡献。事实雄辩地证明,要发展中国、稳定中国,要全面建成小康社会、加快推进社会主义现代化,要实现中华民族伟大复兴,必须坚定不移坚持和发展中国特色社会主义。"①

2012年11月17日在《紧紧围绕坚持和发展中国特色社会主义学习宣传贯彻党的十八大精神》中,习近平指出:"党和国家的长期实践充分证明,只有社

---

① 《习近平关于实现中华民族伟大复兴的中国梦论述摘编》,中央文献出版社2013年版,第21页。

会主义才能救中国,只有中国特色社会主义才能发展中国。只有高举中国特色社会主义伟大旗帜,我们才能团结带领全党全国各族人民,在中国共产党成立100年时全面建成小康社会,在新中国成立100年时建成富强民主文明和谐的社会主义现代化国家,赢得中国人民和中华民族更加幸福美好的未来。""实践充分证明,中国特色社会主义是中国共产党和中国人民团结的旗帜、奋进的旗帜、胜利的旗帜。我们要全面建成小康社会、加快推进社会主义现代化、实现中华民族伟大复兴,必须始终高举中国特色社会主义伟大旗帜,坚定不移坚持和发展中国特色社会主义。""中国特色社会主义道路,是实现我国社会主义现代化的必由之路,是创造人民美好生活的必由之路。中国特色社会主义道路,既坚持以经济建设为中心,又全面推进经济建设、政治建设、文化建设、社会建设、生态文明建设以及其他各方面建设;既坚持四项基本原则,又坚持改革开放;既不断解放和发展社会生产力,又逐步实现全体人民共同富裕、促进人的全面发展。"①

2012年11月29日《在参观〈复兴之路〉展览时的讲话》中,习近平指出:"中华民族的今天,正可谓'人间正道是沧桑'。改革开放以来,我们总结历史经验,不断艰辛探索,终于找到了实现中华民族伟大复兴的正确道路,取得了举世瞩目的成果。这条道路就是中国特色社会主义。""回首过去,全党同志必须牢记,落后就要挨打,发展才能自强。审视现在,全党同志必须牢记,道路决定命运,找到一条正确的道路多么不容易,我们必须坚定不移走下去。展望未来,全党同志必须牢记,要把蓝图变为现实,还有很长的路要走,需要我们付出长期艰苦的努力。"②

2012年12月7日《在广东考察工作时的讲话》中,习近平指出:"改革开放是我们党的历史上一次伟大觉醒,正是这个伟大觉醒孕育了新时期从理论到实践的伟大创造。中国发展的实践证明,当年邓小平同志指导我们党作出改革开放的决策是英明的、正确的,邓小平同志不愧为中国改革开放的总设计师,不愧为中国特色社会主义道路的开创者。今后,我们要坚持走这条正确道路,这是强国之路、富民之路。我们不仅要坚定不移走下去,而且要有新举措、上新水平。"③

---

① 《习近平关于实现中华民族伟大复兴的中国梦论述摘编》,中央文献出版社2013年版,第21~22页。
② 《习近平关于实现中华民族伟大复兴的中国梦论述摘编》,中央文献出版社2013年版,第23页。
③ 《习近平关于实现中华民族伟大复兴的中国梦论述摘编》,中央文献出版社2013年版,第24页。

2012年12月31日《在十八届中央政治局第二次集体学习时的讲话》中，习近平指出："方向决定道路，道路决定命运。我国改革开放之所以能取得巨大成功，关键是我们把党的基本路线作为党和国家的生命线，始终坚持把以经济建设为中心同四项基本原则、改革开放这两个基本点统一于中国特色社会主义伟大实践，既不走封闭僵化的老路，也不走改旗易帜的邪路。"①

2013年1月5日《在新进中央委员会委员、候补委员学习贯彻党的十八大精神研讨班上的讲话》中，习近平指出："中国特色社会主义，是党和人民九十多年奋斗、创造、积累的根本成就，是改革开放三十多年实践的根本总结，凝结着实现中华民族伟大复兴这个近代以来中华民族最根本的梦想，也体现着近代以来人类对社会主义的美好憧憬和不懈探索。""我们坚信，随着中国特色社会主义不断发展，我们的制度必将越来越成熟，我国社会主义制度的优越性必将进一步显现，我们的道路必将越走越宽广，我国发展道路对世界的影响必将越来越大。我们就是要有这样的道路自信、理论自信、制度自信，真正做到'千磨万击还坚劲，任尔东西南北风'。"②

2013年3月17日《在第十二届全国人民代表大会第一次会议上的讲话》中，习近平指出："实现中国梦必须走中国道路。这就是中国特色社会主义道路。这条道路来之不易，它是在改革开放30多年的伟大实践中走出来的，是在中华人民共和国成立60多年的持续探索中走出来的，是在对近代以来170多年中华民族发展历程的深刻总结中走出来的，是在对中华民族5000多年悠久文明的传承中走出来的，具有深厚的历史渊源和广泛的现实基础。中华民族是具有非凡创造力的民族，我们创造了伟大的中华文明，我们也能够继续拓展和走好适合中国国情的发展道路。全国各族人民一定要增强对中国特色社会主义的理论自信、道路自信、制度自信，坚定不移沿着正确的中国道路奋勇前进。"③

2013年3月19日《在接受金砖国家媒体联合采访时的答问》中，习近平指出："世界在变化，中国也在变化，中国特色社会主义也必须随着形势和条件的变化而向前发展。只有不断与时俱进，中国才能充满活力。我们愿意借鉴人类一切文明成果，但不会照抄照搬任何国家的发展模式。中国的改革是中国特

---

① 《习近平关于实现中华民族伟大复兴的中国梦论述摘编》，中央文献出版社2013年版，第24页。
② 《习近平关于实现中华民族伟大复兴的中国梦论述摘编》，中央文献出版社2013年版，第24～25页。
③ 《习近平关于实现中华民族伟大复兴的中国梦论述摘编》，中央文献出版社2013年版，第26～27页。

色社会主义制度的自我完善和发展。只有走中国人民自己选择的道路,走适合中国国情的道路,最终才能走得通、走得好。"①

2013年5月《在接受拉美三国媒体联合采访时的答问》中,习近平指出:"实现中国梦,必须坚持中国特色社会主义道路。我们已经在这条道路上走了30多年,历史证明,这是一条符合中国国情、富民强国的正确道路,我们将坚定不移地沿着这条道路走下去。"②

习近平的上述重要论述,深刻阐述了中国道路的重大意义,实现中华民族伟大复兴的中国梦,必须坚定不移地走中国道路。从上述重要论述中可以看出,习近平所讲的"中国道路"、"中国特色社会主义道路",指的是中国特色社会主义。中国特色社会主义道路有广义和狭义之分,广义的中国特色社会主义道路,是指中国特色社会主义,包括中国特色社会主义道路、中国特色社会主义理论体系、中国特色社会主义制度,是道路、理论体系、制度的统一体。狭义的中国特色社会主义道路,是指中国特色社会主义的实践形态,即党的十八大报告阐述的与中国特色社会主义理论体系、中国特色社会主义制度相对应的中国特色社会主义的一个重要方面。在党的十八大报告中,广义的和狭义的中国特色社会主义道路都使用过,语境不同,意义不同。习近平在讲中国特色社会主义道路时,有狭义的,有广义的,但主要是指广义的中国特色社会主义道路。就是说,习近平所讲的"现实中国梦必须走中国道路",是指坚持和发展中国特色社会主义。

二、中国道路的实践形态

中国道路表现在实践方面,是中国共产党在继承前人探索的基础上,领导人民长期奋斗的成果。能否找到一条适合本国国情而又能发展自己的正确道路,决定着一个国家和一个民族的兴衰成败。党的十八大报告强调:道路关乎党的命脉,关乎国家前途、民族命运、人民幸福。在中国这样一个经济文化十分落后的国家探索民族复兴道路,是极为艰巨的任务。无论搞革命、搞建设、搞改革,道路问题都是最根本的问题。我们党探索出的中国特色社会主义道路,是我们党几代人领导人民长期奋斗和牺牲取得的重大成果,它凝聚了中华民族的智慧。

---

① 《习近平关于实现中华民族伟大复兴的中国梦论述摘编》,中央文献出版社2013年版,第27页。
② 《习近平关于实现中华民族伟大复兴的中国梦论述摘编》,中央文献出版社2013年版,第28页。

鸦片战争后,中国逐步陷入贫穷落后、被打受辱的境地,中华民族面临着亡国灭种的危险。救亡图存、富国强兵、振兴中华,一直是中国近现代历史的主题。走什么道路实现救亡图存、富国强兵、振兴中华,中国各派政治力量进行了不间断的艰辛探索。农民阶级试图走"太平天国"之路,地主阶级改革派试图走"中体西用"之路,资产阶级改良派试图走"君主立宪"之路,资产阶级革命派试图走"民主共和"之路。这些努力虽然没有成功,但却表现出了中华民族自强不息、百折不挠的强大生命力和求生存、求发展的坚强意志,同时也为后来的探索奠定了基础。

我们党成立后,接过前人探索的接力棒,继续探索民族复兴之路。在长达28年艰苦卓绝的奋斗中,扫除了探索民族复兴之路的三大障碍,即帝国主义、封建主义和官僚资本主义这三座大山,建立了新中国,为探索民族复兴之路奠定了根本政治前提。党执政后,又进行了社会主义改造,确立了社会主义基本制度,成功实现了中国历史上最深刻、最伟大的社会变革,为探索民族复兴之路奠定了制度基础。

走社会主义道路,是世界性的历史难题。前苏联、东欧没有走成功,中国也经历了严重曲折。我们党在改革开放30多年一以贯之的接力探索中,成功开辟出一条通往中国现代化和中华民族复兴的光明大道,即中国特色社会主义道路。这是人类历史上的又一伟大的道路创新。

党的十八大报告对中国特色社会主义道路的实践形态进行了科学界定,指出:"中国特色社会主义道路,就是在中国共产党领导下,立足基本国情,以经济建设为中心,坚持四项基本原则,坚持改革开放,解放和发展社会生产力,建设社会主义市场经济、社会主义民主政治、社会主义先进文化、社会主义和谐社会、社会主义生态文明,促进人的全面发展,逐步实现全体人民共同富裕,建设富强民主文明和谐的社会主义现代化国家。"[①]

从党的十八大报告的界定看,这条道路,关键是党的领导,这是根本政治保证。依据是社会主义初级阶段的基本国情,这是出发点。核心是"一个中心、两个基本点",这是总纲领。重点是解放和发展生产力,这是根本途径。基本内容是建设社会主义市场经济、社会主义民主政治、社会主义先进文化、社会主义和谐社会、社会主义生态文明,这是总体布局。目标是促进人的全面发展,实现共同富裕,建设富强民主文明和谐的社会主义现代化国家,这是根本目的。

---

① 胡锦涛《坚定不移沿着中国特色社会主义道路前进 为全面建成小康社会而奋斗》,人民出版社2012年版,第12页。

由此可见,这条道路,既解决了国家走什么路、怎么走、走的方向和目标的问题,也解决了社会发展的动力、途径、手段等问题,同时还全面揭示了中国特色社会主义的实践模式,使我们对中国特色社会主义的实践道路、发展方略、建设重点、奋斗目标的认识更加全面、更加科学。中国特色社会主义道路,既坚持以经济建设为中心,又全面推进经济建设、政治建设、文化建设、社会建设、生态文明建设以及其他各方面建设;既坚持四项基本原则,又坚持改革开放;既不断解放和发展社会生产力,又逐步实现全体人民共同富裕、促进人的全面发展。

30多年来,中国坚定地沿着这条道路前进。面对世所罕见的艰巨的繁重任务,面对世所罕见的复杂矛盾和问题,面对世所罕见的困难和风险,取得了举世瞩目的辉煌成就:社会生产力、经济实力、科技实力迈上一个大台阶;人民生活水平、居民收入水平、社会保障水平迈上一个大台阶;综合国力、国际竞争力、国际影响力迈上一个大台阶,国家面貌发生了新的历史性变化。

党的十八大报告指出:"回首近代以来中国波澜壮阔的历史,展望中华民族充满希望的未来,我们得出一个坚定的结论:全面建成小康社会,加快推进社会主义现代化,实现中华民族伟大复兴,必须坚定不移走中国特色社会主义道路。"[①]实践充分证明,中国特色社会主义道路,是实现我国社会主义现代化和中华民族伟大复兴的必由之路,是创造人民美好生活的必由之路,是发展中国、稳定中国、实现中国梦的必由之路。

三、中国道路的理论形态

中国道路表现在理论方面,是我们党不断推进理论创新的成果。创新是一个民族进步的灵魂,是一个国家兴旺发达的不竭动力,是一个政党永葆生机的源泉。实践基础上的理论创新是社会发展和变革的先导。实践中的许多重大问题,最终还是要靠理论来解决。中国特色社会主义道路能够开辟出来,在30多年中,我们能够坚定走这条道路并取得伟大成就,就是因为我们党不断推进理论创新,形成了中国特色社会主义理论体系。这个伟大理论体系,是中国道路的理论形态。

伟大的事业产生伟大的理论,伟大的理论指导伟大的事业。中国共产党是一贯重视理论指导、理论建设和理论创新的马克思主义政党。在中国共产党领导的新民主主义革命和社会主义革命以及社会主义建设的伟大事业中,以毛泽

---

① 胡锦涛《坚定不移沿着中国特色社会主义道路前进 为全面建成小康社会而奋斗》,人民出版社2012年版,第10页。

东为代表的中国共产党人坚持把马克思主义基本原理同中国的实际相结合，开创了马克思主义中国化的历史进程，创立了毛泽东思想，实现了马克思主义中国化的第一次飞跃，指导了中国革命和建设从胜利走向胜利。毛泽东思想是马克思列宁主义在中国的运用和发展，是被实践证明了的关于中国革命和建设的正确的理论原则和经验总结，是中国共产党集体智慧的结晶。

在中国共产党领导的改革开放的新的伟大事业中，以邓小平为代表的中国共产党人围绕"什么是社会主义、怎样建设社会主义"这个根本问题，进行了一系列开创性、原创性、原理性的理论创新，创立了邓小平理论，指导我们党成功开创了中国特色社会主义。邓小平理论是马克思列宁主义的基本原理同当代中国实践和时代特征相结合的产物，是毛泽东思想在新的历史条件下的继承和发展，是中国共产党集体智慧的结晶。

以江泽民为代表的中国共产党人围绕"建设什么样的党和怎样建设党"这个基本问题，提出了"三个代表"重要思想，指导我们党成功把中国特色社会主义推向21世纪。"三个代表"重要思想是对马克思列宁主义、毛泽东思想、邓小平理论的继承和发展，反映了当代世界和中国的发展变化对党和国家工作的新要求，是加强和改进党的建设、推进我国社会主义自我完善和发展的强大力量武器，是中国共产党集体智慧的结晶。

以胡锦涛为代表的中国共产党人围绕"实现什么样的发展和怎样发展"这个重大问题，提出一系列紧密相连、相互贯通的新思想、新观点、新论断，形成了科学发展观，指导我们党成功地在新的历史起点上坚持和发展了中国特色社会主义。科学发展观是对中国共产党的三代中央领导集体关于发展的重要思想的继承和发展，是马克思主义关于发展的世界观和方法论的集中体现，是同马克思列宁主义、毛泽东思想、"三个代表"重要思想既一脉相承又与时俱进的科学理论，是中国共产党集体智慧的结晶。

以胡锦涛为总书记的党中央，在推进理论创新中，成功整合了改革开放以来党的理论创新"三大"阶段性成果，提出并构建了中国特色社会主义理论体系，实现了马克思主义中国化的第二次飞跃。中国特色社会主义理论体系，就是包括邓小平理论、"三个代表"重要思想、科学发展观在内的科学理论体系，是对马克思列宁主义、毛泽东思想的坚持和发展。

这个理论体系的主题是中国特色社会主义。也就是说，这个理论体系主要是探讨在中国这个经济文化比较落后的大国建设社会主义的客观规律。中国特色社会主义是全新的道路，古人没有走过，外国人也没有走过。30多年的实践提出一系列重大问题。如何坚持、完善、创新这种社会制度，也是一个重大课题。中国特色社会主义理论体系就是回答这一系列重大问题和重大课题的理论成果。

这个理论体系的精髓是实事求是。实事求是既是毛泽东思想的精髓，也是中国特色社会主义理论体系的精髓。改革开放以来，党始终坚持解放思想、实事求是、与时俱进的思想路线，不断深化对党执政规律、社会主义建设规律、人类社会发展规律的认识，自觉地把思想认识从那些不合时宜的观念、做法和体制的束缚中解放出来，从对马克思主义的错误的教条式的理解中解放出来，从主观主义和形而上学的桎梏中解放出来，以实践基础上的理论创新回答了一系列重大理论和实践问题，逐步形成了中国特色社会主义理论体系。

这个理论体系的基本内容是由一系列基本理论构成的。这些基本理论包括社会主义本质和根本任务理论、社会主义初级阶段理论、社会主义改革和开放理论、社会主义经济建设理论、社会主义民主政治建设理论、社会主义文化建设理论、构建社会主义和谐社会理论、生态文明建设理论、推进祖国统一理论、国际战略和外交政策理论、中国特色社会主义事业的依靠力量理论和领导核心理论等。

以习近平为代表的中国共产党人围绕"什么是中华民族伟大复兴、怎样实现中华民族伟大复兴"这个重大问题，提出了中国梦思想，丰富和发展了中国特色社会主义理论体系，为这个理论体系注入了新的内容，使这个理论体系更加彰显生机和活力。

中国特色社会主义理论体系，凝结了几代中国共产党人带领人民不懈探索实践的智慧和心血，是党最可宝贵的政治和精神财富。实践充分证明，我们党之所以能够开创、坚持和不断拓展中国特色社会主义道路，之所以能够确立、坚持和不断完善中国特色社会主义制度，就是因为有中国特色社会主义理论体系的指导。这个理论体系是全国各族人民团结奋斗的共同思想基础，是指导党和人民沿着中国特色社会主义道路胜利前进的科学理论，是指导党和人民坚持和完善中国特色社会主义制度的科学理论，是党必须长期坚持的指导思想。

四、中国道路的制度形态

中国道路表现在制度方面，是我们党将实践创新与理论创新上升为制度创新的成果。实践创新与理论创新相互促进，道路拓展与制度完善同步推进，中国特色社会主义伟大事业就是在实践创新、理论创新和制度创新的互动中开拓前进的。制度是实践的结果，是理性认识的结晶，是实践和理论创新的最高成就。30多年来,我们党在推进道路创新、理论创新中,不断将创新成果制度化、法制化,形成了中国特色社会主义制度,实现了人类历史上又一重大的社会制度创新。

中国特色社会主义制度是在继承中实现创新和跨越的。20世纪50年代中期,经过社会主义改造,在中国大地上建立了社会主义基本制度,其中经济方面较多的是学习苏联经验,如纯粹公有制、单一的按劳分配、计划经济等;政治方面更多的是自己的独创,如人民民主专政、人民代表大会制度。十一届三中全会以后,在改革开放和探索中国特色社会主义道路的进程中,我们党从社会主义初级阶段的基本国情出发,自觉地对社会主义基本制度进行了调整、转型和完善,并创立了一系列全新的具体制度,从而形成了中国特色社会主义制度。

十八大报告对中国特色社会主义制度进行了科学界定,指出:"中国特色社会主义制度,就是人民代表大会制度的根本政治制度,中国共产党领导的多党合作和政治协商制度、民族区域自治制度以及基层群众自治制度等基本政治制度、中国特色社会主义法律体系,公有制为主体、多种所有制经济共同发展的基本经济制度,以及建立在这些制度基础上的经济体制、政治体制、文化体制、社会体制等各项具体制度。"[①]

这个界定,坚持把根本政治制度、基本政治制度同基本经济制度以及各方面体制机制等具体制度有机结合起来,坚持把国家层面民主制度同基层民主制度有机结合起来,坚持把党的领导、人民当家做主、依法治国有机结合起来,集中体现了中国特色社会主义的特点和优势。

从政治制度上看,在国体方面,既反对西方的资产阶级专政,也不简单照搬传统社会主义的无产阶级专政,而是坚持人民民主专政。在政体方面,既不搞西方的议会制、总统制,也不照搬苏维埃,而是实行符合中国国情的人民代表大会制度。在政党制度方面,既不搞西方的多党制,也不搞传统社会主义的一党制,而是实行共产党领导的多党合作和政治协商制度。根据国体和政体的要求,结合基本国情,我们又建立了民族区域自治制度和基层群众自治制度,这是我国政治建设和民主发展的重大成就。政治制度建设的另一重大成就就是形成了中国特色社会主义法律体系,使民主制度化有了法律保障。

从经济制度上看,在所有制结构方面,既不搞西方的私有化,也不搞纯粹的公有制,而是实行以公有制为主体、多种所有制经济共同发展。在分配制度方

---

① 胡锦涛《坚定不移沿着中国特色社会主义道路前进 为全面建成小康社会而奋斗》,人民出版社2012年版,第12、13页。

面，既不搞西方的按资分配，也不搞单一的按劳分配，而是坚持以按劳分配为主体、多种分配方式并存。确立劳动、资本、技术和管理等生产要素按贡献参与分配，鼓励一部分人和一部分地区先富裕起来，带动全社会共同富裕。中国特色社会主义经济制度的创立，是对马克思主义经济理论的重大突破，是人类历史上的伟大创举。

从具体制度上看，建立在根本制度和基本制度基础上的各方面具体制度，即经济体制、政治体制、文化体制、社会体制，各具特点和优势。在经济体制方面，既不搞西方的自由市场经济，也不搞传统社会主义的计划经济，而是建立和完善社会主义市场经济体制，把社会主义制度的优越性和市场经济的活力结合起来。在政治体制方面，坚持扩大社会主义民主，健全社会主义法制，建设社会主义政治文明。在文化体制方面，坚持马克思主义指导，树立中国特色社会主义共同理想，弘扬民族精神和时代精神，推动社会主义文化大发展大繁荣。在社会体制方面，以改善民生为重点，解决好人民的利益问题，形成全体人民各尽其能、各得其所而又和谐相处的局面。

由政治制度、经济制度和各方面具体制度构成的中国特色社会主义制度，具有巨大的优越性。主要表现在：有利于保持党和国家的活力、调动广大人民群众和社会各方面的积极性、主动性、创造性；有利于解放和发展社会生产力、推动经济社会全面发展；有利于维护和促进社会公平正义、实现全体人民共同富裕；有利于集中力量办大事、有效应对前进道路上的各种风险挑战；有利于维护民族团结、社会稳定、国家统一。

实践充分证明，中国特色社会主义制度，既体现了社会主义的基本原则，又彰显着中国特色，既阐明了中国特色社会主义社会的全貌，又充分展示了中国特色社会主义的优越性和光明前景，因此是中国发展进步的根本制度保障。

中国道路的实践形态、理论形态、制度形态是一个统一体，这个统一体就是中国特色社会主义。党的十八大报告指出："九十多年来，我们党紧紧依靠人民，把马克思主义基本原理同中国实际和时代特征结合起来，独立自主走自己的路，历经千辛万苦，付出各种代价，取得革命建设改革伟大胜利，开创和发展了中国特色社会主义，从根本上改变了中国人民和中华民族的前途命运。"①

坚持和发展中国特色社会主义，必须强化道路自信、理论自信、制度自信。党的十八大报告指出："只要我们胸怀理想、坚定信念，不动摇、不懈怠、不折腾，

---

① 胡锦涛《坚定不移沿着中国特色社会主义道路前进　为全面建成小康社会而奋斗》，人民出版社 2012 年版，第 10 页。

顽强奋斗、艰苦奋斗、不懈奋斗,就一定能在中国共产党成立一百年时全面建成小康社会,就一定能在新中国成立一百年时建成富强民主文明和谐的社会主义现代化国家。全党要坚定这样的道路自信、理论自信、制度自信!"[1] 自信是源于内心深处的一种强大精神力量。一个人没有自信,就不能取得成功,一个政党没有自信,就不能得到发展,一个民族没有自信,就没有光明前途。坚定的道路自信、理论自信、制度自信,是高举中国特色社会主义伟大旗帜的力量之源,是树立中国特色社会主义共同理想的精神基础,是夺取中国特色社会主义新胜利的精神动力。要自信,但不能自满。自信是开创美好未来的力量源泉,自满必败。应当清醒地看到,坚持中国特色社会主义道路还有许多困难和挑战,而在坚持中拓展这条道路更加艰难。实践发展永无止境,认识真理永无止境,理论创新永无止境。在实践基础上丰富和发展中国特色社会主义理论体系需要更大的勇气、胆识和智慧。中国特色社会主义制度还不是尽善尽美、成熟定型的。坚持和完善中国特色社会主义制度也需要作出更大努力。

总之,实现中国梦必须走中国道路。中国道路就是中国特色社会主义,就是由中国特色社会主义道路、中国特色社会主义理论体系、中国特色社会主义制度构成的统一体。中国特色社会主义道路是实现途径;中国特色社会主义理论体系是行动指南;中国特色社会主义制度是根本保障。道路、理论体系、制度共同支撑起中国特色社会主义伟大事业。中国特色社会主义特就特在其道路、理论体系、制度上,特就特在其实现途径、行动指南、根本保障的内在联系上,特就特在这三者统一于中国特色社会主义伟大实践上。实践充分证明,中国特色社会主义是当代中国发展进步的根本方向,坚持和发展中国特色社会主义,就是真正坚持社会主义。只有中国特色社会主义才能发展中国,只有中国特色社会主义才能实现中国梦。我们必须要有这样坚定的道路自信、理论自信、制度自信。

---

[1] 胡锦涛《坚定不移沿着中国特色社会主义道路前进 为全面建成小康社会而奋斗》,人民出版社 2012 年版,第 16 页。

第六章
实现中国梦的精神条件——弘扬中国精神

一个国家、一个民族、一个党、一个人，如果没有强大的精神支撑，是站不住、挺不直、走不远的，不是被敌人所击垮，就是被困难所吓倒。我们党能够从千辛万苦、千难万险中走出来，就是因为有强大的精神支撑，从井冈山精神、长征精神、延安精神、西柏坡精神到改革创新精神，都是党取得胜利的精神动力。在中国特色社会主义道路上实现中华民族伟大复兴的中国梦，必然充满可以预见和难以预料的敌人和困难，因此，必须弘扬中国精神。中国精神是支撑中国梦的强大精神力量，是实现中国梦不可或缺的精神条件。

一、中国精神是中国梦的精神支撑

我们党历来重视精神的作用。党的十七大提出了"用以爱国主义为核心的民族精神和以改革创新为核心的时代精神鼓舞斗志"的要求。胡锦涛在庆祝中国共产党成立90周年大会上的讲话中强调"要在全体人民中大力弘扬以爱国主义为核心的民族精神和以改革创新为核心的时代精神，增强民族自尊心、自信心、自豪感，激励全党全国各民族人民为实现中华民族伟大复兴而团结奋斗。"党的十七届六中全会强调"爱国主义是中华民族最深厚的思想传统，最能感召中华儿女团结奋斗；改革创新是当代中国最鲜明的时代特征，最能激励中华儿女锐意进取。"党的十八大强调"大力弘扬民族精神和时代精神，深入开展爱国主义、集体主义、社会主义教育，丰富人民精神世界，增强人们精神力量。"由此可见，强调大力弘扬中国精神，是我们党从近代以来170多年的上下求索中、从中国共产党成立90多年的不懈奋斗中、从新中国成立60多年的艰苦创业中、从改革开放30多年的开拓创新中，获得的基本认识。正因为如此，习近平在论述中国梦时，多次强调弘扬中国精神。

2013年3月1日《在中央党校建校80周年庆祝大会暨2013年春季学期开学典礼上的讲话》中，习近平指出："中国传统文化博大精深，学习和掌握其中的各种思想精华，对树立正确的世界观、人生观、价值观很有益处。古人所说的

'先天下之忧而忧,后天下之乐而乐'的政治抱负,'位卑未敢忘忧国'、'苟利国家生死以,岂因祸福避趋之'的报国情怀,'富贵不能淫,贫贱不能移,威武不能屈'的浩然正气,'人生自古谁无死,留取丹心照汗青'、'鞠躬尽瘁,死而后已'的献身精神等,都体现了中华民族的优秀传统文化和民族精神,我们都应该继承和发扬。"①

2013年3月6日《在参加十二届全国人大一次会议辽宁代表团审议时的讲话》中,习近平指出:"要大力加强思想道德建设。雷锋、郭明义、罗阳身上所具有的信念的能量、大爱的胸怀、忘我的精神、进取的锐气,正是我们民族精神的最好写照,他们都是我们'民族的脊梁'。要充分发挥各方面英模人物的榜样作用,大力激发社会正能量,为实现'中国梦'提供强大精神动力。"②

2013年3月17日《在第十二届全国人民代表大会第一次会议上的讲话》中,习近平指出:"中华民族具有5000多年连绵不断的文明历史,创造了博大精深的中华文化,为人类文明进步作出了不可磨灭的贡献。经过几千年的沧桑岁月,把我国56个民族、13亿多人紧紧凝聚在一起的,是我们共同经历的非凡奋斗,是我们共同创造的美好家园,是我们共同培育的民族精神,而贯穿其中的、更重要的是我们共同坚守的理想信念。""实现中国梦必须弘扬中国精神。这就是以爱国主义为核心的民族精神,以改革创新为核心的时代精神。这种精神是凝心聚力的兴国之魂、强国之魂。爱国主义始终是把中华民族坚强团结在一起的精神力量,改革创新始终是鞭策我们在改革开放中与时俱进的精神力量。全国各族人民一定要弘扬伟大的民族精神和时代精神,不断增强团结一心的精神纽带、自强不息的精神动力,永远朝气蓬勃迈向未来。"③

2013年4月28日《在同全国劳动模范代表座谈时的讲话》中,习近平指出:"新中国成立后,'高炉卫士'孟泰、'铁人'王进喜、'两弹元勋'邓稼先、'知识分子的杰出代表'蒋筑英、'宁肯一人脏、换来万人净'的时传祥等一大批先进模范,响应党的号召,带动广大群众自力更生、奋发图强。王进喜以'宁肯少活20年,拼命也要拿下大油田'的气概,带领石油工人为我国石油工业发展顽强拼搏,'铁人精神'、'大庆精神'成为激励各族人民意气风发投身社会主义建设的

---

① 《习近平关于实现中华民族伟大复兴的中国梦论述摘编》,中央文献出版社2013年版,第34页。
② 《习近平关于实现中华民族伟大复兴的中国梦论述摘编》,中央文献出版社2013年版,第34页。
③ 《习近平关于实现中华民族伟大复兴的中国梦论述摘编》,中央文献出版社2013年版,第35页。

强大精神力量。""要自觉践行社会主义核心价值观,发扬我国工人阶级的伟大品格,用先进思想、模范行动影响和带动全社会,不断为中国精神注入新能量,始终做弘扬中国精神的楷模。""必须大力弘扬劳模精神、发挥劳模作用。榜样的力量是无穷的。劳动模范是民族的精英、人民的楷模。长期以来,广大劳模以平凡的劳动创造了不平凡的业绩,铸就了'爱岗敬业、争创一流,艰苦奋斗、勇于创新,淡泊名利、甘于奉献'的劳模精神,丰富了民族精神和时代精神的内涵,是我们极为宝贵的精神财富。""实现我们的发展目标,不仅要在物质上强大起来,而且要在精神上强大起来。全国各族人民都要向劳模学习,以劳模为榜样,发挥只争朝夕的奋斗精神,共同投身实现中华民族伟大复兴的宏伟事业。"①

2013年5月4日《在同各界优秀青年代表座谈时的讲话》中,习近平指出:"理想指引人生方向,信念决定事业成败。没有理想信念,就会导致精神上'缺钙'。中国梦是全国各族人民的共同理想,也是青年一代应该牢固树立的远大理想。中国特色社会主义是我们党带领人民历经千辛万苦找到的实现中国梦的正确道路,也是广大青年应该牢固确立的人生信念。""创新是民族进步的灵魂,是一个国家兴旺发达的不竭源泉,也是中华民族最深沉的民族禀赋,正所谓'苟日新,日日新,又日新'。生活从不眷顾因循守旧、满足现状者,从不等待不思进取、坐享其成者,而是将更多机遇留给善于和勇于创新的人们。""中国特色社会主义是物质文明和精神文明全面发展的社会主义。一个没有精神力量的民族难以自立自强,一项没有文化支撑的事业难以持续长久。"②

2013年9月26日《在会见第四届全国道德模范及提名奖获得者时的讲话》中,习近平指出:"道德模范是社会道德建设的重要旗帜,要深入开展学习宣传道德模范活动,弘扬真善美,传播正能量,激励人民群众崇德向善、见贤思齐,鼓励全社会积善成德、明德惟馨,为实现中华民族伟大复兴的中国梦凝聚起强大的精神力量和有力的道德支撑。""精神的力量是无穷的,道德的力量也是无穷的。中华文明源远流长,孕育了中华民族的宝贵精神品格,培育了中国人民的崇高价值追求。自强不息、厚德载物的思想,支撑着中华民族生生不息、薪火相传,今天依然是我们推进改革开放和社会主义现代化建设的强大精神力量。"③

---

① 《习近平关于实现中华民族伟大复兴的中国梦论述摘编》,中央文献出版社2013年版,第36～37页。
② 《习近平关于实现中华民族伟大复兴的中国梦论述摘编》,中央文献出版社2013年版,第37～39页。
③ 《习近平关于实现中华民族伟大复兴的中国梦论述摘编》,中央文献出版社2013年版,第41页。

从上述一系列的论述中可以看出，弘扬中国精神是实现中国梦不可或缺的精神条件。中国精神是指以爱国主义为核心的民族精神和以改革创新为核心的时代精神。民族精神和时代精神是一个民族屹立于世界民族之林、争取生存和发展的精神支撑。

民族精神是一个民族在长期共同社会实践中形成的民族意识、民族心理、民族品格、民族气质的总和，是民族文化中固有的并且延绵不断的一种历史文化传统，是民族文化最本质、最集中的表现。在5000多年发展中，中华民族形成了以爱国主义为核心的团结统一、爱好和平、勤劳勇敢、自强不息的伟大的民族精神。这个民族精神，是古往今来千千万万中国人奋发向上、百折不挠的精神支柱，是中华民族生生不息、发展壮大的强大精神动力。改革开放以来，在中国人民的伟大奋斗中形成了以改革创新为核心的与时俱进、开拓进取、求真务实、奋勇争先的时代精神。正是靠这种时代精神，中国人民战胜了各种艰难险阻，经受了各种严峻考验，取得了改革开放和现代化建设的辉煌成就。民族精神和时代精神相互交融，深深熔铸在民族的生命力、创造力、凝聚力之中，共同构成了中华民族自立自强的精神品格，成为推动中华民族伟大复兴的精神动力。实现中华民族伟大复兴的中国梦，必须弘扬中国精神。

弘扬中国精神，是进一步凝聚和团结全国人民为实现中国梦共同奋斗的现实需要。在实现中国梦的漫漫征程上，我们已经取得了伟大的成就，但完成"两个一百年"的奋斗目标依然任重而道远。国际敌对势力不愿看到一个强大的社会主义中国的崛起，处心积虑地遏制中国的发展，加紧对我国实施"西化"、"分化"的图谋。我国正处在经济转轨和社会转型的加速期，思想观念和价值取向日趋多元、多样、多变。站在新的起点上，凝聚亿万人民的意志和力量，离不开伟大的中国精神，尤其是爱国主义精神。家是最小国，国是千万家。爱国主义始终是指引亿万中国人民前进方向、昭示亿万中华儿女价值归属的旗帜。愈接近梦想成真，愈需要我们凝心聚力。爱国主义可以让我们冲破思想差异的樊篱，超越具体利益关系的羁绊，找到价值认同上的最大公约数，将个人力量的涓涓细流汇聚成民族复兴的磅礴巨浪。爱国主义是爱亲、爱家、爱家乡情感的升华，是捍卫民族尊严、维护祖国利益的崇高品德。在中国，爱祖国、爱民族历来被看作是"大节"。当国家和民族处于危亡之际，各族人民都起来"保家卫国"，不惜以身殉国。中华民族之所以多次面临危机而不亡国，与这种爱国主义有直接关系。中国共产党成立后为中华民族原有的爱国主义精神注入了社会主义思想元素，使其具有更大威力。弘扬以爱国主义为核心的民族精神，就是要增强民族自尊心、自信心、自豪感,激励人民把爱国热情化作振兴中华的实际行动,以热爱祖国和贡献自己全部力量建设祖国为最大光荣、以损害祖国利益和尊严为最大耻辱。

弘扬中国精神,是进一步动员和激励全党全国人民为实现中国梦而攻坚克难的紧迫要求。改革开放是决定当代中国命运的关键抉择,是发展中国特色社会主义、实现中国梦的必由之路。我们已经取得的成就靠改革开放,解决目前存在的矛盾和问题的出路也在于深化改革开放。当前,中国的改革开放已经进入攻坚期、深水区,攻坚克难、破礁除障,同样离不开中国精神,尤其是改革创新精神。改革创新是时代的主旋律,是当代中华民族精神风貌的集中体现。面对日益凸显的发展瓶颈、深层次矛盾问题,我们只有发扬改革创新精神,迎难而上,才能闯过激流险滩。改革开放以来,我们党之所以能够开辟中国特色社会主义道路、形成中国特色社会主义理论体系、确立中国特色社会主义制度,就是因为我们党始终保持与时俱进、开拓创新、永不自满、永不僵化、永不停滞的精神状态,以思想不断解放推动事业持续发展。弘扬以改革创新为核心的时代精神,就是要鼓励和支持一切有利于国家富强、民族振兴、人民幸福、社会和谐的思想和精神,大力发扬艰苦奋斗、劳动光荣、勤俭节约的优良传统,倡导一切有利于时代进步的创新精神,激发全民族的创造活力。

二、弘扬中国精神必须重视文化建设

中国精神与中国文化是内在联系在一起的,中国精神是中国文化的灵魂,中国文化是中国精神的载体,中国精神是对中国文化蕴含的基本思想的提炼,具有抽象性,不能独立存在,不能独立发挥作用,它渗透在具体的中国文化之中,并通过文化发挥作用。因此,理解中国精神的意义,必须对文化的战略意义有充分的认识。文化是人类社会发展的内在驱动力。发展社会主义先进文化,是全面建设小康社会的重要内容,是增强综合国力的内在要求,是实现中华民族复兴、促进人的全面发展的重要条件。

实现中国梦的近期目标就是全面建成小康社会,发展先进文化是这一宏伟目标的重要内容和重要特征。小康社会是中国特色社会主义社会的一个重要的发展阶段,其基本特征主要表现在中国特色社会主义经济、政治、文化、社会、生态文明等方面。因此,党的十六大提出全面建设小康社会宏伟目标时,就对文化目标作出明确规定,即全民族的思想道德素质、科学文化素质和健康素质明显提高,形成比较完善的现代国民教育体系、科技和文化创新体系、全民健身和医疗卫生体系。人们享有接受良好教育的机会,基本普及高中阶段教育,消除文盲。形成全民学习、终身学习的学习型社会,促进人的全面发展。这个文化目标,就是小康社会的文化特征。没有文化目标,小康社会就不是全面的。全面建成小康社会,要在推进经济建设的同时,更加自觉地推进文化建设。加强文化建设是实现全面建成小康社会宏伟目标的重要条件。全面建成小康社会的经济目标、政治目标、社会目标、生态文明目标的实现,必须有文化提供的精神动力、思想保证和智力支持为条件。文化的发展可以提高全民族的凝聚力和战斗力,动员全体人民万众一心、努力奋斗;文化发展可以不断推进理论创新,形成科学理论,指导经济、政治、社会、生态文明沿着正确方向发展;文化发展可以极大地提高全民族的思想道德素质、科学文化素质和健康素质,培养千百万适应社会主义现代化建设需要的合格人才,为全面建成小康社会提供强大的智力支持。

  实现中国梦必须增强综合国力,文化是综合国力的重要内容。当今世界的竞争主要是综合国力的竞争。所谓综合国力,就是指一个国家在一定时期内为维护自己的生存和发展所拥有的各种力量的有机整体的总和。综合国力是一个巨大系统,包括经济实力、政治实力、文化实力、外交实力、军事实力等系统。综合国力并非是这些"力"的机械相加,而是这些"力"有机协调、相互作用后所产生的巨大合力。那么,文化实力在综合国力中处于什么地位?文化是综合国力系统中的"软件系统",其他力量则是"硬件系统"。综合国力中各种力量的协调、相互作用、整合,是靠文化"指令"进行的,没有文化这个"软件系统",综合国力就会成为"裸机",失去生机和活力。不仅如此,综合国力系统中其他力量的增长,也有赖于文化的作用。从经济实力看,任何经济发展都是在一定文化理念指导下进行的。文化不仅指导经济发展,而且文化附加值越来越成为商品价格的决定性因素,文化本身的经济价值更加凸显出来,同时文化资源越来越成为经济发展的基础性和关键性资源。文化与经济的交融互动,说明发展文化已成为发展经济的内在要求。从政治实力看,文化在保证社会团结、凝聚社会共识、维护社会稳定方面的作用越来越突出,是增强主权国家内部政府进行社会动员能力的重要保证,同时文化对维护国家主权具有重大意义。在当今国际斗争中,霸权主义国家越来越多地用文化作为工具侵犯其他国家主权,而广大发展中国家也越来越重视用文化来捍卫国家的主权。从外交实力看,文化是改变一个国家外在形象的重要力量,是催生国际合作和区域性政治经济组织的重要媒介,是一个国家领导人对外政策的"导航仪"。从军事实力看,文化作为一种精神资源在军事战争中的重要性历来受到重视,是现代军事实力的重要组成部分。文化手段已经成为实现军事目标的重要途径。简言之,文化在综合国力中不仅发挥着独立作用,是综合国力的灵魂,而且其作用广泛渗透于其他力量之中。增强综合国力,必须大力加强文化建设。

中国梦的主题就是实现中华民族伟大复兴,文化则是构成民族的基本要素。文化与民族是密不可分的,文化是民族形成和发展的重要条件和重要标志,而民族性则是文化的根本特性。人从动物分化出来成为真正的人的时候,是以文化的创造开始的。人与动物的区别主要表现为两个特征:一是文化创造;二是人的社会性。人具备了文化和社会两个特质,也就开始了真正的人的历史。人类最早的社会组织——血族,包括氏族、胞族、部落,都是具有一定文化的社会性的类群体。由于文化与社会两个特质的相互作用,不断推动着血族的演化和发展,由氏族、胞族发展为部落,然后由部落联盟发展成为一个联合的民族。民族的区别主要是民族文化精神的差异。没有文化的民族是不存在的,实现中华民族的复兴,实质是创造出新的中华文明,包括物质文明和精神文明。物质文明的提高主要依靠经济的发展,而精神文明的发达主要依靠文化的进步。兴起文化建设高潮,是振兴中华的内在要求。文化的一个重要功能就是为民族发展指明方向。一个民族将如何发展、走向何处?这个问题只能从文化上寻找答案。没有先进文化的指导,就没有民族发展的正确方向。文化也为民族复兴提供强大的精神动力和智力支持。文化的发展是提高民族素质的基本途径。所谓民族素质,是指一个民族在某一特定历史时期在文化领域表现出来的认识世界和改造世界的水平和能力。文化的基本功能就是提高整个民族的文化素质。在国际竞争中,文化素质低下的国家和民族将难以摆脱被动的落后地位。文化以其强大的凝聚力联结全国人民,保证国家的团结统一。民族的团结、国家的统一,这是国家具有强大综合国力的重要标志。当代中国是由56个民族组成的统一的国家,能够把这些具有各自特点的56个民族凝聚为和睦的中华民族大家庭,一个重要的力量是在5000年文明创造中形成的中华文化和对她的认同与自豪。中华文化不仅是联结中华各族人民的纽带,也是凝聚和鼓舞全国各族人民以及海外中华儿女共同为振兴中华而奋斗的强大的精神力量。

实现中国梦必须促进人的全面发展,这是中国梦的最终价值目标,文化是实现人的全面发展的必要条件。文化是人为的,也是为人的。文化的根本意义最终是体现在促进人的全面发展上。人是自然、社会和精神的统一体,是由自然因素、社会因素和精神因素构成的。因此,人的全面发展也就是人的生理素质、社会素质和心理方面素质的发展。具体来说,人的全面发展主要包括三个方面：一是人的个性即人的自我意识的发展；二是人的本质力量即人的能力的发展；三是人的生存和发展的基础——社会关系的丰富。实现这三个方面的发展，就是要不断满足人的物质和精神两个方面的需求。如果物质的、功利的、技术的追求在社会生活中占了压倒一切的统治地位，而精神的活动和精神的追求被忽视、被挤压，那么，发展下去，人就会成为流于浅薄，只有长度和宽度，而没有深度和容量的"单面人"。人类之所以有文化而且必须十分庄严认真地建设自己的文化，与基于精神的上进和自我完善的目的是分不开的。可以说，人类生活的灵魂是精神文化。发展经济只是人类走向物质文明的途径和手段；发展文化不只是作为推动经济发展的手段，而且是作为养育人的心灵、发展人的精神世界的根本途径。

上述表明，没有文化的大发展、大繁荣，就不可能实现中国梦。党的十七届六中全会强调文化是民族的血脉，是人民的精神家园。中国共产党从成立之日起，就既是中华优秀传统文化的忠实传承者和弘扬者，又是中国先进文化的积极倡导者和发展者。文化工作在革命、建设、改革各个历史时期都发挥了不可替代的重大作用。改革开放特别是党的十六大以来，我们党推动文化建设不断取得新成就，走出了中国特色社会主义文化发展道路。《中共中央关于深化文化体制改革 推动社会主义文化大发展大繁荣若干重大问题的决定》（简称《决定》）对当代文化发展的态势、文化作用、推动文化改革发展的重大意义进行了论述，提出了"四个更加"、"四个越来越"、"三个关系"的重要论断。

"四个更加"是党对当代文化发展新态势作出的科学判断。《决定》立足于当今世界正处在大发展、大变革、大调整时期，强调世界多极化、经济全球化深入发展，科学技术日新月异，各种思想文化交流、交融、交锋更加频繁，文化在综合国力竞争中的地位和作用更加凸显，维护国家文化安全任务更加艰巨，增强国家文化软实力、中华文化国际影响力的要求更加紧迫。

"四个越来越"是党立足于当代中国进入了全面建设小康社会的关键时期和深化改革开放、加快转变经济发展方式的攻坚时期，重申了党的十七大对文化作用的论述，即文化越来越成为民族凝聚力和创造力的重要源泉、越来越成为综合国力竞争的重要因素、越来越成为经济社会发展的重要支撑，丰富精神文化生活越来越成为我国人民的热切愿望。

"三个关系"是党对推动文化改革发展重大意义作出的重要论断，即在新的历史起点上深化文化体制改革、推动社会主义文化大发展大繁荣，关系实现全面建设小康社会的奋斗目标，关系坚持和发展中国特色社会主义，关系实现中华民族伟大复兴。

《决定》还强调,社会主义先进文化是马克思主义政党思想精神上的旗帜,文化建设是中国特色社会主义事业总体布局的重要组成部分。没有文化的积极引领,没有人民精神世界的极大丰富,没有全民族精神力量的充分发挥,一个国家、一个民族不可能屹立于世界民族之林。物质贫乏不是社会主义,精神空虚也不是社会主义。没有社会主义文化的繁荣发展,就没有社会主义现代化。

中国文化越发展,中国精神越丰富,中国文化越繁荣,中国精神越光彩。因此,弘扬中国精神,就要切实地把文化建设置于战略地位,努力推动社会主义文化大发展、大繁荣。

三、加强文化建设必须坚持马克思主义一元化指导

弘扬中国精神必须加强文化建设,加强文化建设必须坚持马克思主义一元化指导。任何时期的国家文化建设都是在一定思想指导下进行的,而这个指导思想又必然是统治阶级的思想。马克思主义是无产阶级的思想体系,是中国共产党和中国工人阶级的指导思想。因此,在当代中国,发展先进文化,必然要求坚持马克思主义的指导地位,用中国化的马克思主义指导文化建设。在我国现阶段,存在多种多样的社会思潮,各种社会思潮相互激荡,试图引领中国文化的前进方向,使文化建设中的指导思想问题凸显出来。面对各种社会思潮的挑战,我们必须清醒地认识到,繁荣发展社会主义思想文化,必须坚持马克思主义一元化指导。

第一,坚持马克思主义指导地位的必然性。一定社会的文化是由多种形态、多个层次的文化构成的文化体系。强调指导思想一元化,是就文化体系整体而言的。事实上,构成文化体系整体的每一种形态、每一个层次的文化,都是在一定思想指导下形成和发展的。比如,中国传统文化,主要是由儒家文化、道家文化、佛家文化构成的文化体系,儒家文化是在儒家思想指导下形成和发展的;道家文化是在道家思想指导下形成和发展的;佛家文化是在佛家思想指导下形成和发展的。但是,由于儒家思想是中国封建统治阶级的思想,因而成为中国传统文化的指导思想,道家文化和佛家文化也必须接受儒家思想的指导。当代中国文化体系中同样存在多种形态、多个层次的文化,每一种形态、每一个层次的文化都有特定的指导思想。但是,各种形态、各个层次的文化都必须接受马克思主义的指导,这是由马克思主义在当代中国思想上层建筑所处的地位决定的。

马克思主义从根本上揭示了自然、社会和思维发展的规律,是人类历史上最先进的世界观和方法论,是我们认识世界、改造世界的强大思想武器,是我们

立党立国的根本和建设先进文化的根本。坚持马克思主义的指导地位,并非是出于某些人的主观愿望,而是有其客观必然性。中国共产党和中国工人阶级在国家中处于领导地位,而马克思主义则是中国共产党和中国工人阶级的指导思想,是其世界观的理论基础。这就决定了党和工人阶级必然用马克思主义统领国家各方面建设,文化建设也当然必须坚持以马克思主义为指导思想。

马克思主义对文化建设的指导意义主要表现在:马克思主义阐明了物质生产和精神生产的关系,为我们在文化建设中正确处理经济建设和文化建设的关系提供了理论基础;马克思主义揭示了社会意识形态产生和形成的社会基础,为我们理解文化变迁和推进文化变革提供了有力的思想武器;马克思主义阐明了精神对物质的巨大反作用,为提高我们建设文化的自觉性提供了有力的理论支持;马克思主义阐明了对人类文明成果的科学态度,为我们继承民族的优秀文化传统和吸收借鉴国外有益文化成果提供了正确方法和原则。只有坚持以马克思主义为指导思想,社会主义文化才能沿着正确方向繁荣发展。

第二,用中国化的马克思主义统领文化建设。在当代中国文化建设中坚持以马克思主义为指导思想,主要是强调用中国化的马克思主义统领文化建设。中国化的马克思主义主要包括毛泽东思想、邓小平理论、"三个代表"重要思想和科学发展观。

毛泽东思想是马克思主义中国化的理论成果,是被实践证明了的关于中国革命和建设的正确的理论原则和经验总结。毛泽东思想中关于文化建设理论的内容十分丰富。一是强调我们要建设的文化必须是"民族的科学的大众的文化"。"民族的科学的大众的文化,就是人民大众反帝反封建的文化,就是新民主主义的文化,就是中华民族的新文化。"① 二是强调发展新文化要坚持"古今中外法"②。所谓"古今",就是从时间的角度把文化及其传播看作是历史的、发展的,不能割断历史,必须批判地继承,古为今用。所谓"中外",就是从空间的角度正确处理民族文化和外来文化的关系,以解决中国问题为中心,批判地吸收外国文化的精华,洋为中用。三是强调建设新文化必须坚持"二为"方向和"双百"方针。四是强调加强思想建设,主要是确立马克思主义的指导地位,在政治思想界、理论界、文艺界、科学教育界树立正确的政治观点和科学的世界观。五是强调发展科学和教育,提出了"技术革命"和实现"科学技术现代化"的思想,确立了新中国的教育方针和办学道路。毛泽东的文化建设理论不仅具

---

① 《毛泽东选集》第 2 卷,人民出版社 1991 年版,第 708～709 页。
② 《毛泽东文集》第 2 卷,人民出版社 1999 年版,第 400 页。

有重大的历史意义,也是我们今天推进文化建设必须坚持的指导思想。

邓小平理论是毛泽东思想在新的历史条件下的继承和发展,是马克思主义在中国发展的新阶段,是当代中国的马克思主义。邓小平理论中关于文化建设的思想集中表现为社会主义精神文明建设理论。社会主义精神文明建设理论内容主要有八个方面。一是强调我们要建设的社会主义国家,不但要有高度的物质文明,而且要有高度的精神文明,两个文明都搞好,才是有中国特色的社会主义。搞现代化一定要坚持以经济建设为中心,要有两手,只有一手是不行的。二是强调精神文明建设包括思想道德建设和教育科学文化建设,要教育人民成为"四有"新人,教育干部成为"四有"干部,特别要教育好青年、教育好后代。三是强调必须坚持马克思主义,对马克思主义的信仰是我们的精神动力,实事求是是马克思主义的精髓,解放思想、改革开放要贯彻于社会主义现代化全过程,坚持四项基本原则、反对资产阶级自由化也要贯彻于社会主义现代化全过程。搞自由化就会把中国引导到资本主义道路,就会破坏安定团结的政治局面。四是强调改革开放是解决中国问题的希望。实行开放政策也会带来一些负面的影响,但是,我们可以用教育和法律的手段解决这些问题。五是强调要继承和发扬民族的优秀文化传统和党的优良传统,吸收和借鉴人类社会创造的一切文明成果,反对封建主义残余影响,抵制资本主义腐朽思想的侵蚀。六是强调要尊重知识、尊重人才,培养一大批优秀的科学家、教育家、文学艺术家和其他各种专家,思想文化和教育战线上的同志都应当是人类灵魂的工程师。七是强调思想政治工作和思想政治工作队伍决不能削弱,对思想上的不正确倾向要以说服教育为主,开展批评与自我批评,不能简单粗暴,也不能不闻不问。八是强调党要加强对精神文明建设的领导,必须狠狠地抓,一天不放松地抓,从具体事件抓起,关键是党风建设和领导干部以身作则。这"八个强调"是当代中国文化建设必须坚持的指导思想。

"三个代表"重要思想是对马克思列宁主义、毛泽东思想和邓小平理论的继承和发展,是马克思主义中国化的最新理论成果。"三个代表"重要思想中关于文化建设的思想主要是强调建设中国特色社会主义文化,代表中国先进文化的前进方向。强调建设中国特色社会主义的文化,就是以马克思主义为指导,以培育有理想、有道德、有文化、有纪律的公民为目标,发展面向现代化、面向世界、面向未来的,民族的科学的大众的社会主义文化。这个概括,一是强调以马克思主义为指导思想;二是强调以培育"四有"新人为目标;三是强调以"三个面向"为价值取向;四是强调以"民族的科学的大众的"为基本特征。在当代中国推进文化建设,最重要的就是建设中国特色社会主义文化,代表中国先进文化的前进方向。

科学发展观是统领当代中国发展的科学思想,文化建设也必须贯彻科学发展观。在文化建设中贯彻科学发展观,一是要坚持以人为本。文化建设要坚持以人为本,就是把促进人的全面发展作为文化建设的根本。二是要坚持全面发展。文化建设包括思想道德建设和教育科学文化事业建设两个方面,这两个方面的建设必须相互协调、相互促进、全面发展。三是要坚持协调发展。在当代中国推进文化建设,不仅要注重发展主流文化,也要注重发展大众文化、精英文化,并努力使各种形态、各个层次的文化协调发展。

第三,正确处理意识形态多样化与指导思想一元化的关系。意识形态是文化体系的核心,是观念形态的文化。所谓意识形态,是指一定阶级或社会集团基于自身根本利益对社会关系的反映所形成的理论体系。文化建设面临的突出问题,就是如何处理意识形态多样化与指导思想一元化的关系。改革开放以来,不断有人鼓吹"意识形态多元化",实质是主张指导思想多元化,否定马克思主义的指导地位。因为意识形态多样化是一个客观事实。任何一个阶级、阶层和社会集团都有反映自己利益、愿望和要求的思想和理论,有多少个阶级、阶层、社会集团,就有多少种意识形态,资本主义社会是这样,社会主义社会也是如此。在我国现阶段,由于经济成分、分配方式、就业方式、生活方式、社会组织形式、社会利益等方面日益多样化,由此产生多样化的意识形态,主要表现为各种社会思潮的相互激荡。所谓社会思潮,是指在一定时期内反映某一阶级或阶层利益和要求,得到广泛传播并对社会生活产生某种影响的思想趋势或思想潮流。社会思潮是社会意识的一种重要现象,广泛存在于人类社会,特别是在社会大变动、大变革年代,各种社会思潮异常活跃。我国正处于社会转型时期,剧烈的社会变化,极大地震撼了人们的思想意识,各种社会思潮异常活跃,可谓思潮万千、思潮起伏、思潮澎湃。

当前我国社会思潮的特点主要表现在三个方面:一是正确思潮和错误思潮同时并存。正确思潮是指顺应历史前进方向的思潮,如爱国主义思潮、社会主义改革思潮、科学社会主义思潮、生态主义思潮、科技革命思潮,等等。这些思潮有利于推动改革开放和现代化建设,应积极提倡和加强引导。错误的思潮是与历史前进方向相悖的思潮,如殖民文化思潮、有神论思潮、极"左"思潮,等等。错误思潮不利于社会发展,应进行分析批判。二是国外思潮向国内思潮不断转化。随着对外开放程度的加深和扩大,国外社会思潮不断涌进,在中国广泛传播和蔓延,如资产阶级自由化思潮、经济私有化思潮、利己主义思潮、拜金主义思潮、享乐主义思潮,等等。这些反映西方资本主义腐朽思想的思潮,对我国人民精神生活的健康发展具有极大的腐蚀性,必须坚决批判。三是腐朽没落思潮沉渣泛起。社会思潮具有反复性,许多曾经被扫进历史垃圾堆的社会思潮,在新的历史条件下会借尸还魂、改头换面、死灰复燃、沉渣泛起。如殖民文化思潮的兴起、愚昧迷信和伪科学思潮的泛滥,就是腐朽没落思潮沉渣泛起。

  意识形态多样化并不等于指导思想多元化。一个社会无论存在多少种意识形态,只能有一种意识形态占主导地位,即统治阶级的意识形态。在资本主义社会,资产阶级意识形态占统治地位,是资本主义社会的指导思想。在社会主义社会,共产党和工人阶级的意识形态——马克思主义占统治地位,是社会主义社会的指导思想。资本主义社会用资产阶级意识形态作为指导思想,社会主义社会用马克思主义作为指导思想,这都是由国家和社会性质决定的。一个社会的性质是由占主体地位的经济关系决定的,一个国家的性质是由在国家政权中占主导地位的阶级决定的。在经济上占主导地位的阶级在政治上必然占统治地位。而任何一个社会的统治思想都不过是统治阶级的思想,这是历史唯物主义的一个基本观点。任何社会都不可能允许指导思想多元化。在资产阶级意识形态内部,虽然存在许多流派,各个流派之间有差异、有矛盾、有斗争,但其基本精神、核心思想是一致的,即都是以资产阶级的世界观、人生观和价值观为基础的。因此,不能把资产阶级意识形态内部各个流派的合法存在看作是资本主义社会指导思想多元化。同样,马克思主义思想体系中也有不同流派,但这些流派在本质上仍然属于无产阶级和社会主义的思想范畴,不能把这些流派的合法存在看作是社会主义社会指导思想的多元化。

  坚持马克思主义在意识形态领域的指导地位,不搞指导思想多元化,并不意味着对其他意识形态采取简单的肯定或否定的态度。任何一种意识形态的存在,都是一定社会存在的反映。在意识形态领域中坚持马克思主义一元化指导,就是要用马克思主义引领多样性的社会思潮,即对具有积极的、进步的、向上的社会思潮进行引导,使其沿着正确方向发展,对具有消极的、落后的、腐朽的错误社会思潮进行批判,防止其自由泛滥。

四、弘扬中国精神必须继承和发展中国道德传统

  继承和发展中国道德传统是弘扬中国精神的重要内容,中国精神中无论是民族精神还是时代精神,都蕴含着强烈的道德要求。道德建设具有历史连续性,是文化长期孕育的结果,它不可能靠行政命令或几次运动建立起来的。加强道

德建设,必须正确对待中国道德传统,充分发掘道德传统中的现代价值,结合时代特点,一以贯之地推进。

中国文化所形成的完备的道德体系,不仅表现出中国文化蕴含极高的道德智慧,而且体现了它对人类基础道德建设作出了重大贡献。在人类社会越来越走向商品化时代,随着工业化"病毒"的扩散,人际关系也被高度物化,价值迷失,道德沦丧,已成为既令人关注又令人忧虑的国际性的社会话题。伦理型的中国文化所建构的道德体系,在经过批判扬弃之后,我们可以发现,其中所沉积的某些道德智慧,对于我国乃至人类社会的道德文明建设,仍有巨大的现代价值和借鉴意义。

中华民族道德传统的形成,主要根源于由家及国的宗法社会结构。宗法血缘关系本质上是一种人伦关系,是建立在伦理基础上通过人们的信念来处理的关系。家庭本位的特点,一方面使家庭伦理关系的调节成为社会生活的基本课题,家族伦理成为个体安身立命的重要基础,另一方面,在家国一体社会的政治结构中,整个社会的组织系统是家庭—村落—国家,家庭的基础地位使得伦理在社会生活秩序的建构和调节中具有至关重要的意义。基于上述原因,中华民族在漫长的历史发展过程中,建构起了较之其他民族更为成熟而完备的道德价值体系,表现出极高的道德智慧和异常丰富的道德践履经验。

早在《尚书·皋陶谟》中,即把"九德"作为修身和任事的准则。一是"宽而栗"——豁达大度而又恭敬谨慎;二是"柔而立"——态度温和而又有主见;三是"愿而恭"——行为谦逊而又严肃认真;四是"乱而敬"——有理乱的才干而办事仍不疏忽;五是"扰而毅"——能够听取别人的意见而又刚毅果断;六是"直而温"——行为正直而态度温和;七是"简而廉"——性情简括而行事廉约;八是"刚而廉"——刚正而不鲁莽;九是"强而义"——勇敢而又善良。皋陶认为,只有在自己的行为中表现出"九德"来,才能够把委任之事办好。这里所讲的"九德",不仅限于道德修养,而且内含着丰富的辩证智慧,体现出对德才兼备的全面要求,其中的智慧和经验值得古今一切"任事者"借鉴和深思。

在中国道德体系的建构中儒家献出了自己的全部智慧。孔子作为儒家伦理哲学的奠基人,于公元前6世纪在世界上首次提出了一套完整的道德规范体系,他以知、仁、勇为三达,在此基础上提出礼、义、孝、悌、忠、恕、恭、宽、信、敏、惠、温、良、俭、让、诚、敬、慈、刚、毅、直等一系列德目。其后,孟子又以仁、义、礼、智为四基德,将它扩展为"五伦十教",涵盖了君臣、父子、兄弟、夫妇、朋友关系的各个方面。但自汉代董仲舒提出"三纲"(君为臣纲、父为子纲、夫为妇纲)"五常"(仁、义、礼、智、信)思想后,早期儒家或称原创儒家所建立的道德体系逐渐被导入封建君主专制的政治文化体制,儒家原创的一整套道德体系逐渐被严重扭曲和异化,其中糅入了很多封建糟粕性的东西。但是,在传统道德中,那些为大多数人所接受的道德原则和行为规范,却是古今一贯的,有些甚至涵存了人类文明和道德践履的结晶,充满了人性的光辉,因而具有超越时代、超越民族的价值。由此来审视中华民族的道德价值体系,可以发现,这一道德体系中的某些基本美德,如仁爱孝悌、见利思义、克己奉公、笃实宽厚、勤俭廉正等,对现代道德价值体系的建构,仍能发挥积极的影响和作用。

仁爱孝悌是中华民族传统美德中最具民族特色的部分,被广泛认同和奉行,由此形成一种浓烈的家族亲情。孝悌之情的扩展就有了孔子所称道的"忠恕之道",忠为"尽己",恕为"推己",前者是正己之道,后者是待人之道,"尽己"与"推己"的"忠恕"乃是"为仁之方"。忠恕的基本要求是以诚待人,"己欲立而立人,己欲达而达人,己所不欲,勿施于人"。在忠恕之德的基础上,才能形成"四海之内皆兄弟"、"不独亲其亲,不独子其子"的人道情怀和安老怀少的良好社会风气。可见,爱人、孝悌、忠恕,都是"仁"的基本内容,孔子基于人而立"仁","仁"是夫妇、父子、兄弟、朋友、君己等人际关系的机枢,作为中华民族传统道德最有特色的"仁"德,在中国社会变迁中遭受了各种冲击,但人类文明发展中所出现的一切"人本"文化或人文精神,事实上都以"仁德"为基原,"仁"道精神和仁德教育,作为中华民族优秀的道德传统和精神遗产,不可能因为社会的变迁而被彻底弃置,而应该依据我国新时代道德建设的要求,对其进行新的阐释,作出富有当代创意的解读,使这一民族的美德在新的历史条件下获得新生。

谦和好礼是传统美德的重要组成部分。中国是世界闻名的礼仪之邦,注重礼义是中国人立身处世的重要美德。中国文化认为,礼是人与动物相区别的标志,是治国安邦的根本,是区分人格高低的标准。"不学礼,无以立"。"礼"的内容很复杂,作为伦理制度和伦理秩序,谓之"礼制"、"礼教";作为接物待人的方式,谓之"礼节"、"礼仪";作为个体修养,谓之"礼貌";用于处理与他人的关系,谓之"礼让"。"礼"根源于恭敬之心、辞让之心,因此,礼的运作,就是"谦和"。"谦"为谦虚、谦让,在荣誉和利益面前谦让不争;在人际关系中互相尊重。"和"为和谐,和谐家族、邻里,协和万邦。谦和好礼的基本精神仍然具有现代价值。

诚信知报也是传统美德的重要组成部分。"诚"即真实无妄,诚于己,不自欺。孟子强调"诚者天之道也,思诚者人道也",把"诚"看作是天道,而对诚的追求则是人道。以"诚"为基础,中国人形成了许多相关的美德,如"诚实"、"诚恳"、"忠诚"。诚与信是相通的品德,孔子把信作为人的根本,"人而无信,不知其可也"。"信"的要求就是言行相符合,"言必行,行必果"。"信"可以训练人诚实的品质,也是取得他人信任的前提。守信用、讲信义是中国人公认的美德。在"诚信"之德中还含有"报"的德性,即知恩思报。在世俗生活中,"滴水之恩,当涌泉相报",成为公认的道德准则。中国人特别强调报父母养育之恩、长辈提携之恩、朋友知遇之恩、国家培养之恩等。而"忘恩"与"忘本"、"忘义"是同义的,必然要受到严厉的道德谴责。"诚信知报"在当今也有其积极的一面,特别是"诚信"仍是现代人做人的基本准则。然而"知报"却要进行分析,报父母养育之恩,报国家培养之恩是应大力倡导的。但在人际关系中,不加分析地提倡报恩,很容易丧失原则,哥们义气、江湖义气盛行,不讲原则、不讲正义、不讲正气。

精忠爱国是最有价值的传统美德。中华民族在长期的生存和发展中,逐步凝结成深厚的爱国主义情感,形成精忠爱国的浩然正气和民族气节。爱国是爱亲爱家爱家乡之情的扩充,因为在中国社会中,家—家乡—国家是直接相通的。爱亲、爱家情感的升华,就形成了一种捍卫民族尊严、维护祖国利益的崇高品德。在中国,爱祖国、爱民族历来被看作是"大节"。精忠爱国的精神是中华民族的巨大凝聚力,是推动民族发展的强大精神动力。特别是当国家民族处于危急存亡之际,各族人民都起来"保家卫国",不惜以身殉国。中华民族之所以多次面临危机而不亡国,与这种爱国主义传统有直接的联系。"精忠爱国"的基本精神就是爱国主义。爱国主义是中国人民团结奋斗的一面旗帜。在当代中国,爱国主义同社会主义有机地统一于建设中国特色社会主义的伟大实践中,是鼓舞全国人民实现民族振兴的强大精神动力。

修己慎独是中国性善信念对人性尊严的强调与期待而形成的品德。中国传统伦理认为,人性中具备了道德的一切要素与可能,只要安伦尽份,反躬内求,便是道德的完成,由此形成了向内探求的主体性道德精神,主要体现为以律己修身为特征的道德修养学说。这种修养学说强调自主自律、自我超越,其基本精神是"求诸己"。孔子说:"君子求诸己,小人求诸人"、"躬自厚而薄责于人"。慎独、内省、自讼、主敬、集义、养气等都是修养方法。曾子所说:"吾日三省吾身:为人谋而不忠乎?与朋友交而不信乎?传不习乎?"最具有代表性。慎独,就是在自我独处时,要严于律己,戒慎戒惧。修己慎独的修养传统培养了中华民族践履道德的自觉性与主动性,造就了许多具有高尚品质和坚定节操的伟大人物。

见利思义是中国伦理道德的重要价值取向。利有利益、功利诸义;义指道德、道义、至善等。求利与取义,是生活在社会中的人们必须选择的两种价值取向,它们既相互排斥,也能够相容并存。所以,利与义的关系历来受到人们的重视,并成为社会道德建设不可回避的重大问题。在我国历史上许多思想家都曾就这个问题开展过讨论,其中,法家、墨家主张利以生义论或先利后义论,儒家学派则主张把道义置于功利之上并以此为最高价值。孔子在义利关系上提出"见利思义",表达了一种谋求利与义相统一的思想;其后,孟子强调"先义而后利";荀子更进一步提出"先义而后利者荣,先利而后义者辱"。宋明理学家又予以发挥,提出"正其义而利自在,明其道而功自在",由此得出"利在义中"、"义中有利"的结论。显然,传统利义观中轻利的倾向,不适应商品社会的现实,不利于形成竞争的社会风气和培养竞争的意识;但也应该看到,在"利之所在,趋之若鹜"的商业活动和商品经济中,利益驱动如果离开道德约束,也会滋生出一批批"唯利是图""见利忘义"的人,从而产生各种不良市场现象。不能正确地解决客观存在的利益追求和道义价值的关系,就难以实施道德建设。当前,我国正处于社会转型期,社会趋利行为大量存在,拜金主义、功利主义和实用主义成为某些人群、某些行业压倒性的价值取向,既会导致市场不良现象的产生,又严重败坏了行业风气与社会风气。揭示我国传统义利观所内含的人文精神和道德价值,大力弘扬"见利思义"的优良道德传统,探寻合理地解决利义之间的冲突,将其引入义利互动的社会良性运行,不仅有助于社会良好风气的培养和市场经济中的道德建设,也有利于社会的健康发展。

克己奉公也是中华民族所称道的美德,历史与现实中都不乏体现这类美德的楷模人物。中华民族由于家庭本位的社会结构以及与此相应的礼教文化,培养了一种自我约束的操守和严格自律的意识,要求个人利益服从于家庭族体利益,这种精神施之于国家、民族、社会,则在其优秀成员身上表现出克己奉公的美德。在宗法社会中,由于家庭的整体利益关系到每一个家庭成员,这必然把维护家庭整体利益作为首要的价值取向。中国古代伦理学中有所谓的"公、私之辨",把"公义胜私欲"作为道德的根本要求。个体生命的存在,决定了不可能完全没有私欲,但私欲膨胀,必然会损公、害公,所以,奉公必须"克己"。"克己"即克制个人私欲的膨胀,在道德上约束自己,并把个人置于整体之中。当然,传统道德中的公私观是建立在维护封建宗法社会秩序的基础之上的,在宗法社会结构中所培养的整体主义也限制、压抑了个体的生命欲望,束缚着个性的发展。在这一点上,传统道德中的公私观有着明显的消极因素。但是,宗法社会结构在我国已经完全解体的情况下,我国的现实社会中仍存在着如何处理好公私关系的道德要求，克己奉公已经被赋予了新的社会道德意义，它所要求的是处理好个人与国家利益、公共利益的关系，这对于从事管理工作和进行权力运作的国家公务人员来说，包含了与权力行使密切相关的道德意识和道德行为的要求，从而也成为官德建设的重要要求。

勤俭廉正也是中华民族长期倡导的美德。勤俭被作为兴家之德。一个家庭的兴盛，开始时多是起于"勤俭"，而败落也多是由于"奢侈"，所以历来流行着"成由勤俭败由奢"的说法。"廉正"则是兴国之德。一个国家的兴盛，为政者必须秉持"廉正"之德，反之，则会导致国家的衰败。"俭"与"廉"作为不同的德目，二者又是相匹配的。"俭"是对一般人而言，"廉"是对为政者而言，但"俭"是"廉"的基础，是物欲上的自我约束。一个平时自觉以"俭"为价值取向的人，才会在为政中表现出"廉"德，"俭以养德"的道理即在于此。一个执掌权力的人，如不能秉持俭德，在物欲上自我约束，而去追求奢侈享乐，就会在为政中不守方正，失去廉洁，甚至成为贪官污吏。这种现象在历史与现实中一再重复，足以说明传统道德中"俭"、"廉"之德中包含了多么深刻的道德智慧。倡"俭"弘"廉"这一优秀的道德传统，在历史上曾培育出中华民族艰苦奋斗、勤勉诚实的品格，并滋养了其政治精英纯正不苟的可贵品质。在今天，它仍然是值得我们继承和弘扬的优秀道德传统。

笃实宽厚既是民族性格的特点，也是中华民族在长期的农耕生产中形成的道德品质。儒家重质实，道家重朴素，两家在美学上都提倡"著诚去伪"，在价值取向上表现出笃实宽厚的民族品格。这是历史所锤炼的民族优秀品格，不会因为社会的变迁而减弱其价值。笃实宽厚的民族品格又具体表现为个体的诚实、求实、实干、务实、宽容、敦厚、豁达等具有基础道德意味的品质上。在我国社会转型期，这些品质不仅依然广泛地存在于普通民众中，而且成为人民大众对干部进行道德品质评鉴的一项重要标准。我国在现代化和各项建设事业中所提倡的求实精神、实干精神、务实态度等都体现了对民族优良品格的认同和继承。

勇毅力行是中华民族在践履道德方面所具有的德性。中国自古就有"勇"这个德目，孔子以"知、仁、勇"为三达德。孟子把"勇"分为三种：凭力气的血气之勇、凭意志的意气之勇、恪守坚定道德信念的"大勇"，"杀身成仁"、"舍生取义"便是这种大勇的体现。"勇"与"毅"相联系，"毅"即遵守道德的毅力，就是养气守节、固守高尚的情操。勇毅品格，表现为利害当前，择善固执，坚定信念，勇往直前，义无反顾。所谓"见利不亏其义"，"见死不更其守"，"可近而不可道，可杀而不可辱"，"三军可夺帅，匹夫不可以夺志"，"富贵不能淫，贫贱不能移，威武不能屈"等,都是勇毅品格的表现。中国人也十分重视"力行"的美德。人格的完善,重心不在知与言,而在行,"力行近乎仁"。只有身体力行,才能成圣成仁。勇毅力行,是刚健有为、自强不息精神在道德上的表现。

以上所述中华民族传统美德,是中国古代道德文明的精华,是中华民族大家庭共存共荣的内聚力,它在价值意义上形成了中华民族道德人格的精魂。中国传统美德不仅是建设中国特色社会主义道德文明的民族性根基,对中国当代道德建设有着重大的意义,而且,也由于这种道德传统长期存在于中国文化圈内的东亚民族和居住在世界各地的华裔中,为他们所守护与尊奉。因此,弘扬中华传统美德,也就具有了使中国文化走向世界、为人类的文明作出贡献的重大意义。

五、弘扬中国精神必须培育和践行社会主义核心价值观

中国精神与社会主义核心价值观具有内在的一致性,弘扬中国精神,必须大力培育和践行社会主义核心价值观。核心价值观是一定社会形态社会性质的集中体现,在社会思想观念体系中处于主导地位,决定着社会制度、社会运行的基本原则,制约着社会发展的基本方向。

社会主义核心价值观是社会主义核心价值体系的内核,体现着社会主义核心价值体系的根本性质和基本特征,反映着社会主义核心价值体系的丰富内涵和实践要求,是社会主义核心价值体系的高度凝练和集中表达。核心价值观与核心价值体系方向一致,都体现了社会主义意识形态的本质要求,体现了社会主义制度在思想和精神层面的质的规定性,凝结着社会主义先进文化的精髓,是中国特色社会主义道路、理论体系和制度的价值表达,是实现中华民族伟大复兴的中国梦的价值引领。核心价值观与核心价值体系都坚持重在建设,就是要弘扬共同理想、凝聚精神力量、建设道德风尚,都是为了形成全民族奋发向上、团结和睦的精神纽带,使我们的国家、民族、人民在思想和精神上强起来,更好地坚持中国道路、弘扬中国精神、凝聚中国力量。

相比于社会主义核心价值体系,社会主义核心价值观有这样几个鲜明特点:一是更加突出了核心要素,社会主义核心价值体系包括马克思主义指导思想、中国特色社会主义共同理想、民族精神和时代精神、社会主义荣辱观四个方面,是一个系统性、总体性的框架;而社会主义核心价值观强调的"三个倡导",则更清晰地揭示了这个价值体系的内核,确立了当代中国最基本的价值观念。二是更加注重了凝练表达,社会主义核心价值观倡导的富强、民主、文明、和谐,自由、平等、公正、法治,爱国、敬业、诚信、友善,明确了国家、社会、公民三个层

面的价值目标、价值取向、价值准则,是社会主义核心价值体系的凝练表达,符合大众化、通俗化要求,便于阐发、便于传播。三是更加强化了实践导向,社会主义核心价值观强调的"三个倡导"指向十分明确,每个层面都对人们有更具体的价值导向,是实实在在的要求,规范性和实践性都很强,便于遵循和践行。

1. 培育和践行社会主义核心价值观的重大意义

第一,培育和践行社会主义核心价值观是坚持和发展中国特色社会主义的内在要求。中国特色社会主义是全面发展、全面进步的社会主义。它既需要不断完善经济、政治、文化、社会和生态文明等各方面的制度,也需要不断探索社会主义在精神和价值层面的本质规定性;既需要为人们描绘未来社会物质生活方面的目标,也需要为人们指出未来社会精神价值的归宿。培育和践行社会主义核心价值观,是中国特色社会主义的"铸魂工程",可以从价值层面为深入回答社会主义的本质特征,为社会长远、稳定发展提供根本的价值遵循,为制度设计、决策部署、法律制定提供最终的价值依托,使中国特色社会主义始终沿着正确的方向全面健康发展。

第二,培育和践行社会主义核心价值观是凝聚社会共识、实现团结和谐的基本途径。核心价值观蕴含着人们对世界、人生、社会等一系列重大问题的价值共识,深刻影响着每个社会成员的思想观念、思维方式、行为规范,是人们思想上精神上的灵魂旗帜。历史和现实一再表明,只有建立共同的价值目标,一个国家和民族才会有赖以维系的精神纽带,才会有统一的意志和行动,甚至越是在危机困难的时候,越能产生强大的凝聚力、向心力。我国有56个民族、13亿多人口,要把人民的思想意志凝聚起来,没有一个有效发挥统摄作用的核心价值观,是不可想象的。现在,我国正处在经济转轨和社会转型的加速期,思想领域日趋多元、多样、多变,各种思潮此起彼伏,各种观念交相杂陈,不同价值取向同时并存,所有这些表现出来的是具体利益、观念观点之争,但折射出来的是价值观的分歧。培育和践行社会主义核心价值观,能够找到全体社会成员在价值认同上的最大公约数,在具体利益矛盾、各种思想差异之上最广泛地形成价值共识,有效地引领整合纷繁复杂的社会思想意识,有效地避免利益格局调整可能带来的思想对立和混乱,形成团结奋斗的强大精神力量。

第三,培育和践行社会主义核心价值观是树立国家良好形象、提升国家文化软实力的迫切需要。当今世界,文化越来越成为综合国力竞争的重要因素、成为经济社会发展的重要支撑,文化软实力越来越成为争夺发展制高点、道义制高点的关键所在。而文化的力量,归根到底来自凝结于其中的核心价值观的影响力和感召力;文化软实力的竞争,本质上是不同文化所代表的核心价值观的竞争。现在,越来越多的国家把提升文化软实力确立为国家战略,核心价值观之争日趋激烈。培育和践行社会主义核心价值观,用最简洁的语言介绍和说明即有利于增进国际社会对中国的理解,扩大中华文化影响力,展示社会主义中国的良好形象;有利于增强社会主义意识形态的竞争力,掌握话语权,赢得主动权,逐步打破西方的话语垄断、舆论垄断,维护国家文化利益和意识形态安全。

2. 培育和践行社会主义核心价值观的基本要求

第一,培育和践行社会主义核心价值观,必须立足于中华优秀传统文化。牢固的核心价值观,都有其固有的根本。抛弃传统、丢掉根本,就等于割断了自己的精神命脉。博大精深的中华优秀传统文化是我们在世界文化激荡中站稳脚跟的根基。中华文化源远流长,积淀着中华民族最深层的精神追求,代表着中华民族独特的精神标识,为中华民族生生不息、发展壮大提供了丰厚滋养。中华传统美德是中华文化的精髓,蕴含着丰富的思想道德资源。不忘本来才能开辟未来,善于继承才能更好创新。对历史文化特别是先人传承下来的价值理念和道德规范,要坚持古为今用、推陈出新,有鉴别地加以对待,有扬弃地予以继承,努力用中华民族创造的一切精神财富来以文化人、以文育人。要讲清楚中华优秀传统文化的历史渊源、发展脉络、基本走向,讲清楚中华文化的独特创造、价值理念、鲜明特色,增强文化自信和价值观自信。要认真汲取中华优秀传统文化的思想精华和道德精髓,大力弘扬以爱国主义为核心的民族精神和以改革创新为核心的时代精神,深入挖掘和阐发中华优秀传统文化讲仁爱、重民本、守诚信、崇正义、尚和合、求大同的时代价值,使中华优秀传统文化成为涵养社会主义核心价值观的重要源泉。要处理好继承和创造性发展的关系,重点做好创造性转化和创新性发展。

第二,培育和践行社会主义核心价值观,必须抓好宣传教育。抓好宣传教育是培育和践行社会主义核心价值观的基础性工作。积极健康向上的思想和精神在人们心里播下种子,就能生根、开花、结果,就能转化为崇德向善的实际行动。要把"三个倡导"基本内容讲清楚,引导人们牢牢把握富强、民主、文明、和谐作为国家层面的价值目标,深刻理解自由、平等、公正、法治作为社会层面的价值取向,自觉遵守爱国、敬业、诚信、友善作为公民层面的价值准则。要把当代中国价值观念的传播展示同中国梦的宣传教育有机结合起来,深入阐释中国梦是当代中国人民共同理想和价值追求的形象表达,是中华民族团结奋斗的最大公约数。认知认同不仅要体现在理性认知上,也要反映在情感认同上,真理的力量加上道义的力量,才能行之久远。这就需要找准宣传教育同人们思想道德情感的契合点,善于用讲故事的方式,宣传最美人物、弘扬最美精神,用身边事教育身边人,用小故事阐发大道理,做到深入浅出、情理交融。要善于运用大众媒体传播核心价值观,加强核心价值观的网上传播,最大限度地唱响正气歌,使核心价值观真正成为人们心灵的罗盘,成为人们情感的寄托。

第三,培育和践行社会主义核心价值观,重点是增强人们的价值判断力和道德责任感。社会主义核心价值观是追求真善美的价值观,中华民族是自强不息、厚德载物的民族,每个人心底蕴藏的善良道德意愿、道德情感,就是我们培育社会主义核心价值观最深厚的土壤。要把增强全社会的价值判断力和道德责任感作为宣传教育的重要着力点,引导人们辨别什么是真善美、什么是假恶丑,自觉做到常修善德、常怀善念、常做善举。现在的突出问题是,在一些领域和一些人当中,价值判断没有了界限,丧失了底线,甚至以假乱真、以丑为美、以耻为荣。一定要正视问题,把正面教育与舆论监督结合起来,把热点问题引导与群众道德评议结合起来,旗帜鲜明地弘扬真善美、贬斥假恶丑,树立正确导向、澄清模糊认识、匡正失范行为,形成激浊扬清、抑恶扬善的思想道德舆论场,引导人们自觉做良好道德风尚的建设者,做社会文明进步的推动者。

第四,培育和践行社会主义核心价值观,必须从小抓起、从学校抓起。青少年阶段是价值观的形成阶段,是可塑性最强的时期。抓好了青少年思想道德教育,也就抓住了未来、管住了长远。要把青少年价值观教育摆在突出位置,坚持育人为本、德育为先,融入国民教育的全过程,贯穿到学校教育、家庭教育、社会教育的各个环节和各个方面。要针对不同年龄段的青少年采取不同的引导方式,形成课堂教学、社会实践、校园文化多位一体的育人平台,建立爱学习、爱劳动、爱祖国活动的长效机制。要以对国家和民族高度负责的态度,净化社会文化环境,整治网络环境,对那些危害青少年身心健康的违法犯罪行为要坚决查处、严厉打击,让广大青少年健康成长。

第五,培育和践行社会主义核心价值观,必须明确国家层面、社会层面、公民层面的要求。在国家层面,紧紧围绕"富强、民主、文明、和谐"的价值目标,广泛开展理想信念教育,不断深化中国特色社会主义和中国梦宣传教育,宣传阐释发展社会主义市场经济、民主政治、先进文化、和谐社会、生态文明的深刻内涵和重大意义,引导人们坚定道路自信、理论自信、制度自信,把个人理想融入国家富强、民族振兴、人民幸福的伟大事业之中。在社会层面,紧紧围绕"自由、平等、公正、法治"的价值取向,宣传阐释马克思主义自由观、平等观,深入开展法制教育、形势政策教育、民族团结进步教育,加强和改进思想政治工作,推进社会治理创新,促进社会公平正义,培育良好社会心态,建设充满活力又和谐有序的现代社会。在公民层面,紧紧围绕"爱国、敬业、诚信、友善"的价值准则,深入开展爱国主义教育,大力弘扬中华民族传统美德,推进公民道德建设工程,加强社会公德、职业道德、家庭美德和个人品德教育,宣传学习先进典型,推进精神文明创建活动,引导人们讲道德、尊道德、守道德,形成根基雄厚的崇德向善的人民力量。

第六,培育和践行社会主义核心价值观,必须同各方面工作紧密结合起来。社会主义核心价值观是由我国的经济基础和政治制度决定的,属于社会意识范畴,必然也必须体现在经济社会发展各领域,体现在人们生产生活和日常交往之中,体现在政策制度、法律法规各方面。培育和践行社会主义核心价值观,不是孤立的工作,而是一项系统性、综合性的工程,必须在国家发展的总目标下与各方面工作紧密结合起来、协调推进。如果抓不好结合,就会造成"两张皮";如果制定的政策法规、设计的具体制度、开展的实际工作,与社会主义核心价值观相背离,就会变成"对台戏"。要把培育和践行社会主义核心价值观,与贯彻落实中央重大方针政策和决策部署结合起来,与推进改革开放和社会主义现代化实践结合起来,与各项重大主题宣传教育活动结合起来,通过广泛的教育实践活动,使社会主义核心价值观落地生根、枝繁叶茂,像空气一样无所不在、无时不有。

第七章
实现中国梦的依靠力量——凝聚中国力量

梦想需要人来筑、来追、来圆；道路需要人来开辟、来拓展、来走动；精神需要人来创造、来丰富、来弘扬。这里所说的"人"，就是广大人民群众。人民群众是历史的创造者，是中国梦的筑梦者、追梦者、圆梦者，是中国道路的开辟者、拓展者、走动者，是中国精神的创造者、丰富者、弘扬者。我们党历来高度重视人民群众的伟大作用，党提出的人民的事业，都是依靠人民群众的力量来实现的。只有紧紧依靠人民，广泛地调动人民群众的积极性、主动性和创造性，最大限度地凝聚中国力量，才能实现中华民族伟大复兴的中国梦。

一、人民群众是历史的创造者

历史唯物主义认为，人民群众是历史的创造者，是社会发展的决定力量。毛泽东把历史唯物主义基本原理运用于中国革命和建设的实践中，从多方面论述了人民群众的伟大作用。一是强调人民群众是历史的创造者，指出："人民，只有人民，才是创造世界历史的真正动力。"[1] 二是强调人民群众是真正的铜墙铁壁，指出："真正的铜墙铁壁是什么？是群众，是千百万真心实意拥护革命的群众。这是真正的铜墙铁壁，什么力量也打不破的，完全打不破的。"[2] 三是强调革命战争是群众战争，指出："革命战争是群众的战争，只有动员群众才能进行战争，只有依靠群众才能进行战争。"[3] "战争的伟力之最深厚的根源，存在于民众之中。"[4] 四是强调人民的力量可以战胜一切困难，指出："只要我们依靠人民，坚决相信人民的创造力是无穷无尽的，因而信任人民，和人民打成一片，那就任何困难也能克服，任何敌人也不能压倒我们，而只能被我们所压倒。"[5] 五是强调

---

[1] 《毛泽东选集》第3卷，人民出版社1991年版，第1031页。
[2] 《毛泽东选集》第1卷，人民出版社1991年版，第139页。
[3] 《毛泽东选集》第1卷，人民出版社1991年版，第136页。
[4] 《毛泽东选集》第2卷，人民出版社1991年版，第511页。
[5] 《毛泽东选集》第3卷，人民出版社1991年版，第1096页。

向人民群众学习,指出:"群众是真正的英雄,而我们自己则往往是幼稚可笑的,不了解这一点,就不能得到起码的知识。"①六是强调党群关系是鱼水关系,指出:"党群关系好比鱼水关系。如果党群关系搞不好,社会主义制度就不可能建成;社会主义制度建成了,也不可能巩固。"②

改革开放以来,党继承和发展了毛泽东的群众理论。邓小平强调:"党只有紧紧地依靠群众,密切地联系群众,随时听取群众的呼声,了解群众的情绪,代表群众的利益,才能形成强大的力量,顺利地完成自己的各项任务。"③"群众是我们力量的源泉,群众路线和群众观点是我们的传家宝。党的组织、党员和党的干部,必须同群众打成一片,绝对不能同群众相对立。如果哪个党组织严重脱离群众而不能坚决改正,那就丧失了力量的源泉,就一定要失败,就会被人民抛弃。"④江泽民强调:"在任何时候任何情况下,与人民群众同呼吸、共命运的立场不能变,全心全意为人民服务的宗旨不能忘,坚信群众是真正英雄的历史唯物主义观点不能丢。必须始终把体现人民群众的意志和利益作为我们一切工作的出发点和归宿,始终把依靠人民群众的智慧和力量作为我们推进事业的根本工作路线。"⑤胡锦涛强调:"我们党的执政能力和执政地位从根本上说都来自于人民。人民群众的拥护和支持,是党执政最牢固的政治基础和最深厚的力量源泉。离开人民群众的拥护和支持,党的执政能力和执政地位就会成为无源之水、无本之木。能否始终保持党同人民群众的血肉联系,是对党的执政能力和执政地位最根本的考验。得民心者得天下,失民心者失天下,这是为人类社会发展所反复证明了的真理。"⑥

上述认识,是对党领导人民进行革命、建设、改革、发展伟大实践的经验总结,是我们党在中国条件下对历史唯物主义的坚持和发展。习近平在此基础上进一步论述了人民群众的伟大作用。

2012年11月15日《在十八届中央政治局常委同中外记者见面时的讲话》中,习近平指出:"人民是历史的创造者,群众是真正的英雄。人民群众是我们力量的源泉。我们深深知道,每个人的力量是有限的,但只要我们万众一心、众

---

① 《毛泽东选集》第3卷,人民出版社1991年版,第790页。
② 《毛泽东选集》第2卷,人民出版社1991年版,第547页。
③ 《邓小平文选》第2卷,人民出版社1994年版,第342页。
④ 《邓小平文选》第2卷,人民出版社1994年版,第365页。
⑤ 《江泽民文选》第3卷,人民出版社2006年版,第271页。
⑥ 《十六大以来重要文献选编》(中),中央文献出版社2006年版,第593～594页。

志成城,就没有克服不了的困难。"①

2013年1月1日《在全国政协新年茶话会上的讲话》中,习近平指出"'众人拾柴火焰高。'中共十八大对巩固和发展最广泛的爱国统一战线作出了部署,赋予人民政协更重大的责任、更光荣的使命。参加人民政协的各党派团体和各族各界人士要切实把思想和行动统一到中共十八大精神上来,坚持和完善中国共产党领导的多党合作和政治协商制度,发挥人民政协协调关系、汇聚力量、建言献策、服务大局的重要作用,促进政党关系、民族关系、宗教关系、阶层关系、海内外同胞关系的和谐,最大限度调动一切积极因素,共同致力于实现中华民族伟大复兴。""中国特色社会主义事业是造福人民的美好事业,也是需要我们为之付出智慧和力量的艰辛事业。现在,全面建成小康社会的号角已经吹响,关键是要树立起攻坚克难的坚定信心,凝聚起推进事业的强大力量,紧紧依靠全国各族人民,推动党和国家事业不断从胜利走向新的胜利。"②

2013年3月17日《在第十二届全国人民代表大会第一次会议上的讲话》中,习近平指出:"实现中国梦必须凝聚中国力量。这就是中国各族人民大团结的力量。中国梦是民族的梦,也是每个中国人的梦。只要我们紧密团结,万众一心,为实现共同梦想而奋斗,实现梦想的力量就无比强大,我们每个人为实现自己梦想的努力就拥有广阔的空间。生活在我们伟大祖国和伟大时代的中国人民,共同享有人生出彩的机会,共同享有梦想成真的机会,共同享有同祖国和时代一起成长与进步的机会。有梦想,有机会,有奋斗,一切美好的东西都能够创造出来。全国各族人民一定要牢记使命,心往一处想,劲往一处使,用13亿人的智慧和力量汇集起不可战胜的磅礴力量。"

"我们要巩固和发展最广泛的爱国统一战线,加强中国共产党同民主党派和无党派人士团结合作,巩固和发展平等团结互助和谐的社会主义民族关系,发挥宗教界人士和信教群众在促进经济社会发展中的积极作用,最大限度团结一切可以团结的力量。"

"全国广大工人、农民、知识分子,要发挥聪明才智,勤奋工作,积极在经济社会发展中发挥主力军和生力军作用。一切国家机关工作人员,要克己奉公,廉政勤政,关心人民疾苦,为人民办实事。中国人民解放军全体指战员,中国人

---

① 《习近平关于实现中华民族伟大复兴的中国梦论述摘编》,中央文献出版社2013年版,第45页。
② 《习近平关于实现中华民族伟大复兴的中国梦论述摘编》,中央文献出版社2013年版,第46~47页。

民武装警察部队全体官兵,要按照听党指挥、能打胜仗、作风优良的强军目标,提高履行使命能力,坚决捍卫国家主权、安全、发展利益,坚决保卫人民生命财产安全。一切非公有制经济人士和其他新的社会阶层人士,要发扬劳动创造精神和创业精神,回馈社会,造福人民,做合格的中国特色社会主义事业的建设者。全国广大青少年,要志存高远,增长知识,锤炼意志,让青春在时代进步中焕发出绚丽的光彩。"①

2013年4月28日《在同全国劳动模范代表座谈时的讲话》中,习近平指出:"必须充分发挥工人阶级的主力军作用。工人阶级是我国的领导阶级,是我国先进生产力和生产关系的代表,是我们党最坚实最可靠的阶级基础,是全面建成小康社会、坚持和发展中国特色社会主义的主力军。""要坚持以振兴中华为己任,充分发挥伟大创造力量,发扬工人阶级识大体、顾大局的光荣传统,自觉维护安定团结的政治局面,始终做凝聚中国力量的中坚。"②

2013年5月4日《在同各界优秀青年代表座谈时的讲话》中,习近平指出"历史和现实都告诉我们,青年一代有理想、有担当,国家就有前途,民族就有希望,实现我们的发展目标就有源源不断的强大力量。""国家好、民族好,大家才会好。只有每个人都为美好梦想而奋斗,才能汇聚起实现中国梦的磅礴力量。""展望未来,我国青年一代必将大有可为,也必将大有作为。这是'长江后浪推前浪'的历史规律,也是'一代更比一代强'的青春责任。广大青年要勇敢肩负起时代赋予的重任,志存高远,脚踏实地,努力在实现中华民族伟大复兴的中国梦的生动实践中放飞青春梦想。""为实现中华民族伟大复兴的中国梦而奋斗,是中国青年运动的时代主题。共青团要在广大青少年中深入开展'我的中国梦'主题教育实践活动,为每个青少年播种梦想、点燃梦想,让更多青少年敢于有梦、勇于追梦、勤于圆梦,让每个青少年都为实现中国梦增添强大青春能量。"③

2013年10月31日《在同全国妇联新一届领导班子集体谈话时的讲话》中,习近平指出:"实现党的十八大提出的目标任务,实现中华民族伟大复兴,是党和国家工作大局,也是当代中国妇女运动的时代主题。要牢牢把握这一时代主题,把中国发展进步的历程同促进男女平等发展的历程更加紧密地融合在一

---

① 《习近平关于实现中华民族伟大复兴的中国梦论述摘编》,中央文献出版社2013年版,第48~49页。
② 《习近平关于实现中华民族伟大复兴的中国梦论述摘编》,中央文献出版社2013年版,第50页。
③ 《习近平关于实现中华民族伟大复兴的中国梦论述摘编》,中央文献出版社2013年版,第51~52页。

起,使我国妇女事业发展具有更丰富的时代内涵,使我国亿万妇女肩负起更重要的责任担当。"①

上述表明,人民群众是历史的创造者,是社会发展的决定力量,是党的力量源泉。我们党成立时仅有50余人,中国社会一盘散沙,中外反动势力十分强大。以毛泽东同志为主要代表的中国共产党人高举反帝反封建大旗,深入发动工农,紧紧依靠人民,历经北伐战争、土地革命战争、抗日战争、解放战争的洗礼,百折不挠,高歌猛进。中国共产党在中华民族伟大复兴的历史进程中发挥了中流砥柱作用。中国各族人民从切身体验中坚定了跟党走的决心,纷纷汇聚在党的周围,实现了我国自近代以来空前强大的政治团结。在中国共产党的坚强领导下,革命力量不断发展壮大,夺取了新民主主义革命的胜利。新中国的诞生,彻底结束了旧中国饱受屈辱的历史和一盘散沙的局面。中国人民从此站起来了,中华民族的发展从此开启了历史新纪元。

新中国成立后,百废待兴,千头万绪。党紧紧依靠人民,创造性地完成了社会主义改造,确立了社会主义基本制度,实现了我国历史上最深刻、最伟大的社会变革。在中国这样一个社会生产力水平十分落后的东方大国建设社会主义,是极为艰巨复杂的崭新实践。党领导人民,在异常复杂的国际国内条件下,开始探索适合中国国情的建设社会主义道路。面对西方国家的封锁和遏制,面对中苏关系恶化后前苏联施加的巨大压力以及国内发生的严重自然灾害等种种困难,党和人民团结一致,奋发图强,掀起了社会主义建设热潮,充分展示了中国人民的凝聚力以及自力更生、艰苦奋斗的精神风貌。我们虽经历曲折乃至严重挫折,但依然取得了伟大的建设成就,为随后的新探索提供了宝贵经验、理论准备和物质基础。

党的十一届三中全会开启了改革开放历史的新时期。改革开放每向前推进一步,几乎都会遇到来自方方面面的阻力,都会碰到这样那样的困难和挑战。中国共产党人紧紧依靠人民,经过不断探索和奋斗,战胜各种艰难险阻,排除一切干扰,成功开辟了中国特色社会主义道路,形成了中国特色社会主义理论体系,确立了中国特色社会主义制度,谱写了中华民族自强不息、顽强奋进的新的壮丽史诗。改革开放30多年,我国大踏步赶上时代潮流,创造了举世瞩目的发展奇迹。中华民族伟大复兴呈现出前所未有的光明前景。

我们所取得的一切伟大成就,都是全党全国各族人民团结奋斗的结果。人

---

① 《习近平关于实现中华民族伟大复兴的中国梦论述摘编》,中央文献出版社2013年版,第53页。

民群众是中华民族的主体,当然是中国梦的主体。实现中国梦是人民群众自己的事业,党只有紧紧依靠人民群众的力量,才能战胜一切艰难险阻,实现中华民族伟大复兴的中国梦。

二、实现中国梦必须紧紧依靠各阶级各阶层劳动群众

在当代中国,一切赞成、支持和参加中国特色社会主义建设的阶级、阶层和社会力量,都属于人民的范畴,都是建设中国特色社会主义事业的依靠力量,当然也是实现中国梦的依靠力量。在构成人民群众的各阶级各阶层中,工人阶级是实现中国梦的主力军;农民阶级是实现中国梦的基本依靠力量;知识分子是实现中国梦的生力军;新的社会阶层是实现中国梦的重要力量。

第一,工人阶级是实现中国梦的主力军。建设中国特色社会主义,实现中华民族伟大复兴的中国梦,必须坚持全心全意依靠工人阶级的方针,这是由党和国家的性质、工人阶级的特点及其历史地位决定的。我国是一个社会主义国家,工人阶级是国家的领导阶级。党在领导革命、建设和改革的全部实践和整个进程中都必须紧紧依靠工人阶级,巩固自己的阶级基础,这是我们事业胜利的根本保证。中国工人阶级是近代以来我国社会发展特别是社会化大生产发展的产物,是中国先进生产力和先进生产关系的代表。它始终站在时代前列,推动着先进生产力和先进生产关系的发展,并善于顺应社会前进的潮流不断发展自身的先进性。工人阶级是改革开放和现代化建设的基本动力。在当代中国,实行改革开放,进行现代化建设,解放和发展生产力,建设中国特色社会主义,符合工人阶级的根本利益。工人阶级由于在社会主义现代化建设中的领导地位和高度集中统一等特点,成为国家和社会稳定的强大社会力量。

改革开放以来,我国工人阶级队伍发生了明显变化,呈现出许多新的特点:一是队伍迅速壮大,二是内部结构发生重大变化,三是岗位流动加快。计划经济条件下的"铁饭碗"已被打破,职工对单位的依赖性大为减弱,自主性大为增强。工人阶级队伍发生的这些变化,没有改变中国工人阶级作为国家主人的地位。工人阶级仍然是社会主义现代化的主要建设者、社会财富的主要创造者、先进生产力的代表者,仍然是人民民主专政国家的领导阶级。工人阶级的先进性最根本地体现在它是先进生产力的代表。工人阶级作为我国的领导阶级,其领导地位和主人翁地位是由宪法规定的,工人阶级始终是推动中国社会发展的基本力量。党所领导的改革和社会主义现代化建设的全部活动与整个进程,都必须全心全意地依靠工人阶级,这在任何时候、任何情况下都不能动摇。

全心全意依靠工人阶级,发挥工人阶级的领导作用,必须保障包括农民工

在内的全体职工的合法权益,巩固工人阶级的主人翁地位。在深化改革、建立现代企业制度和推进城镇化的过程中,党和政府要通过政治、经济、法律、舆论、行政等手段,切实保障职工的民主权利,落实职工的知情权、参与权、表达权和监督权,维护工人群众的权益,支持工人群众当家做主,充分调动他们的积极性和创造性;要不断满足广大职工日益增长的精神文化需求,积极组织职工参与社会事务管理。同时,广大职工群众也要进一步认清自己的光荣使命,增强责任意识,发扬识大体、顾大局的优良传统,正确认识和对待改革发展过程中利益关系和利益格局的调整,继续发挥主力军作用。

第二,农民阶级是实现中国梦的基本依靠力量。建设中国特色社会主义,实现中华民族伟大复兴的中国梦,必须坚定不移地依靠广大农民。我国的国情决定了广大农民不但是我国新民主主义革命的主力军,而且是我国社会主义现代化建设和改革开放基本的依靠力量。工人阶级正是与农民阶级结成了巩固的联盟,才掌握了中国民主革命的领导权,完成了中国革命的任务,并进而走向社会主义。坚定不移地依靠广大农民,是由农业、农村、农民问题的重要地位和作用决定的。改革开放以来,我国农村发生了历史性的变化。在党的领导下,广大农民表现出了可贵的创业革新精神,实行了以家庭联产承包为主要内容的责任制,农村改革和建设取得了巨大成就,带动了整个国家的改革和建设事业。改革开放和现代化建设符合广大农民的根本利益,他们衷心拥护建设中国特色社会主义的路线、方针和政策,成为改革开放和现代化建设的一支重要依靠力量。

依靠广大农民,调动农民的积极性和创造性,关系着改革开放和社会主义现代化事业的大局。这不但是一个重大的经济问题,而且是一个重大的政治问题。在全面建成小康社会和实现中华民族伟大复兴的过程中,要不断提高对农业、农村、农民问题极端重要性的认识,切实保障农民的合法权益和民主权利,切实减轻农民负担,提高农民的生活水平;同时,又要教育、引导、支持农民,提高广大农民的科学文化素质和思想道德水平,增强国家主人翁观念,培养造就一代新型农民,推动农村实现现代化,建设社会主义新农村。

第三,知识分子是实现中国梦的生力军。建设中国特色社会主义,实现中华民族伟大复兴的中国梦,必须高度重视知识分子的生力军作用。在中国民主革命中,先进的知识分子是首先觉悟的部分。没有知识分子的参加,革命的胜利是不可能的。在当代中国,知识分子作为工人阶级中掌握科学文化知识较多的主要从事脑力劳动的部分,是先进生产力的开拓者和发展教育科学文化事业的基本力量,在社会主义现代化建设中具有不可替代的作用,承担着重大的社会责任。

科学技术作为第一生产力,是先进生产力的集中体现和主要标志,科学技术的这一重要地位,决定了知识分子在经济发展和社会进步中的特殊重要作用。知识分子作为人类科学文化知识的重要创造者、继承者和传播者,是推动我国科技进步和经济发展的生力军,是先进生产力的开拓者,也是社会主义精神文明建设的骨干和核心力量。离开了知识分子,科技进步和知识创新、文化教育的发展、思想道德水平的提高、"四有"公民的培育,都只能是一句空话。同时,知识分子在推动社会主义民主和法制建设方面也起着重要的作用。

依靠知识分子推动科技、经济发展和社会进步,已成为我国改革开放和社会主义现代化建设事业发展的关键因素。依靠知识分子,发挥知识分子的作用,必须努力营造更加有利于知识分子施展聪明才智的良好环境,在全社会进一步形成"尊重知识,尊重人才"的良好风尚;必须制定相关的政策和措施,积极改善知识分子的工作、学习和生活条件,并形成规范化的奖励制度;必须在政治上对知识分子予以充分的信任,同时积极引导,严格要求,使其发扬"热爱祖国、求实创新、拼搏奉献、团结协作"的精神,更好地承担起工人阶级的历史使命,在建设中国特色社会主义的伟大事业中发挥更大的作用。

第四,新的社会阶层是实现中国梦的重要力量。建设中国特色社会主义,实现中华民族伟大复兴的中国梦,必须发挥新的社会阶层建设者的作用。改革开放以来,我国出现了一些新的社会阶层,这些阶层归纳起来主要有:民营科技企业的创业人员和技术人员、受聘于外资企业的管理技术人员、个体户、私营企业主、中介组织从业人员、自由职业人员等。新的社会阶层是在党和国家改革开放政策的允许下出现的,是在社会主义公有制和社会主义上层建筑主导国家政治经济生活的总的条件下存在和发展的,其经营活动都要遵守国家的法律、法规和政策。他们中的大多数人是从工人、农民、知识分子和干部队伍中分离出来的。从总体上看,新的社会阶层中的广大人员拥护共产党的领导和社会主义制度,拥护党的路线、方针和政策,遵守国家法律,热爱祖国。他们勇于开拓,敢冒风险,走出了一条艰苦创业、勤劳致富之路。伟大而艰巨的中国特色社会主义建设事业,需要全社会各方面共同努力。把新的社会阶层中的广大人员作为中国特色社会主义事业的建设者,是从实际出发、尊重实践、尊重群众得出的科学结论。

建设中国特色社会主义是实现中国梦的基本途径。工人阶级、农民阶级、知识分子、新的社会阶层在中国特色社会主义建设中的地位和作用,决定了他们是实现中国梦的基本力量。只有发挥我国工人阶级、农民阶级、知识分子和其他劳动群众推动我国生产力发展基本力量的作用,支持新的社会阶层发挥中国特色社会主义事业建设者的作用,才能使实现中国梦获得强大的力量源泉。

三、实现中国梦必须发展民族大团结和爱国统一战线

1. 巩固和发展各民族大团结

团结就是力量,各民族大团结是实现中国梦的基本条件和力量源泉。中国梦是实现中华民族伟大复兴的梦想。中华民族是由56个民族构成的民族大家庭,实现中华民族复兴是56个民族共同的愿望。几千年来,各族人民在祖国大地上自强不息、团结拼搏,共同创造了悠久灿烂的中华文化,共同建设了幅员辽阔的锦绣河山,共同缔造了统一的多民族国家。在长期的发展进程中,我国各民族密切交往、相互依存,形成了中华民族多元一体的格局。巩固和发展全国各族人民的团结,是建设中国特色社会主义、实现中国梦的重要保证。团结是进步的前提,进步是团结的基础。只有坚持聚精会神搞建设、一心一意谋发展,使少数民族地区经济社会发展取得长足进步、各族群众生活得到明显改善,才能更加坚定各族群众坚持和发展中国特色社会主义的信心和决心。巩固和发展各民族的团结,关系到国家的统一和边疆的巩固,关系到社会主义现代化建设和各民族地区自身的发展,是巩固和发展人民民主专政和安定团结的政治局面的一个重要条件。

第一,加强和巩固全国各族人民的团结,不断推进少数民族和少数民族地区的经济社会发展,是我国社会主义现代化建设的一个重要目标,也是增强中华民族凝聚力、实现中华民族伟大复兴的必然要求。各民族都应该坚持祖国利益高于一切,大力发扬爱国主义精神,以热爱祖国、贡献全部力量建设社会主义祖国为最大光荣,以损害社会主义祖国利益、尊严和荣誉为最大耻辱,共同维护伟大祖国统一安全,共同反对一切民族分裂活动。这样,我国各民族的团结进步就有了不可动摇的根基。

第二,巩固和发展各民族大团结,必须处理好民族问题。新中国成立和社会主义制度确立以后,在我国,民族压迫和民族剥削已被消灭,但这并不意味着我国就没有了民族问题。特别是由于我国正处于并将长期处于社会主义初级阶段,历史上形成和遗留下来的各民族在经济、文化等方面的差距不可能在短期内消除,国内外敌对势力利用民族问题对我国进行颠覆、破坏活动也依然存在,正确处理民族问题仍然是一项长期、复杂、艰巨的重要工作。社会主义制度

下的民族问题与剥削制度下的民族问题在性质上是根本不同的,因此解决民族问题的方法也必然不同。社会主义时期民族问题的实质,已经不是阶级矛盾和阶级斗争问题,而是各民族人民的内部矛盾,是各民族人民在根本利益一致基础上的矛盾,应该用正确处理人民内部矛盾的方法来加以解决。社会主义时期处理民族问题的基本原则是:维护祖国统一,反对民族分裂,坚持民族平等、民族团结、各民族共同繁荣。

第三,民族平等是民族团结、各民族共同繁荣的政治前提和基础,是中国民族政策的基石。所谓民族平等是指各民族在政治权利、社会地位等方面一律平等。各民族不分人口多少、不分历史长短、不分经济社会发展水平高低,在政治地位上都是平等的,不容许有任何民族歧视存在。民族平等还包括尊重各民族的风俗习惯、语言文化和宗教信仰等。只有帮助少数民族发展经济、文化,逐步消除各民族在经济、文化发展水平方面的差距,才能保证和加强民族团结。

第四,民族团结是维护国家统一、实现各民族共同发展的根本保证,是中国处理民族问题的根本原则,也是中国民族政策的核心内容。在中国,民族团结包括汉族和少数民族之间的团结、各少数民族之间的团结以及同一少数民族内部成员之间的团结。维护民族团结,要求在统一的民族大家庭里,在平等的基础上,各民族互相尊重、互相信任、互相学习、互相合作。没有各民族的团结,就没有社会主义祖国的统一、稳定和繁荣。各民族共同团结奋斗,共同繁荣发展,是新世纪新阶段民族工作的主题。

第五,各民族的共同繁荣是解决民族问题的根本出发点和归宿。在新时期搞好民族工作,最重要的是要积极创造条件,加快发展少数民族地区的经济和科学文化事业。国家帮助少数民族地区发展的政策是坚定不移的,实行民族区域自治,不把经济搞好,民族区域自治就是空的。民族地区只有发展才能稳定,才能安定团结。必须以经济建设为中心,千方百计地加快民族地区的经济和社会发展,逐步缩小民族地区与发达地区的发展差距,促进各民族共同繁荣。同时,国家尊重少数民族的风俗习惯,保护和发展少数民族文化。

第六,坚持民族平等、民族团结和各民族共同繁荣,必须全面贯彻党的民族政策,大力加强马克思主义民族观、党的民族政策和国家法律法规的教育,牢固树立"汉族离不开少数民族,少数民族离不开汉族,少数民族之间也相互离不开"的思想,紧紧把握各民族共同团结奋斗、共同繁荣发展这个主题,巩固和发展平等、团结、互助、和谐的社会主义民族关系,坚决反对大民族主义、地方民族主义和民族分裂主义,坚决揭露和打击国内外敌对势力的一切分裂活动,不断巩固和发展中华民族的大团结，使各族人民和睦相处、同舟共济、和谐发展。

2. 巩固和发展爱国统一战线

争取人心，凝聚社会各方面力量，离不开爱国统一战线。爱国统一战线历来是我们党的重要法宝。在新民主主义革命中，我们党正确运用爱国统一战线这一重要法宝，团结一切可以团结的力量，取得了伟大胜利；新中国成立以来，我们党正确运用爱国统一战线这一重要法宝，最大限度地凝聚各方面力量，取得了社会主义革命和建设、改革和发展的伟大胜利。建设中国特色社会主义，实现中华民族伟大复兴的中国梦，必须巩固和发展爱国统一战线。在新的历史时期，党领导的爱国统一战线的实质，就是要在一个共同的目标下，实现全国各民族、各党派、各阶层、各方面人民最广泛的团结，促进政党关系、民族关系、宗教关系、阶层关系、海内外同胞关系的和谐。

第一，人民政协作为中国共产党领导的各党派、各民族、各阶层、各界人士大团结大联合的组织，是党和政府联系群众、团结各界的重要桥梁和纽带，是中华民族强大凝聚力的重要实现形式。全面建成小康社会，实现中华民族的伟大复兴，在很大程度上取决于党能否动员千千万万的人民群众同心同德、群策群力地为之奋斗。新世纪新阶段，壮大爱国统一战线，促进政党关系、民族关系、宗教关系、阶层关系、海内外同胞关系的和谐，对于增进团结、凝聚力量具有不可替代的作用。我们要大力发扬中华民族伟大的团结精神，认真做好统一战线工作，努力形成全体人民各尽所能、各得其所而又和谐相处的局面，使统一战线在推动我国全面建成小康社会、实现祖国完全统一和发展对外友好合作等方面发挥更大的作用。

第二，在不同的历史时期，统一战线随着阶级关系、阶层关系和中心任务的变化而有不同的性质和内容。新时期爱国统一战线与以往的统一战线相比，其阶级结构和内部关系发生了重大变化。新时期的统一战线已经成为工人阶级领导的，以工农联盟为基础的，全体社会主义劳动者、社会主义事业的建设者、拥护社会主义的爱国者、拥护祖国统一的爱国者的最广泛联盟。新时期的统一战线包括两个范围的联盟：一个是大陆范围内，以爱国主义和社会主义为政治基础的团结全体劳动者、建设者和爱国者的联盟，这是统一战线的主体和基础；一个是大陆范围以外的，以爱国和拥护祖国统一为政治基础的团结台湾同胞、港澳同胞和海外侨胞的联盟，这是统一战线的重要组成部分。这两个方面互相结合、互相促进，共同构成了一个整体，体现了新时期统一战线空前的广泛性。

第三，新时期爱国统一战线的基本任务是：高举爱国主义、社会主义旗帜，团结一切可以团结的力量,调动一切积极因素,化消极因素为积极因素,为促进社会主义经济建设、政治建设、文化建设、社会建设生态文明建设服务,为促进香港、澳门长期繁荣稳定和祖国和平统一服务,为维护世界和平、促进共同发展服务。

第四,巩固和发展爱国统一战线,必须处理好宗教问题。宗教是对相当一部分群众有较大影响的社会现象,在社会主义社会中也将长期存在。正确认识我国社会存在的宗教问题,关键是要立足于我国的基本国情,充分认识宗教存在的长期性、宗教问题的群众性和特殊复杂性。必须尊重宗教产生、存在和发展的客观规律,既不能用行政的力量去消灭宗教,也不能用行政的力量去发展宗教。努力做好宗教工作,是维护改革发展稳定大局的需要。要全面贯彻党的宗教信仰自由的政策,依法管理宗教事务,坚持独立自主自办的原则,积极引导宗教与社会主义社会相适应。

全面贯彻党的宗教信仰自由政策,尊重和保护公民的宗教信仰自由权利,是我们党维护人民利益、尊重和保护人权的重要体现,也是最大限度团结人民群众的需要。宗教信仰自由是指每个公民既有信仰宗教、也有不信仰宗教的自由。我们一方面要尊重每个公民信仰宗教的自由和不信仰宗教的自由,另一方面又要求宗教必须在宪法和法律规定的权利和义务范围内活动。依法管理宗教事务,要求在宗教方面涉及国家利益和社会公共利益的事项和活动,必须纳入依法管理的范围。

我国实行政教分离的原则,任何宗教都没有超越宪法和法律的特权,都不能干预国家行政、司法和教育等国家职能的实施。积极引导宗教与社会主义社会相适应,不是要求宗教界人士和信教群众放弃宗教信仰,而是要求他们热爱祖国,拥护社会主义制度,拥护中国共产党的领导,遵守国家的法律、法规和方针政策;要求他们从事的宗教活动服从和服务于国家的最高利益与民族的整体利益;支持他们努力对宗教作出符合社会进步要求的阐释;支持他们与各族人民一道反对一切利用宗教进行危害社会主义祖国和人民利益的非法活动,为民族团结、社会发展和祖国统一多作贡献;发挥宗教在促进社会和谐方面的积极作用。同时,在我国,宗教还坚持独立自主自办的原则,坚决抵制境外势力利用宗教进行渗透,坚决打击宗教极端势力,坚决反对和取缔邪教。

四、实现中国梦必须贯彻"四个尊重"方针

尊重劳动、尊重知识、尊重人才、尊重创造,是党的十六大提出的一项重大方针。实现中华民族伟大复兴的中国梦,必须最广泛、最充分地调动一切积极

因素,凝聚一切可以凝聚的力量。贯彻"四个尊重"方针,营造鼓励人们干事业、支持人们干成事业的社会氛围,放手让一切劳动、知识、技术、管理和资本的活力竞相迸发,让一切创造财富的源泉充分涌流,就会不断为中华民族的伟大复兴增添新力量。

劳动、知识、人才、创造,四者是一个具有内在联系的统一整体,劳动在其中居于核心和基础的地位。知识是创造财富的重要资源,但它只有通过劳动者、劳动资料,才能形成实际的财富。人才是知识资源的载体,人才的本质在于创造性。人才只有通过劳动,为社会创造出巨大的物质和精神财富,才能体现出自身的价值。创造本身就是一种劳动,创造过程即是劳动者最大限度地发挥聪明才干的过程。在"四个尊重"中,核心是尊重劳动。

贯彻执行"四个尊重"的方针,是时代发展的要求。当今时代,随着以信息技术为核心的科学技术的迅猛发展,以高新技术及其产业为基础的知识经济迅速兴起,世界经济发展的动力已经转向主要依靠人力资本,创造成为重要的劳动形式,人才成为最宝贵、最重要的资源,脑力劳动在劳动形态中的地位和作用越来越突出。"四个尊重"是党在深刻认识和把握当代经济发展的本质特征及其影响的基础上作出的积极回应,充分反映了时代的精神,具有重大的现实意义。贯彻执行"四个尊重"的方针,是发展先进生产力的要求。生产力的发展是先进生产力不断代替落后生产力的动态过程。劳动、知识、人才、创造,是推动当代中国先进生产力发展的四个基本要素。抓住了这些基本要素,也就抓住了发展先进生产力的关键。

贯彻执行"四个尊重"的方针,目的在于最广泛、最充分地调动一切积极因素,使实现中国梦获得取之不尽的力量源泉。最大多数人的利益和全社会全民族的积极性、创造性,是实现中国梦的决定性因素。只有正确看待各种形式的劳动,承认劳动者的合法权益,才能最广泛、最充分地调动一切积极因素。一切有益于人民和社会的劳动,不论是体力劳动还是脑力劳动,不论是简单劳动还是复杂劳动,一切为我国社会主义现代化建设作出贡献的劳动,都是光荣的,都应该得到承认和尊重。一切合法的劳动收入和合法的非劳动收入,都应该得到保护。贯彻执行"四个尊重"的方针,就是要在全社会形成与社会主义初级阶段基本经济制度相适应的思想观念和创业机制,营造鼓励和支持人们干成事业的社会氛围,让一切创造社会财富的源泉充分涌现,以造福于人民。

贯彻执行"四个尊重"的方针,有利于增强整个社会的创造活力,形成万众一心共创伟业的生动局面。一是要充分发挥人民群众的首创精神,使全社会创造能量充分释放、创新成果不断涌现、创业活动蓬勃开展。二是要不断深化改革,努力创造一个平等竞争的社会环境。通过深化改革,在全社会建立起平等竞争的有效机制,排除权力对社会正常竞争秩序的干扰,形成有利于贯彻"四个尊重"的社会环境。三是要严格执法,依法保护劳动者的权益。对一切有益于人民和社会的劳动在政治上给予肯定,对劳动者的合法权益给予保护。同时,建立激励和保护创造的社会机制,对成功创造者给予奖励,对创造成果给予保护。

五、实现中国梦必须加强国防和军队现代化建设

人民解放军是保卫祖国的钢铁长城和建设中国特色社会主义的重要力量,是维护国家安全统一和全面建成小康社会的重要保障。凝聚中国力量,决不能忽视人民解放军的力量。特别是在当代国际环境下,人民解放军不仅是实现中国梦的重要力量,而且也是国家主权、安全、发展利益的捍卫者,人民生命财产安全的保卫者。

人民解放军是中国共产党领导的人民军队,为新民主主义革命的胜利和新中国的建立,为保卫社会主义革命和社会主义建设作出了不朽的贡献。建设中国特色社会主义,实现中国梦,必须加强国防和军队现代化建设,这是由人民解放军在中国特色社会主义建设中所处的地位决定的。第一,人民解放军是人民民主专政的坚强柱石。在我国,虽然阶级斗争已经不是主要矛盾,但阶级斗争还将在一定范围内长期存在,在某种条件下还有可能会激化。为了维护国家的统一和社会的稳定,为了切实保障人民的民主权利,对极少数敌对分子进行专政,必须以人民军队为坚强后盾。人民军队作为国家机器的主要支柱和人民利益忠实捍卫者的地位不可动摇。第二,人民解放军是捍卫社会主义祖国的钢铁长城。虽然和平与发展仍是当今时代的主题,但是国际环境复杂多变,霸权主义和强权政治仍然存在,战争威胁并未根本消除。为了维护国家主权、安全、领土完整,促进世界的和平与发展,必须加强和巩固我国的国防。人民解放军作为祖国的忠实保卫者,担负着保卫祖国、维护祖国统一和安全的神圣使命。第三,人民解放军是社会主义现代化建设的重要力量。搞好军队建设,增强国防实力,是全面增强国家综合国力的重要内容,是加快社会主义现代化建设和全面建成小康社会的重要保障。人民军队要服从和服务于国家经济建设大局,积极支持和参加国家建设,为实现社会主义现代化作出重要贡献。

国防和军队建设,既是中国特色社会主义的重要组成部分,又是中国特色社会主义的坚强后盾。新中国成立以来,正是因为党高度重视国防和军队建设,

敢于在关键时刻亮剑，才顶住了来自外部的各种压力，维护了国家的独立、自主、安全、尊严，为全面推进社会主义建设提供了可靠保证。面向未来，作为一个快速发展的社会主义大国，我国将长期面对发达国家在经济、科技、军事等方面占优势的压力，将长期面对西方敌对势力对我国实施西化、分化战略的压力，将长期面对一些大国对我国进行战略防范和遏制的压力。只有不断加强国防和军队建设，提高军事和国防实力，才能从容应对压力和挑战，始终处于战略主动地位。

当前，国际形势正在发生新的深刻变化。和平、发展、合作的要求和呼声在上升，但围绕国际秩序、综合国力、地缘政治等的国际战略竞争和矛盾也在滋长，一些国家和地区动荡频仍，霸权主义、强权政治和新干涉主义有所上升。亚太地区战略格局酝酿复杂调整，相关大国增加战略投入，热点难点问题久拖不决，领土和海洋权益争端时有升温，恐怖主义、分裂主义、极端主义活动猖獗。美国强化亚太军事同盟体系，加大介入地区安全事务力度，我国周边安全的复杂性、多变性趋于明显。我国有辽阔的国土和海域，正处在全面建成小康社会的关键时期，维护国家安全、保障和平发展任务繁重。"台独"、"疆独"、"藏独"分裂势力严重危害国家安全和社会稳定，维护国家领土主权、海洋权益压力增大，恐怖主义、能源资源安全、金融安全、信息安全、自然灾害等非传统安全问题更加突出。这些安全问题和安全威胁，错综复杂、相互交织，迫切要求我国国防和军队现代化建设有一个大的发展。

努力建设与我国国际地位相称、与国家安全和发展利益相适应的巩固国防和强大军队，是党的十八大提出的战略任务。这一任务具有深刻内涵：一是我军不仅要保卫传统的领土、领海、领空安全，而且要保护海洋、太空、网络电磁空间等新型安全领域的安全；二是我军不仅要维护国家安全利益，也要维护国家发展利益，做到国家利益延伸到哪里，军事力量就要到达哪里；三是我军不仅要维护自己国家的安全和发展利益，而且也要维护国际和地区的安全和稳定，为国际和地区提供公共安全产品。建设巩固国防和强大军队，是一项宏大的系统工程，必须要有科学规划。1997年，中央军委提出了国防和军队现代化建设"三步走"战略。第一步到2010年，重点是压缩规模、优化结构和发展性能先进的武器装备，为今后发展打下较好的基础；第二步到2020年，力争基本实现机械化，信息化建设取得重大进展；第三步，再经过30年努力，到本世纪中叶，实现国防和军队现代化。这个"三步走"战略构想，明确了建设巩固国防和强大军队的路线图，意义重大而深远。现在，我们已经胜利实现第一步发展目标，正在实施第二步建设任务。这个任务光荣而艰巨,只有埋头苦干,才能加紧完成机械化和信息化建设双重历史任务,缩小与军事强国的差距,为最终实现国防和军队现代化奠定更加坚实的基础。

为了加快推进国防和军队现代化建设,党的十八届三中全会提出了深化国防和军队改革的任务。强调紧紧围绕建设一支听党指挥、能打胜仗、作风优良的人民军队这一党在新形势下的强军目标,着力解决制约国防和军队建设发展的突出矛盾和问题,创新发展军事理论,加强军事战略指导,完善新时期军事战略方针,构建中国特色现代军事力量体系。

第一,深化军队体制编制调整改革。推进领导管理体制改革,优化军委总部领导机关职能配置和机构设置,完善各军兵种领导管理体制。健全军委联合作战指挥机构和战区联合作战指挥体制,推进联合作战训练和保障体制改革。完善新型作战力量领导体制。加强信息化建设集中统管。优化武装警察部队力量结构和指挥管理体制。

优化军队规模结构,调整改善军兵种比例、官兵比例、部队与机关比例,减少非战斗机构和人员。依据不同方向安全需求和作战任务改革部队编成。加快新型作战力量建设。深化军队院校改革,健全军队院校教育、部队训练实践、军事职业教育三位一体的新型军事人才培养体系。

第二,推进军队政策制度调整改革。健全完善与军队职能任务需求和国家政策制度创新相适应的军事人力资源政策制度。以建立军官职业化制度为牵引,逐步形成科学规范的军队干部制度体系。健全完善文职人员制度。完善兵役制度、士官制度、退役军人安置制度改革配套政策。

健全军费管理制度,建立需求牵引规划、规划主导资源配置机制。健全完善经费物资管理标准制度体系。深化预算管理、集中收付、物资采购和军人医疗、保险、住房保障等制度改革。健全军事法规制度体系,探索改进部队科学管理的方式方法。

第三,推动军民融合深度发展。在国家层面建立推动军民融合发展的统一领导、军地协调、需求对接、资源共享机制。健全国防工业体系,完善国防科技协同创新体制,改革国防科研生产管理和武器装备采购体制机制,引导优势民营企业进入军品科研生产和维修领域。改革完善依托国民教育培养军事人才的政策制度。拓展军队保障社会化领域。深化国防教育改革。健全国防动员体制机制,完善平时征用和战时动员法规制度。深化民兵预备役体制改革。调整理顺边海空防管理体制机制。

第八章
实现中国梦的外部条件——坚持和平发展

实现中国梦,是中国的事情,也是世界的事情。因为中国是世界的重要组成部分,同世界各国紧密联系。中国梦不可能在关起门中实现,只能在开放中实现。在实现中国梦的进程中,不可避免地要与世界各国打交道,不可避免地对世界产生重要影响。因此,实现中国梦必然引起其他国家的高度关注。在历史上,"国强必霸"是大国崛起的基本模式,中国强大了,会不会走上霸权道路?这是许多国家关注的事情。特别是经过改革开放30多年的快速发展,中国各领域发展都取得了显著成就,经济总量已经位居世界第二,人民生活不断改善。面对中国发展,有些人认为发展起来的中国必然成为一种"威胁",甚至把中国描绘成一个可怕的牛魔王。只有正确回答这个问题,才能够为实现中国梦赢得良好的外部环境,创造有利的外部条件。习近平在一系列讲话中,多次强调实现中国梦必须坚持和平发展道路、奉行独立自主的和平外交政策和互利共赢的开放战略。习近平的一系列论述,坚持和发展了我国一贯的基本外交思想,阐述了实现中国梦的外部条件。

一、中国梦是追求和平的梦

中华民族之所以提出实现伟大复兴的课题,就是因为近代以来中华民族饱受列强侵略之苦。"己所不欲,勿施于人",这是中国人始终坚守的信条。中国人历来反对战争、反对动乱、反对分裂、反对侵略、反对霸权、反对恐怖主义。因此,实现中国梦必然选择和平发展道路。中国梦是追求和平的梦,习近平在一系列讲话中充分阐述了这一基本理念。

2013年1月28日《在十八届中央政治局第三次集体学习时的讲话》中,习近平指出:"中华民族是爱好和平的民族。消除战争,实现和平,是近代以后中国人民最迫切、最深厚的愿望。走和平发展道路,是中华民族优秀文化传统的传承和发展,也是中国人民从近代以后苦难遭遇中得出的必然结论。中国人民对战争带来的苦难有着刻骨铭心的记忆,对和平有着孜孜不倦的追求,十分珍惜和平安定的生活。中国人民怕的就是动荡,求的就是稳定,盼的就是天下太平。"

"我们的和平发展道路来之不易,是新中国成立以来特别是改革开放以来,我们党经过艰辛探索和不断实践逐步形成的。我们党始终高举和平的旗帜,从来没有动摇过。在长期实践中,我们提出和坚持了和平共处五项原则,确立和奉行了独立自主的和平外交政策,向世界作出了永远不称霸、永远不搞扩张的庄严承诺,强调中国始终是维护世界和平的坚定力量。这些我们必须始终不渝坚持下去,永远不能动摇。"

"党的十八大明确提出了'两个一百年'的奋斗目标,我们还明确提出了实现中华民族伟大复兴的'中国梦'的奋斗目标。实现我们的奋斗目标,必须有和平国际环境。没有和平,中国和世界都不可能顺利发展;没有发展,中国和世界也不可能有持久和平。我们一定要抓住机遇,集中精力把自己的事情办好,使国家更加富强,使人民更加富裕,依靠不断发展起来的力量更好走和平发展道路。"

"我们要坚持走和平发展道路,但决不能放弃我们的正当权益,决不能牺牲国家核心利益。任何外国不要指望我们会拿自己的核心利益做交易,不要指望我们会吞下损害我国主权、安全、发展利益的苦果。中国走和平发展道路,其他国家也都要走和平发展道路,只有各国都走和平发展道路,各国才能共同发展,国与国才能和平相处。"[①]

2013年3月17日《在第十二届全国人民代表大会第一次会议上的讲话》中,习近平指出:"中国人民爱好和平。我们将高举和平、发展、合作、共赢的旗帜,始终不渝走和平发展道路,始终不渝奉行互利共赢的开放战略,致力于同世界各国发展友好合作,履行应尽的国际责任和义务,继续同各国人民一道推进人类和平与发展的崇高事业。"[②]

2013年3月19日《在接受金砖国家媒体联合采访时的答问》中,习近平指出:"经过30多年的改革开放,中国经济社会发展取得巨大成就,人民生活水平显著提高。这既有利于中国,也有利于世界。中国人是讲爱国主义的,同时我们

---

① 《习近平关于实现中华民族伟大复兴的中国梦论述摘编》,中央文献出版社2013年版,第65～66页。
② 《习近平关于实现中华民族伟大复兴的中国梦论述摘编》,中央文献出版社2013年版,第67页。

也是具有国际视野和国际胸怀的。随着国力不断增强,中国将在力所能及的范围内承担更多国际责任和义务,为人类和平与发展的崇高事业作出更大贡献。"

"尽管中国经济总量已位居世界第二位,但人均国内生产总值同世界平均水平相比还有不小差距,实现富民强国还有很长的路要走。现在,国际上有人担心,中国发展起来后会不会也搞霸权主义、欺负别人。这种担心完全没有必要。中国已经多次向国际社会庄严承诺,中国将坚定不移走和平发展道路,永远不称霸,永远不搞扩张。'君子一言,驷马难追'。我们说话是算数的,实践已经证明中国是说到做到的。我们也希望世界各国都走和平发展道路,共同致力于促进世界和平与发展。"

"中国人自古就主张和而不同。我们希望,国与国之间、不同文明之间能够平等交流、相互借鉴、共同进步,各国人民都能够共享世界经济科技发展的成果,各国人民的意愿都能够得到尊重,各国能够齐心协力推动建设持久和平、共同繁荣的和谐世界。"①

2013年3月25日《在坦桑尼亚尼雷尔国际会议中心的演讲》中,习近平指出:"中国的发展离不开世界、离不开非洲,世界和非洲的繁荣稳定也需要中国。中非虽然远隔重洋,但我们的心是相通的。联结我们的不仅是深厚的传统友谊、密切的利益纽带,还有我们各自的梦想。""13亿多中国人民正致力于实现中华民族伟大复兴的中国梦,10亿多非洲人民正致力于实现联合自强、发展振兴的非洲梦。中非人民要加强团结合作、加强相互支持和帮助,努力实现我们各自的梦想。我们还要同国际社会一道,推动实现持久和平、共同繁荣的世界梦,为人类和平与发展的崇高事业作出新的更大的贡献!"②

2013年3月27日在《在金砖国家领导人第五次会晤时的主旨讲话》中,习近平指出:"不管国际风云如何变幻,我们都要始终坚持和平发展、合作共赢,要和平不要战争,要合作不要对抗,在追求本国利益时兼顾别国合理关切。"③

2013年4月7日《在博鳌亚洲论坛2013年年会上的主旨演讲》中,习近平指出:"和平是人民的永恒期望。和平犹如空气和阳光,受益而不觉,失之则难存。没有和平,发展就无从谈起。""国家无论大小、强弱、贫富,都应该做和平

---

① 《习近平关于实现中华民族伟大复兴的中国梦论述摘编》,中央文献出版社2013年版,第67~68页。
② 《习近平关于实现中华民族伟大复兴的中国梦论述摘编》,中央文献出版社2013年版,第68~69页。
③ 《习近平关于实现中华民族伟大复兴的中国梦论述摘编》,中央文献出版社2013年版,第69页。

的维护者和促进者,不能这边搭台、那边拆台,而应该相互补台、好戏连台。国际社会应该倡导综合安全、共同安全、合作安全的理念,使我们的地球村成为共谋发展的大舞台,而不是相互角力的竞技场,更不能为一己之私把一个地区乃至世界搞乱。"①

2013年5月《在接受拉美三国媒体联合采访时的答问》中,习近平指出:"实现中国梦,必须坚持和平发展。我们将始终不渝走和平发展道路,始终不渝奉行互利共赢的开放战略,不仅致力于中国自身发展,也强调对世界的责任和贡献;不仅造福中国人民,而且造福世界人民。实现中国梦给世界带来的是和平,不是动荡;是机遇,不是威胁。""中国和拉美虽然远隔重洋,但我们的心是相通的。联结我们的不仅是深厚传统友谊、密切利益纽带,还有我们对美好梦想的共同追求。""近年来,拉美和加勒比国家联合自强不断迈出新步伐。拉美和加勒比国家共同体的成立,充分表明拉美正在积极推进拉美独立运动先驱们倡导的团结协作、共同发展的梦想。""中国愿同拉美和加勒比各国紧密团结、相互支持、真诚合作,在通往发展繁荣的美好梦想的道路上携手共进。"②

2013年6月7日《在同美国总统奥巴马共同会见记者时的讲话》中,习近平指出:"我明确告诉奥巴马总统,中国将坚定不移走和平发展道路,坚定不移深化改革、扩大开放,努力实现中华民族伟大复兴的中国梦,努力促进人类和平与发展的崇高事业。""中国梦要实现国家富强、民族复兴、人民幸福,是和平、发展、合作、共赢的梦,与包括美国梦在内的世界各国人民的美好梦想相通。""我和奥巴马总统都认为,面对经济全球化迅速发展和各国同舟共济的客观需求,中美应该也可以走出一条不同于历史上大国冲突对抗的新路。双方同意,共同努力构建新型大国关系,相互尊重,合作共赢,造福两国人民和世界人民。国际社会也期待中美关系能够不断改善和发展。中美两国合作好了,就可以做世界稳定的压舱石、世界和平的助推器。"③

2013年6月19日《在会见联合国秘书长潘基文时的谈话》中,习近平指出:"中国确立了'两个一百年'的奋斗目标,为未来国家发展绘制了宏伟蓝图。中国需要联合国,联合国也需要中国。中国重视联合国,将坚定地支持联合国。

---

① 《习近平关于实现中华民族伟大复兴的中国梦论述摘编》,中央文献出版社2013年版,第69~70页。
② 《习近平关于实现中华民族伟大复兴的中国梦论述摘编》,中央文献出版社2013年版,第70~71页。
③ 《习近平关于实现中华民族伟大复兴的中国梦论述摘编》,中央文献出版社2013年版,第71~72页。

中国是联合国安理会常任理事国,这不仅是权力,更是一份沉甸甸的责任。中国有这个担当。中国将继续大力推动和平解决国际争端,支持联合国推进千年发展目标,愿同各方一道努力,共同应对气候变化等问题,为世界和平、人类进步作出更大贡献。"①

2013年10月《在接受印度尼西亚和马来西亚媒体联合采访时的答问》中,习近平指出:"中国梦同东盟各国寻求国家发展振兴、人民富裕幸福的追求和梦想息息相通,中国愿同东盟各国在实现理想的道路上携手并肩、心心相印、互帮互助,发挥各自优势,挖掘合作潜力,实现互利共赢。"②

2013年10月3日《在印度尼西亚国会的演讲》中,习近平指出:"中国的发展离不开世界,世界的发展也需要中国。中国将坚定不移走和平发展道路,坚定不移奉行独立自主的和平外交政策,坚定不移奉行互利共赢的开放战略。中国的发展,是世界和平力量的壮大,是传递友谊的正能量,为亚洲和世界带来的是发展机遇而不是威胁。中国愿继续同东盟、同亚洲、同世界分享经济社会发展的机遇。"③

2013年11月2日《在会见21世纪理事会北京会议外方代表时的谈话》中,习近平指出:"中国人民正在努力实现'两个一百年'的奋斗目标和中华民族伟大复兴的中国梦。中国梦与中国人民追求美好生活的梦想是相连的,也是与各国人民追求和平与发展的美好梦想相通的。"④

2014年3月27日《在中法建交五十周年纪念大会上的讲话》中,习近平指出:"中国梦是追求和平的梦。中国梦需要和平,只有和平才能实现梦想。天下太平、共享大同是中华民族绵延数千年的理想。历经苦难,中国人民珍惜和平,希望同世界各国一道共谋和平、共护和平、共享和平。历史将证明,实现中国梦给世界带来的是机遇不是威胁,是和平不是动荡,是进步不是倒退。拿破仑说过,中国是一头沉睡的狮子,当这头睡狮醒来时,世界都会为之发抖。中国这头狮子已经醒了,但这是一只和平的、可亲的、文明的狮子。""中国梦是奉献世

---

① 《习近平关于实现中华民族伟大复兴的中国梦论述摘编》,中央文献出版社2013年版,第72页。
② 《习近平关于实现中华民族伟大复兴的中国梦论述摘编》,中央文献出版社2013年版,第73页。
③ 《习近平关于实现中华民族伟大复兴的中国梦论述摘编》,中央文献出版社2013年版,第73页。
④ 《习近平关于实现中华民族伟大复兴的中国梦论述摘编》,中央文献出版社2013年版,第74页。

界的梦。'穷则独善其身,达则兼善天下。'这是中华民族始终崇尚的品德和胸怀。中国一心一意办好自己的事情,既是对自己负责,也是为世界作贡献。随着中国不断发展,中国已经并将继续尽己所能,为世界和平与发展作出自己的贡献。"①

2014年3月28日《在德国科尔伯基金会的演讲》中,习近平指出:"中国早就向世界郑重宣示:中国坚定不移走和平发展道路,既通过维护世界和平发展自己,又通过自身发展维护世界和平。走和平发展道路,是中国对国际社会关注中国发展走向的回应,更是中国人民对实现自身发展目标的自信和自觉。这种自信和自觉,来源于中华文明的深厚渊源,来源于对实现中国发展目标条件的认知,来源于对世界发展大势的把握。"

"中华民族是爱好和平的民族。一个民族最深沉的精神追求,一定要在其薪火相传的民族精神中来进行基因测序。有着5000多年历史的中华文明,始终崇尚和平,和平、和睦、和谐的追求深深植根于中华民族的精神世界之中,深深溶化在中国人民的血脉之中。中国自古就提出了'国虽大,好战必亡'的箴言。'以和为贵'、'和而不同'、'化干戈为玉帛'、'国泰民安'、'睦邻友邦'、'天下太平'、'天下大同'等理念世代相传。中国历史上曾经长期是世界上最强大的国家之一,但没有留下殖民和侵略他国的记录。我们坚持走和平发展道路,是对几千年来中华民族热爱和平的文化传统的继承和发扬。"

"历史是最好的老师,它忠实记录下每一个国家走过的足迹,也给每一个国家未来的发展提供启示。从1840年鸦片战争到1949年新中国成立的100多年间,中国社会战火频频、兵燹不断,内部战乱和外敌入侵循环发生,给中国人民带来了不堪回首的苦难。仅日本军国主义发动的侵华战争,就造成了中国军民伤亡3500多万人的人间惨剧。这段悲惨的历史,给中国人留下了刻骨铭心的记忆。中国人历来讲求'己所不欲,勿施于人'。中国需要和平,就像人需要空气一样,就像万物生长需要阳光一样。只有坚持走和平发展道路,只有同世界各国一道维护世界和平,中国才能实现自己的目标,才能为世界作出更大贡献。"

"中国民主革命的先行者孙中山先生说:'世界潮流,浩浩荡荡,顺之则昌,逆之则亡。'历史告诉我们,一个国家要发展繁荣,必须把握和顺应世界发展大势,反之必然会被历史抛弃。什么是当今世界的潮流?答案只有一个,那就是和平、发展、合作、共赢。中国不认同'国强必霸'的陈旧逻辑。当今世界,殖民

---

① 习近平《在中法建交五十周年纪念大会上的讲话》,《人民日报》2014年3月29日。

主义、霸权主义的老路还能走得通吗？答案是否定的。不仅走不通，而且一定会碰得头破血流。只有和平发展道路可以走得通。所以，中国将坚定不移走和平发展道路。"

"事实胜于雄辩。几十年来，中国始终坚持独立自主的和平外交政策，始终强调中国外交政策的宗旨是维护世界和平、促进共同发展。中国多次公开宣示，中国反对各种形式的霸权主义和强权政治，不干涉别国内政，永远不称霸，永远不搞扩张。我们在政策上是这样规定的、制度上是这样设计的，在实践中更是一直这样做的。当然，中国将坚定不移维护自己的主权、安全、发展利益，任何国家都不要指望我们会吞下损害中国主权、安全、发展利益的苦果。"

"中国走和平发展道路，不是权宜之计，更不是外交辞令，而是从历史、现实、未来的客观判断中得出的结论，是思想自信和实践自觉的有机统一。和平发展道路对中国有利、对世界有利，我们想不出有任何理由不坚持这条被实践证明是走得通的道路。"①

2014年4月15日《在中国国际友好大会暨中国人民对外友好协会成立60周年纪念活动上的讲话》中，习近平指出："中华民族历来是爱好和平的民族。中华文化崇尚和谐，中国'和'文化源远流长，蕴含着天人合一的宇宙观、协和万邦的国际观、和而不同的社会观、人心和善的道德观。在5000多年的文明发展中，中华民族一直追求和传承着和平、和睦、和谐的坚定理念。以和为贵，与人为善，己所不欲、勿施于人等理念在中国代代相传，深深植根于中国人的精神中，深深体现在中国人的行为上。"

"中国的先人早就知道'国虽大，好战必亡'。自古以来，中华民族就积极开展对外交往通商，而不是对外侵略扩张；执着于保家卫国的爱国主义，而不是开疆拓土的殖民主义。2100多年前，中国人就开通了丝绸之路，推动东西方平等开展文明交流，留下了互利合作的足迹，沿路各国人民均受益匪浅。600多年前，中国的郑和率领当时世界上最强大的船队7次远航太平洋和西印度洋，到访了30多个国家和地区，没有占领一寸土地，播撒了和平友谊的种子，留下的是同沿途人民友好交往和文明传播的佳话。中国近代史，是一部充满灾难、落后挨打的悲惨屈辱史，是一部中华民族抵抗外来侵略、实现民族独立的伟大斗争史。历经苦难的中国人民珍惜和平，绝不会将自己曾经遭受过的悲惨经历强加给其他民族。"

---

① 习近平《在德国科尔伯基金会的演讲》，《人民日报》2014年3月30日。

"中华民族的血液中没有侵略他人、称霸世界的基因,中国人民不接受'国强必霸'的逻辑,愿意同世界各国人民和睦相处、和谐发展,共谋和平、共护和平、共享和平。"

"历史告诉我们,战争好似魔鬼和梦魇,给人民带来深重灾难和痛苦,必须高度警惕;和平犹如空气和阳光,受益而不觉,失之则难存,必须精心维护。当今世界,战火和战争的危险依然存在,很多国家和地区的民众依然身陷炮声硝烟之中,无数妇女儿童的生命面临着严重威胁。一切有良知、爱好和平的人们都应该行动起来,共同制止战争、维护和平。"

"中国将坚持走和平发展道路,同时也将推动各国共同坚持和平发展。中国将积极承担更多国际责任,同世界各国共同维护人类良知和国际公理,在世界和地区事务中主持公道、伸张正义,更加积极有为地参与热点问题的解决,既通过维护世界和平来发展自己,又以自身发展促进世界和平。中国将继续通过平等协商处理矛盾和分歧,以最大诚意和耐心,坚持对话解决分歧。"①

2014年6月28日《在和平共处五项原则发表60周年纪念大会上的讲话》中,习近平指出:"中国将坚定不移走和平发展道路。走和平发展道路是中国根据时代发展潮流和自身根本利益作出的战略抉择。中国人民崇尚'己所不欲,勿施于人'。中国不认同'国强必霸论',中国人的血脉中没有称王称霸、穷兵黩武的基因。中国将坚定不移沿着和平发展道路走下去,这对中国有利,对亚洲有利,对世界也有利,任何力量都不能动摇中国和平发展的信念。中国坚定维护自身的主权、安全、发展利益,也支持其他国家特别是广大发展中国家维护自身的主权、安全、发展利益。中国坚持不干涉别国内政原则,不会把自己的意志强加于人,即使再强大也永远不称霸。中国真诚希望其他国家都走和平发展道路,大家携手把这条路走稳走好。"

"中国将坚定不移地在和平共处五项原则基础上发展同世界各国的友好合作。'凡交,近则必相靡以信,远则必忠之以言。'中国坚持按照亲、诚、惠、容的理念,深化同周边国家的互利合作,努力使自身发展更好惠及周边国家。中国坚持把发展中国家作为对外政策的基础,坚持正确义利观,永远做发展中国家的可靠朋友和真诚伙伴。中国重视各大国的地位和作用,致力于同各大国发展全方位合作关系,积极同美国发展新型大国关系,同俄罗斯发展全面战略协作

---

① 习近平《在中国国际友好大会暨中国人民对外友好协会成立60周年纪念活动上的讲话》,《人民日报》2014年5月16日。

伙伴关系,同欧洲发展和平、增长、改革、文明伙伴关系,大家一起来维护世界和平、促进共同发展。"

"中国将坚定不移奉行互利共赢的开放战略。中国正在推动落实丝绸之路经济带、21世纪海上丝绸之路、孟中印缅经济走廊、中国—东盟命运共同体等重大合作倡议,中国将以此为契机全面推进新一轮对外开放,发展开放型经济体系,为亚洲和世界发展带来新的机遇和空间。"

"中国梦同世界各国人民的美好梦想息息相通,中国人民愿意同各国人民在实现各自梦想的过程中相互支持、相互帮助,中国愿意同各国尤其是周边邻国共同发展、共同繁荣。"①

2014年7月4日《在韩国国立首尔大学的演讲》中,习近平指出:"中国将始终做一个维护和平的国家。中华民族是爱好和平的民族,过去是,现在是,将来也是。和平、和睦、和谐的追求深深植根于中华民族的精神世界之中。中国人自古就提出了'国虽大,好战必亡'的箴言,'以和为贵'、'天下太平'、'天下大同'等理念世代相传。历经苦难,中国人民珍惜和平,希望同世界各国一道共谋和平、共护和平、共享和平。中国将坚持走和平发展道路,这不是权宜之计,更不是外交辞令,而是从历史、现实、未来的客观判断中得出的结论,是思想自信和实践自觉的有机统一。"

"中国将始终做一个促进合作的国家。21世纪是合作的世纪。中国发展绝不以牺牲别国利益为代价,我们绝不做损人利己、以邻为壑的事情。中国人民愿意同各国人民在实现各自美好梦想的过程中相互支持、相互帮助,中国愿意同各国共同发展、共同繁荣。中国将坚定不移奉行互利共赢的开放战略,坚持正确义利观,发展开放型经济体系,全方位加强和拓展同亚洲和世界各国的互利合作。中国坚持按照亲、诚、惠、容的理念,深化同周边国家的互利合作,努力使自身发展更好惠及周边国家。中国坚持把发展中国家作为对外政策的基础,永远做发展中国家的可靠朋友和真诚伙伴。"

"中国将始终做一个虚心学习的国家。虚心使人进步,骄傲使人落后。中国虽然取得了巨大发展成就,但同世界先进水平相比,我们还有很大差距。中国人民为自己取得的成绩感到自豪,但不会骄傲自满、止步不前,而是要有海纳百川的胸怀,以开放包容的心态虚心倾听世界的声音。中国坚持和而不同的思想,尊重和保护文明多样性,积极推动不同文明相互尊重、和谐共处。中国将继

---

① 习近平《在和平共处五项原则发表60周年纪念大会上的讲话》,《人民日报》2014年6月29日。

续向世界学习、向各国人民学习,学习人类创造的一切文明成果,推动中国和世界发展得更好。"①

习近平的关于坚持和平发展的一系列讲话,从历史、现实、未来的客观判断上充分阐述了实现中国梦必须坚持和平发展的必然性,从文化传统的影响、实现中国梦的需求和顺应世界发展大势三重视角,阐明了中国走和平发展道路的自信与自觉。习近平的上述讲话,立意高远,内涵丰富,分析透彻,有力驳斥了"中国威胁论",对于引导国际社会正确认识和看待中国走和平发展道路的必然性有着重要启示。

二、实现中国梦必须走和平发展道路

走和平发展道路,是中国人民的真诚愿望和不懈追求。新中国成立60多年特别是改革开放30多年来,中国成功地走出一条与本国国情和时代特征相适应的和平发展道路。和平发展道路归结起来就是:既通过维护世界和平发展自己,又通过自身发展维护世界和平;在强调依靠自身力量和改革创新实现发展的同时,坚持对外开放,学习借鉴别国长处;顺应经济全球化发展潮流,寻求与各国互利共赢和共同发展;同国际社会一道努力,推动建设持久和平、共同繁荣的和谐世界。这条道路最鲜明的特征是科学发展、自主发展、开放发展、和平发展、合作发展、共同发展。走和平发展道路具有历史必然性。

第一,中华民族拥有热爱和平的文化传统。曾长期领跑于世界的中国,没有去开疆拓土,而是在追寻促进各国友好交流之路。如处于当时领先地位的中国汉朝,派张骞两次出使西域,开通了丝绸之路,推进了东西方的互利合作。又如,作为当时世界上最强大最先进国家的中国唐朝,通使交好国家多达70多个,在首都长安的各国使臣、商人、留学生云集成群,东西方文化交流非常活跃。再如国力强盛的中国明朝,派出航海家郑和七次下西洋,到访30多个国家和地区,没占一寸土地,却加深了中国同东南亚、东非国家的友好关系。这些都表明,中华民族的血液中没有侵略他国、称霸世界的基因,中国历史上也没有留下殖民和侵略他国的记录。

第二,近代以来,工业革命把人类推向了"蒸汽时代",率先完成工业革命的西方资本主义国家确立起统治地位,世界由此形成了西方先进、东方落后的格局,原本走在世界第一方阵中的中国也逐渐沦为半殖民地半封建社会。从1840年鸦片战争开始至1945年抗日战争结束的100多年时间里,中国受尽了

---

① 习近平《在韩国国立首尔大学的演讲》,《人民日报》2014年7月5日。

几乎所有资本主义强国的侵略,并且几乎都以战败、签订丧权辱国条约而告终。中国人民对被侵略、被奴役的历史记忆犹新,尤其珍惜今天的生活,希望同世界各国一道共谋和平、共护和平、共享和平。

第三,历经古代辉煌、近代沉沦的中华民族,对实现国家富强、人民幸福和民族复兴有着深切的渴望。新中国成立特别是改革开放以来,经过中国人民的共同奋斗,中国的综合国力显著增强,人民生活水平显著提高,经济总量跃居世界第二,人均国民收入进入中高收入国家行列。但是,人均国内生产总值仍排在世界第80位左右,有2亿多人口还生活在世界银行规定标准的贫困线以下,中国仍然是世界上最大的发展中国家。从这个起点出发到实现目标,仍有很长的路要走,仍需要集中精力搞建设,一心一意谋发展。没有和平,建设和发展就无从谈起。中国是一个拥有13亿多人口、面临众多难题的最大的发展中国家。中国要发展振兴需要很多代人的努力奋斗。在这一历史进程中,需要稳定的国内环境,也需要和平的国际环境。为给本国建设创造持久和平的外部环境,中国高举和平、发展、合作、共赢的旗帜,坚定不移地走和平发展道路,积极争取和平稳定的国际环境、睦邻友好的周边环境、平等互利的合作环境、互信协作的安全环境、客观友善的舆论环境。为了实现梦想,中国需要和平,只有坚持走和平发展道路,只有同世界各国一道维护世界和平,中国才能实现自己的目标,这是中国人民对实现发展目标条件的基本认识。中国和平发展的道路,是一条勇于参与经济全球化而又坚持广泛合作、互利共赢的发展道路。中国实行对内改革从一开始就是同对外开放联系在一起的。中国勇敢地参与国际经济技术合作和竞争,获得了在闭关锁国条件下不可能获得的资金、先进技术、管理经验和各种人才,从而极大地增强了发展的优势。在实行对外开放的同时,坚持独立自主、自力更生。中国不仅致力于自身发展,也强调对世界的责任和贡献。

第四,走和平发展道路是基于中国特色社会主义的必然选择。和平发展道路来之不易,是新中国成立特别是改革开放以来,我们党经过艰辛探索和不断实践逐步形成的。我们党始终高举和平的旗帜,从来没有动摇过。在长期实践中,我们提出和坚持了和平共处五项原则,确立和奉行了独立自主的和平外交政策,向世界作出了永远不称霸、永远不搞扩张的庄严承诺,强调中国始终是维护世界和平的坚定力量。这些我们必须始终不渝坚持下去,永远不能动摇。实现中华民族伟大复兴的中国梦,必须有和平的国际环境。没有和平,中国和世界都不可能顺利发展;没有发展,中国和世界也不可能有持久的和平。我们一定要集中精力把自己的事情办好,使国家更加富强,使人民更加富裕,依靠不断发展起来的力量更好地走和平发展道路。

第五，坚持走和平发展道路是基于当今世界发展潮流的必然选择。当今世界，国际形势的深刻变革使和平与发展的大势更加稳固。

一是世界多极化发展进程加深了国家间的合作。伴随旧殖民体系的瓦解和一大批新兴市场国家与发展中国家的快速发展，多个发展中心逐渐形成，世界进入了如法、英前任领导人所说的"相对大国时代"。在这个世界多极化进程加深的时代，任何国家或国家集团都再也无法单独主宰世界事务，人与人之间的沟通、国与国之间的合作就变得非常重要，要和平、不要战争，要发展、不要停滞，要合作、不要对抗，也正成为各国人民的共同愿望。

二是经济全球化趋势使国家间的利益依存程度空前加深。随着商品、技术、信息、货币、人才等生产要素在国际范围的流动更趋频繁，国家间特别是大国间的经济依存度增强，各国在经济交往中，利益交融、兴衰相伴、安危与共，形成了你中有我、我中有你的命运共同体。在这个共同体内，损人利己、我赢你输已不是相处之道，互利共赢才是大势使然。

三是人类面临的共同安全问题日益突出。当今世界，人类面临着粮食不足、资源短缺、能源紧张、环境污染、气候异常、恐怖主义、网络安全、公共卫生安全、经济危机等诸多全球性难题。应对这种难题，光靠某国单打独斗已解决不了，只有各国携手合作，方能应对恐怖主义、气候变化等全球性挑战。

人类只有一个地球，各国共享一个世界。在世界多极化、经济全球化、文化多样化、社会信息化深入发展，人类联系更加紧密的大势面前，那种你兴我衰、你得我失的观念已不合时宜，求和平、谋发展、促合作、图共赢，已成为大势所趋、人心所向的时代潮流。坚持走和平发展道路，正是顺应这个潮流的产物。

世界繁荣稳定是中国的机遇，中国发展也是世界的机遇。和平发展道路能不能走得通，很大程度上要看我们能不能把世界的机遇转变为中国的机遇，把中国的机遇转变为世界的机遇，在中国与世界各国良性互动、互利共赢中开拓前进。我们要坚持从我国实际出发，坚定不移走自己的路，同时我们要有世界眼光，更好地把国内发展与对外开放统一起来，把中国发展与世界发展联系起来，把中国人民利益同各国人民共同利益结合起来，不断扩大同各国的互利合作，以更加积极的姿态参与国际事务，共同应对全球性挑战，努力为全球发展作出贡献。

中国坚持走和平发展道路，但决不能放弃我国的正当权益，决不能牺牲国家核心利益。任何国家不要指望我们会拿自己的核心利益做交易，不要指望我们会吞下损害我国主权、安全、发展利益的苦果。中国走和平发展道路,其他国家也都要走和平发展道路,只有各国都走和平发展道路,各国才能共同发展,国与国才能和平相处。中国发展绝不以牺牲别国利益为代价,我们绝不做损人利己、以邻为壑的事情,将坚定不移做和平发展的实践者、共同发展的推动者、多边贸易体制的维护者、全球经济治理的参与者。

和平发展道路是中国立足本国国情探索出的一条新型发展道路,随着时间的推移,这条道路已经并将进一步显示出其世界意义。中国和平发展打破了"国强必霸"的大国崛起传统模式,避免了那种建立殖民体系、争夺势力范围、对外武力扩张的资本主义发展的老路。中国强大了,也坚决反对各种形式的霸权主义和强权政治,不干涉别国内政,永远不称霸,永远不搞扩张。中国是维护世界和平的一支重要力量。

中国走和平发展道路,带给世界的是更多的机遇。中国坚持把本国人民利益同各国人民共同利益结合起来,以更加积极的姿态参与国际事务,发挥负责任大国的作用,共同应对全球性挑战。中国发展壮大,不仅造福中国人民,而且造福各国人民。中国走和平发展道路,将推动国际力量对比朝着相对均衡的方向发展,引导国际格局演变和国际体系变革。一个繁荣发展的中国,一个民主法治的中国,一个和谐稳定的中国,必将为世界作出更大贡献。

三、实现中国梦必须奉行独立自主的和平外交政策

中国坚定不移奉行独立自主的和平外交政策,是由我国的社会主义性质和在国际上的地位决定的。坚持独立自主的和平外交政策,就是把国家主权和安全放在第一位,坚定地维护我国的国家利益,反对任何国家损害我国的独立、主权、安全和尊严;就是从我国人民和世界人民的根本利益出发,对于一切国际事务,都要根据事情本身的是非曲直决定自己的立场和政策,秉持公道,伸张正义,不屈从于任何外来压力;就是坚持各国的事务应由本国政府和人民决定,世界上的事情应由各国政府和人民平等协商,反对一切形式的霸权主义和强权政治;就是主张和平解决国际争端和热点问题,反对动辄诉诸武力或以武力相威胁,反对颠覆别国合法政权,反对一切形式的恐怖主义;就是不以社会制度和意识形态的异同决定国家关系的亲疏,而是坚持在和平共处五项原则基础上同所有国家建立和发展友好关系;就是坚持不同任何大国或大国集团结盟,不搞军事集团,不参加军备竞赛,不进行军事扩张,永远不谋求霸权。

第一,坚持独立自主的和平外交政策,就是要坚持独立自主地处理一切国

际事务的原则。独立自主是我国革命和建设取得胜利的宝贵经验之一。中国共产党人将这一基本原则运用于国际外交领域,将其发展成为正确处理国家与国家之间关系的基本外交原则和方针,形成了独立自主的和平外交方针。

第二,坚持独立自主的和平外交政策,就是要坚持和平共处五项原则为指导国家间关系的基本准则。和平共处五项原则已经成为国际关系基本准则和国际法基本原则。和平共处五项原则精辟体现了新型国际关系的本质特征,是一个相互联系、相辅相成、不可分割的统一体,适用于各种社会制度、发展水平、体量规模国家之间的关系。1955年,万隆会议通过的十项原则是对和平共处五项原则的引申和发展。上个世纪60年代兴起的不结盟运动把五项原则作为指导原则。1970年和1974年联合国大会通过的有关宣言都接受了和平共处五项原则。和平共处五项原则为当今世界一系列国际组织和国际文件所采纳,得到国际社会广泛赞同和遵守。和平共处五项原则有力维护了广大发展中国家权益。和平共处五项原则的精髓,就是所有国家主权一律平等,反对任何国家垄断国际事务。这为广大发展中国家捍卫国家主权和独立提供了强大思想武器,成为发展中国家团结合作、联合自强的旗帜,加深了广大发展中国家相互理解和信任,促进了南南合作,也推动了南北关系改善和发展。和平共处五项原则为推动建立更加公正合理的国际政治经济秩序发挥了积极作用。和平共处五项原则摒弃了弱肉强食的丛林法则,壮大了反帝反殖力量,加速了殖民体系崩溃瓦解。在东西方"冷战"对峙的大背景下,所谓"大家庭"、"集团政治"、"势力范围"等方式都没有处理好国与国关系,反而带来了矛盾、激化了局势。与之形成鲜明对照的是,和平共处五项原则为和平解决国家间历史遗留问题及国际争端开辟了崭新道路。

第三,坚持独立自主的和平外交政策,就是要坚持同发展中国家加强团结与合作的原则。中国是发展中国家,加强同发展中国家的团结与合作是我国对外政策的基本立足点。在新形势下,中国同广大发展中国家的共同关切增多,在推动国际秩序向公正合理的方向发展方面有共同的利益和目标。我们要维护发展中国家的正当要求和共同利益,同广大发展中国家一道抓住历史机遇,巩固传统友谊,深化全面合作,促进共同发展。

第四,坚持独立自主的和平外交政策,就是要坚持爱国主义与履行国际义务相统一的原则。各民族的根本利益是和整个人类文明进步事业的整体相联系的,各个国家只有把本国的事情搞好了,才能更好地支持和帮助其他国家的发展,为履行国际义务作出自己的贡献。在处理国际事务和对外关系时,既要坚决维护本国人民的根本利益,在涉及我国主权、领土完整、国家利益、国家安全的问题上决不妥协退让,同时又要注意维护世界和平和世界人民的根本利益,把本国人民的根本利益和前途与世界人民的根本利益和前途紧密结合起来。

第五,坚持独立自主的和平外交政策,就是要正确处理国际关系和外交关系。我们坚持大国是关键、周边是首要、发展中国家是基础、多边是舞台的外交工作布局。我们将改善和发展同发达国家的关系,拓宽合作领域,妥善处理分歧,推动建立长期稳定健康发展的新型大国关系。我们将坚持与邻为善、以邻为伴,坚持睦邻、安邻、富邻,突出体现亲、诚、惠、容的理念,深化互利合作,努力使自身发展更好惠及周边国家。我们将加强同广大发展中国家的团结合作,共同维护发展中国家正当权益,支持扩大发展中国家在国际事务中的代表性和发言权,永远做发展中国家的可靠朋友和真诚伙伴。我们将积极参与多边事务,支持联合国、二十国集团、上海合作组织、金砖国家等发挥积极作用,推动国际秩序和国际体系朝着公正合理的方向发展。我们将扎实推进公共外交和人文交流,维护我国海外合法权益。我们将开展同各国政党和政治组织的友好往来,加强人大、政协、地方、民间团体的对外交流,夯实国家关系发展的社会基础。

四、实现中国梦必须坚持互利共赢的开放战略

坚持互利共赢的开放战略是由我国实行独立自主和平外交政策和坚持走和平发展道路所决定的。我国和平外交的性质决定了外交工作要为现代化建设争取有利的和平国际环境,在谋求自身发展的同时,也要积极促进其他国家共同发展,互利共赢是中国走和平发展道路的鲜明特征。

第一,坚持互利共赢的开放战略符合世界各国共同发展的客观要求。当今世界,各国相互联系、相互依存的程度空前加深,人类生活在同一个地球村里,生活在历史和现实交汇的同一个时空里,越来越成为你中有我、我中有你的命运共同体。因此,同担责任、共享权利,建立起更加平等均衡的新型全球发展伙伴关系,符合人类共同利益。世界长期发展不可能建立在一批国家越来越富裕而另一批国家却长期贫穷落后的基础之上。因为只有各国共同发展了,世界才能更好发展。那种以邻为壑、转嫁危机、损人利己的做法既不道德,也难以持久。

第二,坚持互利共赢的开放战略,必须推动建立更加公正的国际政治经济新秩序,通过深化合作促进世界经济强劲、可持续、平衡增长。当前的国际政治经济秩序是在西方国家长期占据主导地位的情况下形成的,总体上有利于维护西方国家的优势地位。面对世界多极化和经济全球化深入发展,国际力量对

比发生深刻变化的趋势,现行的全球经济治理体系已经难以满足各国发展的要求,提高广大发展中国家在全球经济治理中的地位已成必然。要坚持权利和义务相平衡,积极参与全球经济治理改革,推动建立更加公正合理的全球治理机制,反对各种形式的保护主义。

第三,坚持互利共赢的开放战略,重在推进各国和各国人民共同享受发展成果。世界经济最根本的失衡是发展的不平衡。由于自然资源、科技水平、人才资源等方面的竞争日益激烈,国际市场供求关系重组加速,这在相当大的程度上加快了世界财富的进一步集中,使南北差距进一步扩大。中国作为发展中国家,将继续积极推动南南合作和南北对话,致力于推动发展中国家和发达国家平衡发展,夯实世界经济长期稳定发展的基础。

五、实现中国梦必须建设和谐世界

维护世界和平、促进共同发展是中国外交政策的宗旨。中国倡导并致力于同世界各国一道推动建设持久和平、共同繁荣的和谐世界。这既是一个长期目标,又是一项现实任务。

在国际关系中,中国坚持弘扬平等互信、包容互鉴、合作共赢的精神,共同维护国际公平正义。平等互信,就是要遵循联合国宪章宗旨和原则,坚持国家不分大小、强弱、贫富,一律平等,推动国际关系民主化,尊重主权,共享安全,维护世界和平稳定。包容互鉴,就是要尊重世界文明多样性、发展道路多样化,尊重和维护各国人民自主选择社会制度和发展道路的权利,相互借鉴,取长补短,推动人类文明进步。合作共赢,就是要倡导人类命运共同体意识,在追求本国利益时兼顾他国合理关切,在谋求本国发展中促进各国共同发展,建立更加平等均衡的新型全球发展伙伴关系,同舟共济,权责共担,增进人类共同利益。

2014年6月28日《在和平共处五项原则发表60周年纪念大会上的讲话》中,习近平全面阐述了我国在建设合作共赢美好世界的基本主张。

第一,坚持主权平等。主权是国家独立的根本标志,也是国家利益的根本体现和可靠保证。主权和领土完整不容侵犯,各国应该尊重彼此核心利益和重大关切。这些都是硬道理,任何时候都不能丢弃,任何时候都不应动摇。

国家不分大小、强弱、贫富,都是国际社会平等成员,都有平等参与国际事务的权利。各国的事务应该由各国人民自己来管。我们要尊重各国自主选择的社会制度和发展道路,反对出于一己之利或一己之见,采用非法手段颠覆别国合法政权。

第二,坚持共同安全。安全应该是普遍的。各国都有平等参与国际和地区安全事务的权利,也都有维护国际和地区安全的责任。我们要倡导共同、综合、合作、可持续安全的理念,尊重和保障每一个国家的安全。不能一个国家安全而其他国家不安全,一部分国家安全而另一部分国家不安全,更不能牺牲别国安全谋求自身所谓的绝对安全。我们要加强国际和地区合作,共同应对日益增多的非传统安全威胁,坚决打击一切形式的恐怖主义,铲除恐怖主义滋生的土壤。

对待国家间存在的分歧和争端,要坚持通过对话协商以和平方式解决,以对话增互信,以对话解纷争,以对话促安全,不能动辄诉诸武力或以武力相威胁。热衷于使用武力,不是强大的表现,而是道义贫乏、理念苍白的表现。只有基于道义、理念的安全,才是基础牢固、真正持久的安全。我们要推动建设开放、透明、平等的亚太安全合作新架构,推动各国共同维护地区和世界和平安全。

第三,坚持共同发展。天空足够大,地球足够大,世界也足够大,容得下各国共同发展繁荣。一些国家越来越富裕,另一些国家长期贫穷落后,这样的局面是不可持续的。水涨船高,小河有水大河满,大家发展才能发展大家。各国在谋求自身发展时,应该积极促进其他国家共同发展,让发展成果更多、更好地惠及各国人民。

我们要共同维护和发展开放型世界经济,共同促进世界经济强劲、可持续、平衡增长,推动贸易和投资自由化、便利化,坚持开放的区域合作,反对各种形式的保护主义,反对任何以邻为壑、转嫁危机的意图和做法。

我们要推动南南合作和南北对话,增强发展中国家的自主发展能力,推动发达国家承担更多责任,努力缩小南北差距,建立更加平等均衡的新型全球发展伙伴关系,夯实世界经济长期稳定发展基础。

第四,坚持合作共赢。"合则强,孤则弱。"合作共赢应该成为各国处理国际事务的基本政策取向。合作共赢是普遍适用的原则,不仅适用于经济领域,而且适用于政治、安全、文化等其他领域。

我们应该把本国利益同各国共同利益结合起来,努力扩大各方共同利益的汇合点,不能这边搭台、那边拆台,要相互补台、好戏连台。要积极树立双赢、多赢、共赢的新理念,摒弃你输我赢、赢者通吃的旧思维,"各美其美,美人之美,美美与共,天下大同"。

我们要坚持同舟共济、权责共担,携手应对气候变化、能源资源安全、网络安全、重大自然灾害等日益增多的全球性问题,共同呵护人类赖以生存的地球家园。

第五,坚持包容互鉴。文明多样性是人类社会的基本特征。当今世界有 70

亿人口，200多个国家和地区，2500多个民族，5000多种语言。不同民族、不同文明多姿多彩，各有千秋，没有优劣之分，只有特色之别。

"万物并育而不相害，道并行而不相悖。"我们要尊重文明多样性，推动不同文明交流对话、和平共处、和谐共生，不能唯我独尊、贬低其他文明和民族。人类历史告诉我们，企图建立单一文明的一统天下，只是一种不切实际的幻想。

尺有所短，寸有所长。我们要倡导交流互鉴，注重汲取不同国家、不同民族创造的优秀文明成果，取长补短，兼收并蓄，共同绘就人类文明美好画卷。

第六，坚持公平正义。"大道之行也，天下为公。"公平正义是世界各国人民在国际关系领域追求的崇高目标。在当今国际关系中，公平正义还远远没有实现。

我们应该共同推动国际关系民主化。世界的命运必须由各国人民共同掌握，世界上的事情应该由各国政府和人民共同商量来办。垄断国际事务的想法是落后于时代的，垄断国际事务的行动也肯定是不能成功的。

我们应该共同推动国际关系法治化。推动各方在国际关系中遵守国际法和公认的国际关系基本原则，用统一适用的规则来明是非、促和平、谋发展。"法者，天下之准绳也。"在国际社会中，法律应该是共同的准绳，没有只适用他人、不适用自己的法律，也没有只适用自己、不适用他人的法律。适用法律不能有双重标准。我们应该共同维护国际法和国际秩序的权威性和严肃性，各国都应该依法行使权利，反对歪曲国际法，反对以"法治"之名行侵害他国正当权益、破坏和平稳定之实。

我们应该共同推动国际关系合理化。适应国际力量对比新变化推进全球治理体系改革，体现各方关切和诉求，更好地维护广大发展中国家的正当权益。

中国的发展离不开世界，世界的繁荣稳定也离不开中国。中国取得的发展成就与世界各国友好合作密不可分，中国未来发展更需要国际社会的理解和支持，中国人民将继续同各国人民一道，为实现人类的美好理想而不懈努力。

第九章
实现中国梦的直接动力——全面深化改革

改革开放是实现中国梦的直接动力,在中国特色社会主义道路上实现中华民族的伟大复兴,必须坚持改革开放。改革开放是党在新的时代条件下带领全国各族人民进行的新的伟大革命,是当代中国最鲜明的特色。30多年来,我们党以巨大的政治勇气,锐意推进经济体制、政治体制、文化体制、社会体制、生态文明体制和党的建设制度改革,不断扩大开放,决心之大、变革之深、影响之广前所未有,成就举世瞩目。这场新的历史条件下的伟大革命,成为当代中国发展进步的活力之源。

一、改革开放是实现中国梦的必由之路

改革开放使我国经济社会面貌发生了历史性变化,经济实力和综合国力显著增强,人民物质文化生活水平大幅提高,国际地位和影响力明显提升。改革开放最主要的成果是开创和发展了中国特色社会主义,为社会主义现代化建设提供了强大动力和有力保障。事实证明,改革开放是决定当代中国命运的关键抉择,是党和人民事业大踏步赶上时代的重要法宝。没有改革开放,就没有中国的今天,也就没有中国的明天。习近平在一系列重要讲话中,充分阐述了改革开放的重大意义。

2012年11月15日在《全面贯彻落实党的十八大精神要突出抓好六个方面工作》中,习近平指出:"改革开放是党在新的历史条件下领导人民进行的新的伟大革命,是决定当代中国命运的关键抉择。中国特色社会主义之所以具有蓬勃生命力,就在于是实行改革开放的社会主义。我国过去三十多年的快速发展靠的是改革开放,我国未来发展也必须坚定不移依靠改革开放。只有改革开放才能发展中国、发展社会主义、发展马克思主义。中国特色社会主义在改革开放中产生,也必将在改革开放中发展壮大。"[①]

---

① 《习近平关于全面深化改革论述摘编》,中央文献出版社2014年版,第1页。

2012年11月17日在《紧紧围绕坚持和发展中国特色社会主义学习宣传贯彻党的十八大精神》中,习近平指出:"改革开放是坚持和发展中国特色社会主义的必由之路,所以必须始终把改革创新精神贯彻到治国理政各个环节,不断推进我国社会主义制度自我完善和发展。"①

2012年12月7日《在广东考察工作时的讲话》中,习近平指出:"只有社会主义才能救中国,只有改革开放才能发展中国、发展社会主义、发展马克思主义。对这个重大判断,结合三十多年来我国改革发展历程可以看得更清楚。上世纪七十年代末,十年内乱后的中国,经济濒于崩溃,人民温饱都成问题。面对这样的严峻形势,邓小平同志一针见血地指出:'如果现在再不实行改革,我们的现代化事业和社会主义事业就会被葬送。'振聋发聩啊!"

"如果没有邓小平同志指导我们党作出改革开放的历史性决策,我们国家要取得今天的发展成就是不可想象的。可以说,改革开放是我们党的历史上一次伟大觉醒,正是这个伟大觉醒孕育了新时期从理论到实践的伟大创造。中国发展的实践证明,当年邓小平同志指导我们党作出改革开放的决策是英明的、正确的,邓小平同志不愧为中国改革开放的总设计师,不愧为中国特色社会主义道路的开创者。今后,我们一要坚持走这条正确道路,这是强国之路、富民之路。我们不仅要坚定不移走下去,而且要有新举措、上新水平。""改革开放是当代中国发展进步的活力之源,是我们党和人民大踏步赶上时代前进步伐的重要法宝,是坚持和发展中国特色社会主义的必由之路。"②

2012年12月31日《在十八届中央政治局第二次集体学习时的讲话》中,习近平指出:"没有改革开放就没有当代中国的发展进步,改革开放是发展中国、发展社会主义、发展马克思主义的强大动力。现在,解决我国进一步发展面临的一系列突出矛盾和挑战,必须深化改革开放。改革开放是决定当代中国命运的关键一招,也是决定实现'两个一百年'奋斗目标、实现中华民族伟大复兴的关键一招。邓小平同志在上个世纪八十年代曾经说过:'改革的意义,是为下一个十年和下世纪的前五十年奠定良好的持续发展的基础。没有改革就没有今后的持续发展。所以,改革不只是看三年五年,而是要看二十年,要看下世纪的前五十年。这件事必须坚决干下去。'邓小平同志看得很远、想得很深。这说明,我们党早就估计到,改革开放是一项长期的、艰巨的、繁重的事业,必须一代

---

① 《习近平关于全面深化改革论述摘编》,中央文献出版社2014年版,第2页。
② 《习近平关于全面深化改革论述摘编》,中央文献出版社2014年版,第2~3页。

又一代人接力干下去。"①

2013年7月23日《在武汉主持召开部分省市负责人座谈会时的讲话》中,习近平指出:"改革开放是我们党在新的历史条件下带领人民进行的新的伟大革命。这场伟大革命,从党的十一届三中全会到现在,走过了三十五年极不平凡的历程。事实证明,改革开放是当代中国发展进步的活力之源,是党和人民事业大踏步赶上时代的重要法宝,是大势所趋、人心所向,停顿和倒退没有出路。"②

2013年10月23日《在同全国总工会新一届领导班子成员集体谈话时的讲话》中,习近平指出:"六十多年前我们党领导人民经过长期艰苦卓绝的斗争建立了新中国,三十多年前我们党领导人民开始了改革开放,这两件大事大大加快了实现中华民族伟大复兴的历史进程。"③

2013年11月9日在《关于〈中共中央关于全面深化改革若干重大问题的决定〉的说明》中,习近平指出:"从党的十一届三中全会作出把党和国家工作中心转移到经济建设上来、实行改革开放的历史性决策以来,已经三十五个年头了。中国人民的面貌、社会主义中国的面貌、中国共产党的面貌能发生如此深刻的变化,我国能在国际社会赢得举足轻重的地位,靠的就是坚持不懈推进改革开放。"

"改革开放以来历次三中全会都研究讨论深化改革问题,都是在释放一个重要信号,就是我们党将坚定不移高举改革开放的旗帜,坚定不移坚持党的十一届三中全会以来的理论和路线方针政策。说到底,就是要回答在新的历史条件下举什么旗、走什么路的问题。""我们中国共产党人干革命、搞建设、抓改革,从来都是为了解决中国的现实问题。可以说,改革是由问题倒逼而产生,又在不断解决问题中得以深化。"

"改革开放是我们党在新的时代条件下带领人民进行的新的伟大革命,是当代中国最鲜明的特色,也是我们党最鲜明的旗帜。三十五年来,我们党靠什么来振奋民心、统一思想、凝聚力量?靠什么来激发全体人民的创造精神和创造活力?靠什么来实现我国经济社会快速发展、在与资本主义竞争中赢得比较优势?靠的就是改革开放。"

"当前,在改革开放问题上,党内外、国内外都很关注,全党上下和社会各方面期待很高。改革开放到了一个新的重要关头。我们在改革开放上决不能有

---

① 《习近平关于全面深化改革论述摘编》,中央文献出版社2014年版,第3~4页。
② 《习近平关于全面深化改革论述摘编》,中央文献出版社2014年版,第4~5页。
③ 《习近平关于全面深化改革论述摘编》,中央文献出版社2014年版,第5页。

丝毫动摇,改革开放的旗帜必须继续高高举起,中国特色社会主义道路的正确方向必须牢牢坚持。"①

2013年11月12日《在中共十八届三中全会第二次全体会议上的讲话》中,习近平指出:"改革开放是党在新的时代条件下带领人民进行的新的伟大革命。党的十一届三中全会召开三十五年来的实践证明,改革开放是党和人民事业大踏步赶上时代的重要法宝,是党和国家保持生机活力的关键,是当代中国最鲜明的特色,也是当代中国共产党人最鲜明的品格。"②

习近平的上述重要论述,深刻阐明了改革开放的重大意义。人类社会是在生产力和生产关系、经济基础和上层建筑的矛盾运动中发展的,生产力是决定性因素。阶级斗争是阶级社会发展的直接动力,因为只有通过阶级斗争,改变旧的社会制度,建立新的社会制度,才能解放生产力,推动生产力的发展和整个社会的进步。对于社会主义社会的发展动力问题,20世纪30年代国际上曾经有过一种观点,认为"精神上和道义上的一致"是社会主义社会发展的动力,不承认社会主义存在矛盾。我国社会主义改造完成以后,毛泽东以中国的实践经验为基础,运用马克思主义基本原理,全面阐述了社会主义社会的矛盾问题。他正确地认识到社会主义社会仍然存在着基本矛盾,它们不是对抗性而是非对抗性的矛盾,可以通过社会主义自身的力量解决。

党的十一届三中全会以后,邓小平高度肯定了毛泽东关于社会主义社会基本矛盾的正确观点,他说:"关于基本矛盾,我想现在还是按照毛泽东同志在《关于正确处理人民内部矛盾的问题》一文中的提法比较好。"同时,又进一步指出:"当然,指出这些基本矛盾,并不就完全解决了问题,还需要就此作深入的具体的研究。"③他在总结历史经验教训的基础上,对社会主义社会的基本矛盾,特别是社会主义初级阶段的主要矛盾进行了深入的思考,在新的实践中丰富和发展了这一理论。其主要内容有:判断一种生产关系和生产力是否相适应,要从实际出发,具体问题具体分析,主要看它是否适应当时当地生产力的要求,能否推动生产力发展;社会主义社会基本矛盾、主要矛盾和根本任务是统一的,它们要求必须把经济建设作为党和国家的工作重心,不断解放和发展生产力;过去只讲在社会主义条件下发展生产力,没有讲还要通过改革解放生产力,这不完全,改革是社会主义制度下解放和发展生产力的必由之路。邓小平科学地阐明

---

① 《习近平关于全面深化改革论述摘编》,中央文献出版社2014年版,第6~9页。
② 《习近平关于全面深化改革论述摘编》,中央文献出版社2014年版,第9页。
③ 《邓小平文选》第2卷,人民出版社1994年版,第181~182页。

了社会主义社会的发展动力问题,在此基础上形成了社会主义改革开放理论。

革命是解放生产力,改革也是解放生产力,改革的目的同过去的革命一样,是为了扫除社会生产力发展的障碍,使中国摆脱贫穷落后的状态。改革是党在新的时代条件下带领人民进行的新的伟大革命。邓小平在1978年指出:"这场革命既要大幅度地改变目前落后的生产力,就必然要多方面地改变生产关系,改变上层建筑,改变工农业企业的管理方式和国家对工农业企业的管理方式,使之适应于现代化大经济的需要。"① 改革不是对原有体制的细枝末节的修补,而是一场深刻而全面的社会变革,它既包括经济体制又包括政治体制、文化体制、社会体制、生态体制,既涉及生产力又涉及生产关系,既涉及经济基础又涉及上层建筑,既包括体制层面又包括思想观念层面。从解放生产力、扫除发展生产力的障碍这个意义上说,从政策的重新选择、体制的重新构建的深刻性和广泛性来说,从由此引起的社会生活和人们观念变化的深刻性和广泛性来说,改革是一场伟大的革命。但它不是一个阶级推翻另一个阶级意义上的革命,也不是否定和抛弃我们已经建立起来的社会主义制度,它是社会主义制度的自我完善和发展。

改革开放是提高我国经济实力、实现综合国力由弱变强的历史必然。改革开放以来,我国经济总量不断迈上新台阶,综合国力和国际竞争力由弱变强,成功实现由低收入经济体向上中等收入经济体的历史性跨越。国内生产总值由1978年的3645亿元跃升到2012年的近52万亿元。1978年我国经济总量仅位居世界第十位,2008年超过德国,居世界第三位,2010年超过日本,居世界第二位,成为仅次于美国的世界第二大经济体。我国经济总量占世界的份额由1978年的1.8%提高到2012年的11.5%。根据世界银行数据,我国人均国民总收入由1978年的190美元上升至2012年的5680美元,已进入上中等收入经济体行列。改革开放是我国经济快速发展的根本动力。没有改革开放,就没有今天中国经济的繁荣局面。

改革开放是改善人民生活、实现从温饱不足到全面小康的历史必然。改革开放以来,我国人民群众得到实惠最多、生活水平提高最快,城乡居民生活由温饱不足到总体小康再向全面小康迈进,社会保障从低水平到建立制度框架再到全覆盖。2012年城镇居民人均可支配收入24565元,农村居民家庭人均纯收入7917元,扣除物价上涨因素后,实际分别比1978年增长10.5倍和10.8倍,

---

① 《邓小平文选》第2卷,人民出版社1994年版,第135～136页。

城乡居民拥有的财富明显增加。贫困人口大幅减少,农村绝对贫困人口从1978年的2.5亿人减少到2010年的2688万人,平均每年脱贫544万人。2011年我国将农民人均纯收入2300元(按照2010年不变价计算)作为新的国家扶贫标准,将更多低收入人口纳入扶贫范围。改革开放创造了改善人民生活的雄厚物质基础。没有改革开放,就没有今天中国人民的美好生活。

改革开放是提升我国国际竞争力、实现从封闭半封闭到全方位开放的历史必然。改革开放以来,我国不断拓展对外开放的广度和深度,从沿海到沿江、沿边和内陆,从制造业到农业和服务业,从大规模"引进来"到大踏步"走出去",我国与世界的关系发生了历史性变化。2012年我国货物进出口总额达到38671亿美元,比1978年增长了186倍,货物出口总额位居世界第一位。2012年实际使用外商直接投资金额1117亿美元,连续多年位居发展中国家首位;对外直接投资净额878亿美元,年末对外直接投资存量达到5319亿美元。我国通过参与国际经济合作和制定国际经济规则,对世界经济的影响力大幅提升。改革开放提升了我国的国际竞争力。没有改革开放,就没有今天中国举足轻重的国际地位。

30多年来,党带领人民锐意改革,在各个领域各个层面为生产力发展扫清障碍,极大地解放和发展了社会生产力,变革之深、影响之广前所未有,成就举世瞩目。改革每前进一步,都推动了中国特色社会主义的发展,都深化了我们对中国特色社会主义的认识,都进一步完善了中国特色社会主义制度。中国特色社会主义是改革的最重要的成果,改革使社会主义在中国得到了发展,呈现出勃勃生机。改革开放的历史实践充分证明:改革开放是决定当代中国命运的关键一招,是党和人民事业大踏步赶上时代的重要法宝,也是实现中华民族伟大复兴的中国梦的必由之路。要把中国特色社会主义事业推向前进,必须坚定不移沿着改革开放这条富民强国之路走下去。

二、实现中国梦必须全面深化改革

实践发展永无止境,解放思想永无止境,改革开放永无止境。面对新形势新任务,全面建成小康社会,进而建成富强民主文明和谐的社会主义现代化国家、实现中华民族伟大复兴的中国梦,必须在新的历史起点上全面深化改革,不断增强中国特色社会主义道路自信、理论自信、制度自信。对于全面深化改革的重要性,习近平作出一系列重要论述。

2012年12月31日《在十八届中央政治局第二次集体学习时的讲话》中,习近平指出:"中国特色社会主义是与时俱进的事业。从这个意义上说,改革开放只有进行时没有完成时。没有改革开放,就没有中国的今天,也就没有中国的明天。现在,推进改革开放有了更坚实的基础,但改革开放越往纵深发展,发展中的问题和发展后的问题、一般矛盾和深层次矛盾、有待完成的任务和新提出的任务越交织叠加、错综复杂。改革开放中的矛盾只能用改革开放的办法来解决。"①

2013年9月17日《在中共中央召开的党外人士座谈会上的讲话》中,习近平指出:"实现党的十八大描绘的全面建成小康社会、加快推进社会主义现代化、实现中华民族伟大复兴的宏伟蓝图,要求全面深化改革。坚持和发展中国特色社会主义,不断推进中国特色社会主义制度自我完善和发展,进一步解放和发展社会生产力,继续充分释放全社会创造活力,要求全面深化改革。解决我国发展面临的一系列突出矛盾和问题,实现经济社会持续健康发展,不断改善人民生活,要求全面深化改革。"②

2013年11月9日在《关于〈中共中央关于全面深化改革若干重大问题的决定〉的说明》中,习近平指出:"当前,国内外环境都在发生极为广泛而深刻的变化,我国发展面临一系列突出矛盾和挑战,前进道路上还有不少困难和问题。比如:发展中不平衡、不协调、不可持续问题依然突出,科技创新能力不强,产业结构不合理,发展方式依然粗放,城乡区域发展差距和居民收入分配差距依然较大,社会矛盾明显增多,教育、就业、社会保障、医疗、住房、生态环境、食品药品安全、安全生产、社会治安、执法司法等关系群众切身利益的问题较多,部分群众生活困难,形式主义、官僚主义、享乐主义和奢靡之风问题突出,一些领域消极腐败现象易发多发,反腐败斗争形势依然严峻,等等。解决这些问题,关键在于深化改革。""党的十八届三中全会以全面深化改革为主要议题,是我们党坚持以邓小平理论、'三个代表'重要思想、科学发展观为指导,在新形势下坚定不移贯彻党的基本路线、基本纲领、基本经验、基本要求,坚定不移高举改革开放大旗的重要宣示和重要体现。""三十五年来,我们用改革的办法解决了党和国家事业发展中的一系列问题。同时,在认识世界和改造世界的过程中,旧的问题解决了,新的问题又会产生,制度总是需要不断完善,因而改革既不可能一蹴而就、也不可能一劳永逸。"③

2013年11月12日《在中共十八届三中全会第二次全体会议上的讲话》中,

---

① 《习近平关于全面深化改革论述摘编》,中央文献出版社2014年版,第4页。
② 《习近平关于全面深化改革论述摘编》,中央文献出版社2014年版,第5页。
③ 《习近平关于全面深化改革论述摘编》,中央文献出版社2014年版,第6~8页。

习近平指出:"全面深化改革,关系党和人民事业前途命运,关系党的执政基础和执政地位。在整个社会主义现代化进程中,我们都要高举改革开放的旗帜,决不能有丝毫动摇。""回顾改革开放以来的历程,每一次重大改革都给党和国家发展注入新的活力、给事业前进增添强大动力,党和人民事业就是在不断深化改革中波浪式向前推进的,就是在改革从试点向推广拓展、从局部向全局推进中不断发展的。没有改革开放,我们不可能有今天这样的大好局面。"

"三十五年改革开放最主要的成果是开创和发展了中国特色社会主义,为社会主义现代化建设提供了强大动力和有力保障。改革是一个国家、一个民族的生存发展之道。面向未来,要破解发展中面临的难题、化解来自各方面的风险挑战,推动经济社会持续健康发展,除了深化改革开放,别无他途。"

"纵观世界,变革是大势所趋、人心所向,是浩浩荡荡的历史潮流,顺之则昌、逆之则亡。领导我们这样前无古人、世所罕见的伟大事业,最要不得的是思想僵化、故步自封。我们既不能因为改革发展取得的成绩、得到的赞扬而骄傲自满,更不能躺在前人的功劳簿上睡大觉。"①

2013年12月26日《在纪念毛泽东同志诞辰一百二十周年座谈会上的讲话》中,习近平指出:"站在新的历史起点上,我们的书业崇高而神圣,我们的责任重大而光荣。要实现中华民族伟大复兴,我们就必须坚定不移推进改革开放。没有改革开放,就没有中国的今天;离开改革开放,也没有中国的明天。党的十八届三中全会吹响了全面深化改革的新号角。我们要不断深化对改革开放规律性的认识,勇于攻坚克难,敢于迎难而上,坚决破除各方面体制机制弊端,奋力开拓中国特色社会主义更加广阔的前景。"②

2014年2月7日《在俄罗斯索契接受俄罗斯电视台专访时的答问》中,习近平指出:"一九七八年,中共十一届三中全会开启了中国改革开放进程,至今已经三十五年多了,取得了举世瞩目的成就。但是,我们还要继续前进。我们提出了'两个一百年'的奋斗目标。当前,经济全球化快速发展,综合国力竞争更加激烈,国际形势复杂多变,我们认为,中国要抓住机遇、迎接挑战,实现新的更大发展,从根本上还要靠改革开放。在激烈的国际竞争中前行,就如同逆水行舟,不进则退。"③

2014年4月日《在布鲁日欧洲学院的演讲》中,习近平指出:"我们的先人

---

① 《习近平关于全面深化改革论述摘编》,中央文献出版社2014年版,第9~11页。
② 《习近平关于全面深化改革论述摘编》,中央文献出版社2014年版,第11~12页。
③ 《习近平关于全面深化改革论述摘编》,中央文献出版社2014年版,第12页。

早就提出了'天行健,君子以自强不息'的思想,强调要'苟日新,日日新,又日新'。在激烈的国际竞争中前行,就如同逆水行舟,不进则退。改革是由问题倒逼而产生,又在不断解决问题中而深化。我们强调,改革开放只有进行时、没有完成时。中国已经进入改革的深水区,需要解决的都是难啃的硬骨头,这个时候需要'明知山有虎,偏向虎山行'的勇气,不断把改革推向前进。"①

习近平的重要论述,阐明了全面深化改革的重要性。没有改革开放就没有中国的今天,没有改革开放也没有中国的明天。我国过去30多年的快速发展靠的是改革开放,未来发展也必须坚定不移地依靠改革开放,改革开放只有进行时没有完成时。面对新形势新任务,要解决发展进程中的各种难题,化解来自各方向的风险和挑战,更好地发挥中国特色社会主义制度优势,必须在新的历史起点上全面深化改革。

第一,实现党的十八大提出的战略目标和任务,要求全面深化改革。十八大描绘了全面建成小康社会、加快推进社会主义现代化、实现中华民族伟大复兴的宏伟蓝图,提出构建系统完备、科学规范、运行有效的制度体系的任务,到2020年使各方面制度更加成熟、更加定型的任务。为此,必须以更大的政治勇气和智慧,不失时机地深化重要领域改革,坚决破除一切妨碍科学发展的思想观念和体制机制弊端,攻克体制机制上的顽疾,突破利益固化的藩篱,以实践基础上的理论创新推动制度创新。

第二,解决我国发展面临的一系列突出矛盾和问题,实现经济社会持续健康发展,不断改善人民生活,要求全面深化改革。中国共产党人干革命、搞建设、抓改革,从来都是为了解决中国的现实问题。可以说,改革是由问题倒逼而产生,是在不断解决问题中而深化。30多年来,我们用改革的办法解决了党和国家事业发展中的一系列问题。同时,在认识世界和改造世界的过程中,旧的问题解决了,新的问题又会产生,制度总是需要不断完善,因而改革既不可能一蹴而就,也不可能一劳永逸。改革开放30多年来,我们取得了巨大成就,但前进道路上还有不少困难和问题。比如,发展中不平衡、不协调、不可持续问题依然突出,科技创新能力不强,产业结构不合理,发展方式依然粗放,城乡区域发展差距和居民收入分配差距依然较大,社会矛盾明显增多,教育、就业、社会保障、医疗、住房、生态环境、食品药品安全、安全生产、社会治安、执法司法等关系群众切身利益的问题较多,部分群众生活困难,形式主义、官僚主义、享乐主义和

---

① 《习近平关于全面深化改革论述摘编》,中央文献出版社2014年版,第12~13页。

奢靡之风问题突出，一些领域消极腐败现象易发多发，反腐败斗争形势依然严峻，等等。所有这些问题，都需要通过全面深化改革加以解决。

在新的历史起点上全面深化改革，有许多有利条件，最重要的是改革开放的成功实践为全面深化改革提供了重要经验。主要是：坚持党的领导，贯彻党的基本路线，不走封闭僵化的老路，不走改旗易帜的邪路，坚定地走中国特色社会主义道路，始终确保改革的正确方向；坚持解放思想、实事求是、与时俱进、求真务实，一切从实际出发，总结国内成功做法，借鉴国外有益经验，勇于推进理论和实践创新；坚持以人为本，尊重人民的主体地位，发挥群众的首创精神，紧紧依靠人民推动改革，促进人的全面发展；坚持正确处理改革、发展、稳定关系，胆子要大、步子要稳，加强顶层设计和摸着石头过河相结合，整体推进和重点突破相促进，提高改革决策的科学性，广泛凝聚共识，形成改革合力。

第一，始终确保改革的正确方向。改革开放是一场深刻革命，必须坚持正确的方向，沿着正确的道路推进。改革开放以来我们取得一切成绩和进步的根本原因，归结起来就是开辟了中国特色社会主义道路，形成了中国特色社会主义理论体系，确立了中国特色社会主义制度。全面深化改革，必须坚定道路自信、理论自信、制度自信，以更大的政治勇气和智慧，冲破思想观念上的障碍，突破利益固化的藩篱，推动中国特色社会主义制度自我完善和发展。在坚持中国特色社会主义道路的前提下，坚定不移地推进经济体制、政治体制、文化体制、社会体制、生态文明体制和党的建设制度改革，促进现代化建设各个环节、各个方面相协调，发挥经济体制改革的牵引作用，推动生产关系同生产力、上层建筑同经济基础相适应，推动经济社会持续健康发展。

第二，加强顶层设计和摸着石头过河相结合。改革开放是前无古人的崭新事业，必须坚持正确的方法论，在不断实践探索中推进。我国是一个大国，重大改革不能出现根本性失误，一旦出现就无可挽回、无法弥补，所以改革必须试点先行，在实践中摸规律。摸着石头过河和加强顶层设计是辩证统一的，推进局部的阶段性改革开放要在加强顶层设计的前提下进行，加强顶层设计要在推进局部的阶段性改革开放的基础上来谋划。党的十八届三中全会通过的《中共中央关于全面深化改革若干重大问题的决定》，是新的历史时期对改革开放的顶层设计，是全面深化改革的总部署、总动员。我们要在全会精神的指引下，继续推进重点领域和关键环节改革。我国国情复杂，地区差异大，经济社会发展具有多层次特征，这就要鼓励各地根据当地实际进行各具特色、富有成效的探索和实践，到实践中去"摸石头"、探索路径、积累经验，把改革开放不断引向深入。

第三，紧紧依靠人民推动改革。改革开放是亿万人民自己的事业，必须坚持尊重人民的首创精神，坚持在党的领导下推进。最大的创造力在基层、在群众。过去35年，很多改革成果都是由基层创造出来的。改革开放初期的农村家庭联产承包责任制就是群众首创的典型范例，由此推动的农村改革极大地调动了农民的生产积极性，解放了农村生产力。改革开放在认识和实践中的每一次突破和发展，改革开放中每一个新生事物的产生和发展，改革开放每一个方面经验的创造和积累，无不来自亿万人民的实践和智慧。进入全面深化改革新阶段，我们面临的矛盾日益复杂，全面深化改革必须加强和改善党的领导，必须保持党同人民群众的血肉联系，充分反映人民群众的意愿和利益诉求，充分体现人民群众的创新实践，充分汇聚人民群众的智慧，并使改革的成果最大程度地惠及亿万人民群众。

第四，必须坚持全面改革。改革开放是一个系统工程，必须坚持全面改革，在各项改革协同配合中推进。改革开放作为一场深刻而全面的社会变革，各方面相互联系、相互影响，必须整体推进，才能防止顾此失彼。回顾30多年来的改革历程，无论是家庭联产承包责任制启动农村改革，还是扩大国有企业自主权推动城市改革，再到今天以简政放权为重点改革行政体制，都是循着从局部到全局、从重点到整体的路径推进的。当前，推进新型城镇化，让亿万农业转移人口融入现代城市生活，就需要联动推进土地、户籍、公共服务等领域改革。又比如，推进收入分配改革，也需要配套推进财税、国企、资源等领域的改革。可见，全面深化改革必须更加注重各项改革的相互促进、良性互动和协同配合。

第五，正确处理改革、发展、稳定的关系。稳定是改革发展的前提，必须坚持改革、发展、稳定的统一。历史反复证明，在我们这样一个大国，没有稳定的社会环境，改革和发展就难以推进。过去35年，我们之所以能够有序推进改革、实现经济社会快速发展，就是因为牢牢把握住了稳定这个前提。当前，我国经济体制深刻变革、社会结构深刻变动、利益格局深刻调整、思想观念深刻变化，在给我国发展进步带来巨大活力的同时，也使各种社会矛盾愈发凸显，保持社会稳定显得尤为重要。正确处理改革、发展、稳定的关系，必须坚持把改革力度、发展速度和社会可承受程度统一起来，把改善人民生活作为处理三者关系的结合点，从人民利益出发谋划和推进改革，从群众最期盼、最关切的领域改起，谋民生之利，解民生之忧，满足人民群众过上更好生活的新期待。处理好改革、发展、稳定的关系，我们就能总揽全局，保证经济社会持续健康发展；处理不好，就会吃苦头，付出代价。

党的十八届三中全会通过了《中共中央关于全面深化改革若干重大问题的决定》，对全面深化改革作出了战略部署。

全面深化改革，必须高举中国特色社会主义伟大旗帜，以马克思列宁主义、毛泽东思想、邓小平理论、"三个代表"重要思想、科学发展观为指导，坚定信心，凝聚共识，统筹谋划，协同推进，坚持社会主义市场经济改革方向，以促进社会公平正义、增进人民福祉为出发点和落脚点，进一步解放思想、解放和发展社会生产力，解放和增强社会活力，坚决破除各方面体制机制弊端，努力开拓中国特色社会主义事业更加广阔的前景。

全面深化改革的总目标是完善和发展中国特色社会主义制度，推进国家治理体系和治理能力现代化。必须更加注重改革的系统性、整体性、协同性，加快发展社会主义市场经济、民主政治、先进文化、和谐社会、生态文明，让一切劳动、知识、技术、管理、资本的活力竞相迸发，让一切创造社会财富的源泉充分涌流，让发展成果更多、更公平，惠及全体人民。

全面深化改革的主要内容如下。

一是紧紧围绕使市场在资源配置中起决定性作用深化经济体制改革，坚持和完善基本经济制度，加快完善现代市场体系、宏观调控体系、开放型经济体系，加快转变经济发展方式，加快建设创新型国家，推动经济更有效率、更加公平、更可持续发展。

二是紧紧围绕坚持党的领导、人民当家做主、依法治国有机统一深化政治体制改革，加快推进社会主义民主政治制度化、规范化、程序化，建设社会主义法治国家，发展更加广泛、更加充分、更加健全的人民民主。

三是紧紧围绕建设社会主义核心价值体系、社会主义文化强国深化文化体制改革，加快完善文化管理体制和文化生产经营机制，建立健全现代公共文化服务体系、现代文化市场体系，推动社会主义文化大发展大繁荣。

四是紧紧围绕更好保障和改善民生、促进社会公平正义深化社会体制改革，改革收入分配制度，促进共同富裕，推进社会领域制度创新，推进基本公共服务均等化，加快形成科学有效的社会治理体制，确保社会既充满活力又和谐有序。

五是紧紧围绕建设美丽中国深化生态文明体制改革，加快建立生态文明制度，健全国土空间开发、资源节约利用、生态环境保护的体制机制，推动形成人与自然和谐发展现代化建设新格局。

六是紧紧围绕提高科学执政、民主执政、依法执政水平深化党的建设制度改革,加强民主集中制建设,完善党的领导体制和执政方式,保持党的先进性和纯洁性,为改革开放和社会主义现代化建设提供坚强政治保证。

全面深化改革,必须立足于我国长期处于社会主义初级阶段这个最大实际,坚持发展仍是解决我国所有问题的关键这个重大战略判断,以经济建设为中心,发挥经济体制改革牵引作用,推动生产关系同生产力、上层建筑同经济基础相适应,推动经济社会持续健康发展。

经济体制改革是全面深化改革的重点,核心问题是处理好政府和市场的关系,使市场在资源配置中起决定性作用和更好地发挥政府作用。市场决定资源配置是市场经济的一般规律,健全社会主义市场经济体制必须遵循这条规律,着力解决市场体系不完善、政府干预过多和监管不到位问题。必须积极稳妥地从广度和深度上推进市场化改革,大幅度减少政府对资源的直接配置,推动资源配置依据市场规则、市场价格、市场竞争实现效益最大化和效率最优化。政府的职责和作用主要是保持宏观经济稳定,加强和优化公共服务,保障公平竞争,加强市场监管,维护市场秩序,推动可持续发展,促进共同富裕,弥补市场失灵。

在中国特色社会主义道路上实现中华民族伟大复兴的中国梦,根本的是要不断深化改革,改革开放是实现中国梦的直接动力。实现国家富强需要全面深化改革,不解放和发展生产力,国家就不会富强;实现民族振兴需要全面深化改革,不创造雄厚的物质基础和强大的精神财富,民族就不会振兴;实现人民幸福需要全面深化改革,生产不发展,财富不增加,社会不进步,人民就不会幸福。

第十章
实现中国梦的政治保证——坚持党的领导

中国共产党是中国工人阶级的先锋队,同时也是中国人民和中华民族的先锋队。为了实现中华民族伟大复兴,党领导全国各民族人民奋斗了 90 多年,极大地推进了中华民族伟大复兴的历史进程。在新的历史起点上,为了完成中华民族伟大复兴的历史任务,以习近平为代表的中国共产党人提出了中国梦这一重大战略思想。中国梦反映了近代以来中国历史发展的基本要求,体现了中国共产党人矢志不渝的精神追求,指明了中华民族的伟大理想,代表了中国人民的衷心愿望。实现中国梦必须坚持党的领导,这是历史的选择,也是现实的需要。坚持党的领导是实现中国梦的政治保证。

一、中国共产党是立党为公的马克思主义政党

立党为公是马克思主义政党区别于其他政党的标志,是中国共产党的"根本"。立党为公的"公",是指最广大人民群众的根本利益;这里所说的"根本",是指"根源"和"本质"。中国共产党最深厚的根源和最本质的属性就是立党为公。中国共产党由小到大、由弱到强、由革命党变为执政党,就在于党始终坚持了立党为公这一"根本"。立党为公在不同历史时期有不同表现。在党领导人民进行革命夺取政权时期,突出表现为"革命为民";在党成为执政党后,突出表现为"执政为民"。

1. 立党为公是马克思主义政党区别于其他政党的标志

马克思主义政党最本质的属性是立党为公。立党为私还是立党为公,决定于政党所代表的阶级的本性。"为公"与"为私"的标准是看为谁谋利益。为极少数人谋利益的政党是立党为私,为绝大多数人谋利益的政党是立党为公。历史上只有马克思主义政党是立党为公的。中国共产党是马克思主义政党,立党为公是党的最深厚的根源和最本质的属性。

所谓政党,是指代表特定阶级、阶层或集团的利益并为之进行斗争的政治

组织。政党之间的区别在于为谁谋利益。为少数人谋利益的政党是立党为私，为多数人谋利益的政党是立党为公。一切剥削阶级的政党都是立党为私的、为极少数人谋利益的政治组织。资产阶级政党是为资产阶级谋利益的政治组织。资产阶级政党中包括众多党派，每一党派都是代表资产阶级内部某个阶层、集团的利益。无产阶级政党是为最广大人民群众谋利益的政治组织。政党为谁谋利益，决定于政党的阶级本性。资产阶级奉行个人主义，自私自利、唯利是图、弱肉强食。这种阶级本性决定了资产阶级政党必然是立党为私的政党。无产阶级是最先进、最有远大前途的阶级，它同社会化大生产相联系，是先进生产力的代表者；无产阶级是最富有组织性、纪律性和团结战斗的阶级；无产阶级没有任何阶级私利，它以最广大劳动群众的利益为自己的最高利益。这种阶级本性决定了无产阶级政党必然是立党为公、为最广大人民群众谋利益的政党。

2. 立党为公是中国共产党最深厚的根源和最本质的属性

中国共产党是中国工人阶级的政党。中国工人阶级是中国新的生产力的代表，是中国社会最先进、最革命、最有远大前途的阶级。中国工人阶级除了具有无产阶级一般的特性和品格外，还具有自己的特点。一是中国工人阶级深受帝国主义、封建主义、官僚资本主义的三重压迫，因而具有最坚决、最彻底的革命性；二是中国工人阶级高度集中，便于组织与联系，容易形成强大的战斗力；三是中国工人阶级大部分来自于破产的农民，与广大的农民有天然的联系，便于和农民结成紧密的联盟，因而具有极其广泛的社会基础。这些特点使中国工人阶级能够成为中国先进生产力的代表者，能够以中国人民和中华民族的利益为自己的最高利益。这种阶级特性和品格决定了中国共产党必然是为中国工人阶级、中国人民和中华民族谋利益的马克思主义政党，决定了党的性质必然是中国工人阶级的先锋队、中国人民和中华民族的先锋队，决定了党的唯一宗旨必然是全心全意为人民服务、始终代表中国最广大人民的根本利益。这是中国共产党最深厚的阶级根源和最本质的属性，将这种阶级根源和属性概括起来，就是立党为公。只有坚持立党为公这一"根本"，党才能不断发展壮大，才能不变质，才能永葆先进性，才能始终得到广大人民群众的普遍认同、普遍支持、普遍拥护。为此，《中国共产党章程》明确规定："中国共产党是中国工人阶级的先锋队，同时是中国人民和中华民族的先锋队，是中国特色社会主义事业的领导核心，代表中国先进生产力的发展要求，代表中国先进文化的前进方向，代表最广大人民的根本利益。"党章的这一规定，是立党为公的必然要求和集中体现，表明立党为公是中国共产党最深厚的根源和最本质的属性。

3. 立党为公就是人民利益至上

利益一直是人类进行社会实践的根本动因。马克思主义最重视人民群众的利益问题,并以彻底的唯物主义精神把"利益"两个大字写在共产主义的旗帜上,公开声明要为人民群众谋利益,强调:"过去的一切运动都是少数人的或者为少数人谋利益的运动。无产阶级的运动是绝大多数人的、为绝大多数人谋利益的独立的运动。"共产党人"没有任何同整个无产阶级的利益不同的利益"。"共产党人为工人阶级的最近目的和利益而斗争,但是他们在当前的运动中同时代表运动的未来。"① 这些精辟的论述,深刻地阐述了无产阶级政党的唯一宗旨是为整个无产阶级的根本利益、为最广大人民的根本利益而奋斗。

中国共产党坚持以马克思主义为指导,历来高度重视人民群众的利益问题。毛泽东指出:"共产党是为民族、为人民谋利益的政党,它本身决无私利可图。"② "共产党员无论何时何地都不应以个人利益放在第一位,而应以个人利益服从于民族的和人民群众的利益。"③ "共产党人的一切言论行动,必须以合乎最广大人民群众的最大利益,为最广大人民群众所拥护为最高标准。"④ 邓小平把是否维护人民利益、是否满足人民的利益需求作为我们党制定路线、方针、政策的根本依据,把人民拥护不拥护、人民赞成不赞成、人民高兴不高兴、人民答应不答应作为判断党的全部工作的最高标准。江泽民指出:"我们党要始终代表中国最广大人民的根本利益,就是党的理论、路线、纲领、方针、政策和各项工作,必须坚持把人民的根本利益作为出发点和归宿,充分发挥人民群众的积极性、主动性、创造性,在社会不断发展进步的基础上,使人民群众不断获得切实的经济、政治、文化利益。""全心全意为人民服务,立党为公,执政为民,是我们党同一切剥削阶级政党的根本区别。任何时候我们都必须坚持尊重社会发展规律与尊重人民历史主体地位的一致性,坚持为崇高理想奋斗与为最广大人民谋利益的一致性,坚持完成党的各项工作与实现人民利益的一致性。"⑤ 胡锦涛指出:"坚持一切为了群众、一切依靠群众,坚持权为民所用、情为民所系、利为民所谋,坚持把实现好、维护好、发展好最广大人民的根本利益作为我们一切工作的根本出发点和落脚点,是我们做好各项工作的保证,任何时候都不能动

---

① 《马克思恩格斯选集》第1卷,人民出版社1995年版,第283、285、306页。
② 《毛泽东选集》第3卷,人民出版社1991年版,第809页。
③ 《毛泽东选集》第3卷,人民出版社1991年版,第522页。
④ 《毛泽东选集》第3卷,人民出版社1991年版,第1096页。
⑤ 《江泽民文选》第3卷,人民出版社2006年版,第279页。

摇。"① 习近平强调:"我们的人民热爱生活,期盼有更好的教育、更稳定的工作、更满意的收入、更可靠的社会保障、更高水平的医疗卫生服务、更舒适的居住条件、更优美的环境,期盼孩子们能成长得更好、工作得更好、生活得更好。人民对美好生活的向往,就是我们的奋斗目标。"②

上述表明,立党为公,就是人民利益至上。为此,《中国共产党章程》明确规定:"党除了工人阶级和最广大人民群众的利益,没有自己的特殊利益。党在任何时候都把群众利益放在第一位,同群众同甘共苦,保持最密切的联系,不允许任何党员脱离群众,凌驾于群众之上。"该章程是党内的根本大法,它的这一规定,从根本上确保了人民利益至上的原则。

4. 立党为公在新民主主义革命时期集中表现为"革命为民"

立党为公作为中国共产党的"根本",贯穿党的始终,党一旦放弃了这一"根本",党就不再是马克思主义政党,不再是中国工人阶级、中国人民和中华民族的先锋队。当然,立党为公在党处于不同历史方位上有不同表现。在新民主主义革命时期,中国最广大人民群众的根本利益要求就是推翻帝国主义、封建主义、官僚资本主义的压迫和剥削,使中华民族获得独立,解放中国的社会生产力,使人民翻身得解放,成为国家的主人。这一时期立党为公的突出表现就是"革命为民"。

鸦片战争以后,中国逐步成为半殖民地半封建社会,列强对中国的侵略步步进逼,封建统治日益腐败,祖国山河破碎、战乱不已,人民饥寒交迫、备受奴役。救亡图存的民族使命迫在眉睫。争取民族独立、人民解放,实现国家富强、人民富裕,成为中国人民必须完成的历史任务。在那个风雨如晦的年代,为改变中华民族的命运,中国人民和无数仁人志士进行了千辛万苦的探索和不屈不挠的斗争。太平天国运动、戊戌变法、义和团运动,不甘屈服的中国人民一次次抗争,但又一次次失败。孙中山先生领导的辛亥革命,结束了统治中国几千年的君主专制制度,对推动中国社会进步具有重大意义,但也未能改变中国半殖民地半封建的社会性质和中国人民的悲惨命运。

1921年,在马克思列宁主义同中国工人运动相结合的进程中,中国共产党应运而生。中国共产党的诞生,是近现代中国历史发展的必然产物,是中国人

---

① 《十六大以来重要文献选编》(中),中央文献出版社2006年版,第317页。
② 《习近平关于实现中华民族伟大复兴的中国梦论述摘编》,中央文献出版社2013年版,第13页。

民在救亡图存斗争中顽强求索的必然产物。从此,中国革命有了正确的前进方向,中国人民有了强大的精神力量,中国命运有了光明发展的前景。我们党紧紧依靠人民,经过北伐战争、土地革命战争、抗日战争、解放战争,党和人民进行了28年浴血奋战,打败日本帝国主义侵略,推翻国民党反动统治,建立了中华人民共和国。新中国的成立,使人民成为国家、社会和自己命运的主人,实现了中国从几千年封建专制制度向人民民主制度的伟大跨越,实现了中国高度统一和各民族空前团结,彻底结束了旧中国半殖民地半封建社会的历史,彻底结束了旧中国一盘散沙的局面,彻底废除了列强强加给中国的不平等条约和帝国主义在中国的一切特权。中国人从此站起来了,中华民族发展进步从此开启了新的历史纪元。28年的浴血奋战表明,中国共产党是为中国人民和中华民族利益而奋斗的党,是真正的立党为公、革命为民的党。

5. 立党为公在党执政后集中表现为"执政为民"

新中国成立后,党的历史方位发生了新变化,已经从领导人民为夺取全国政权而奋斗的党,成为领导人民掌握全国政权并长期执政的党;已经从受到外部封锁和实行计划经济条件下领导国家建设的党,成为对外开放和发展社会主义市场经济条件下领导国家建设的党。党的历史方位最大的变化,就是中国共产党由革命党变为执政党。这种变化并未改变立党为公这一"根本",只是这一"根本"的表现由"革命为民"变为"执政为民"。

党执政后,根据中国人民和中华民族的根本利益要求,创造性地实现了由新民主主义到社会主义的转变,使占世界人口1/4的东方大国进入社会主义社会,实现了中国历史上最广泛、最深刻的社会变革。我们建立起独立的、比较完整的工业体系和国民经济体系,积累了在中国这样一个社会生产力水平十分落后的东方大国进行社会主义建设的重要经验。党的十一届三中全会以来,我们党总结我国社会主义建设经验,同时借鉴国际经验,以巨大的政治勇气、理论勇气、实践勇气实行改革开放,经过艰辛探索,形成了党在社会主义初级阶段的基本理论、基本路线、基本纲领、基本经验,建立和完善社会主义市场经济体制,坚持全方位对外开放,推动社会主义现代化建设取得举世瞩目的伟大成就。新中国成立以来的历史充分证明,中国共产党是真正坚持立党为公、执政为民的马克思主义政党。

90多年来,中国共产党领导人民英勇奋斗,从根本上改变了中国人民和中华民族的前途命运,不可逆转地结束了近代以后中国内忧外患、积贫积弱的悲惨命运,不可逆转地开启了中华民族不断发展壮大、走向伟大复兴的历史进军,使具有5000多年文明历史的中国面貌焕然一新,中华民族伟大复兴展现出前所未有的光明前景。中国社会发生的变革,中国人民命运发生的变化,其广度和深度,其政治影响和社会意义,在人类发展史上都是十分罕见的。

事实充分证明,中国共产党不愧为伟大、光荣、正确的马克思主义政党,不愧为领导中国人民不断开创事业发展新局面的核心力量。在近代以来中国社会发展进步的壮阔进程中,历史和人民选择了中国共产党,选择了马克思主义,选择了社会主义道路,选择了改革开放。

二、实现中国梦必须加强和改善党的领导

1. 加强党的领导是实现中国梦的根本保证

在新的历史条件下,中国人民和中华民族的根本利益,从根本上说,就是要解放和发展生产力,实现国家的繁荣富强和人民的共同富裕,实现中华民族的伟大复兴。在中国能够团结和带领全国各族人民实现这个宏伟目标的政治力量,只有中国共产党。

中国共产党具有五大政治优势:一是中国共产党是用科学理论武装起来的党,能够制定和执行正确的路线方针政策;二是中国共产党是由工人阶级和人民群众中最有觉悟、最有理想的先进分子组成的党,能够形成中国革命、建设、改革、发展的骨干与核心;三是中国共产党是全心全意为人民服务、同人民群众保持密切联系的党,能够团结和调动起最广泛的社会力量;四是中国共产党是独立自主、自力更生、不断创新的党,能够把握引领社会发展的正确方向;五是中国共产党是具有丰富的斗争经验、政治成熟的党,能够为国家发展创造良好的环境。

中国共产党始终保持和发展马克思主义政党的先进性:坚持解放思想、实事求是、与时俱进,以科学态度对待马克思主义,用发展着的马克思主义指导新的实践,坚持真理、修正错误,坚定不移地走自己的路,始终保持党开拓前进的精神动力;坚持为了人民、依靠人民,诚心诚意为人民谋利益,从人民群众中汲取智慧和力量,始终保持党同人民群众的血肉联系;坚持任人唯贤、广纳人才,以事业感召、培养、造就人才,不断增加新鲜血液,始终保持党的蓬勃活力;坚持党要管党、从严治党,正视并及时解决党内存在的突出问题,始终保持党的肌体健康。

中国共产党的政治优势和马克思主义政党的先进性,决定了它在实现中华民族伟大复兴的中国梦中必然是领导核心。实现中国梦,必须推进现代化建设,

必须维护国家统一、社会和谐稳定,必须正确处理各种复杂的社会矛盾,把亿万人民团结凝聚起来,必须有效应对复杂的国际环境的挑战。这些方面都离不开党的领导。

第一,坚持中国现代化建设的正确方向,需要中国共产党的领导。摆脱国家贫穷落后面貌,实现现代化和民族复兴,是中国人民的百年追求和梦想。近代中国历史反复证明,企图通过走资本主义道路使中国实现现代化,根本行不通。中国有句古语:"橘生淮南则为橘,生于淮北则为枳。"这非常形象地说明,做任何事都要从实际出发,不能抄照搬别人的做法。近年来,有人不从中国的历史和国情出发,认为中国应该实行西方的多党制。这种观点在理论上是错误的,在实践上是有害的。只有坚持中国共产党的领导,走中国特色社会主义道路,才能保证现代化建设事业的正确方向,才能制定和执行正确的路线、方针、政策,保证现代化建设事业不断取得进步,最终实现中华民族的伟大复兴。

第二,维护国家统一、社会和谐稳足,需要中国共产党的领导。没有国家统一和社会稳定,就没有国家的繁荣富强和人民的安居乐业。维护国家统一和社会稳定,历来是中国各族人民最关切的头等重要的大事。近代中国,深受外国入侵、军阀混战和政局动荡之害,中国人民对此刻骨铭心。在新世纪新阶段,中国共产党作为中国各族人民利益的忠实代表,以科学理论为指导,凭借其丰富的执政经验和驾驭全局的能力,统筹经济社会等各方面发展,努力构建和谐社会,能够维护国家统一和社会和谐稳定。

第三,正确处理各种复杂的社会矛盾,把亿万人民团结凝聚起来,共同建设美好未来,需要中国共产党的领导。中国幅员辽阔,人口众多,且城乡之间、地区之间发展不平衡,差异较大,面临着各种复杂的社会矛盾。面对新形势新任务,全面建成小康社会,进而建成富强民主文明和谐的社会主义现代化国家、实现中华民族伟大复兴的中国梦,必须在新的历史起点上全面深化改革。只有加强和改善党的领导,充分发挥党总揽全局、协调各方的领导核心作用,提高党的领导水平和执政能力,才能正确处理人民内部矛盾,顺利解决前进中的各种困难和问题,才能凝聚人心,汇聚力量,确保改革取得成功,共建美好未来。

第四,应对复杂的国际环境的挑战,需要中国共产党的领导。当前,经济全球化和世界多极化在曲折中发展,科学技术发展日新月异,综合国力的竞争日趋激烈,敌对势力仍然对我国实施"西化"、"分化"战略。在复杂的国际局势下,只有以坚强的政治核心把全国各族人民团结起来,才能保证我国真正走独立自主的和平发展道路。中国共产党就是这样一个能够把人民组织起来、团结起来走和平发展道路的政治核心。

在中国,要团结凝聚全国各族人民,通过改革进一步解放和发展社会生产力,促进国民经济持续健康发展,实现社会主义现代化建设的宏伟目标,关键在党。党的领导、党的建设是经济建设和改革开放取得成功的根本保证。中国各族人民从亲身的经历中深切认识到这一点,坚定不移地选择了中国共产党的领导。

2. 党面临的"四大危险"

加强党的领导,必须改善党的领导。在世情、国情、党情发生深刻变化的新形势下,提高党的领导水平和执政水平,提高拒腐防变和抵御风险能力,加强党的执政能力建设和先进性建设,面临许多前所未有的新情况、新问题、新挑战,执政考验、改革开放考验、市场经济考验、外部环境考验是长期的、复杂的、严峻的。精神懈怠的危险,能力不足的危险,脱离群众的危险,消极腐败的危险,更加尖锐地摆在全党面前,落实党要管党、从严治党的任务比以往任何时候都更为繁重、更为紧迫。我们必须从新的实际出发,坚持以科学理论指导党的建设,以改革创新精神研究和解决党的建设面临的重大理论和实际问题,着眼于全面建设小康社会、加快推进社会主义现代化,全面认识和自觉运用马克思主义执政党建设规律,全面推进党的建设新的伟大工程,不断提高党的建设科学化水平。

第一,精神懈怠的危险会动摇党的执政根基。良好的精神风貌是马克思主义政党的精神动力,我们党要始终走在时代前列,就必须使全党始终保持蓬勃朝气、昂扬锐气、浩然正气。如果党的精神懈怠了,意志消沉了,就会引发思想僵化、创新停滞、道德滑坡、奋斗精神泯灭的连锁反应,党的生机活力就会被销蚀,对世情、国情、党情的变化就作不出反应,就会失去人民群众的信任,不再具有先进性。

我们党在革命战争年代之所以能历经磨难而不衰并领导人民取得民主革命的胜利,靠的就是广大党员群众百折不挠的奋斗精神和忘我的牺牲精神。在党的中心工作由领导革命战争转为领导经济建设后,党更加强调增强自我更新、自我发展的活力,警惕精神懈怠的危险。早在党的七届二中全会上,毛泽东就预见到执政后党内的骄傲情绪、以功臣自居的情绪、停顿起来不求进步的情绪、贪图享乐不愿再过艰苦生活的情绪可能生长。他谆谆告诫全党,革命成功只是万里长征走完了第一步,要保持过去革命战争时期的那么一股劲,那么一股革命热情,那么一种拼命精神。新的历史时期,邓小平多次强调党员干部尤其是领导干部要保持良好的精神状态,没有一点闯的精神,没有一点"冒"的精神,就走不出一条好路,走不出一条新路,就干不出新的事业。

在90多年的奋斗征程中,正因为我们党始终保持了昂扬向上的精神风貌,才团结带领人民完成了新民主主义革命、社会主义革命和改革开放新的伟大革命"三件大事",得到了广大人民群众的拥护和爱戴。但随着执政时间延长、执政环境的变化,成绩多了,鲜花多了,掌声多了,在某些党员干部中也不可避免地产生了精神懈怠、意志衰退的现象。精神懈怠、意志衰退现象虽然出现在部分党员干部身上,但其危害却十分严重,如果对其不引起足够的重视,任其蔓延,必然会瓦解党员干部的斗志,使我们党丧失战斗力,动摇我们党的执政根基。

第二,能力不足的危险会贻误党的事业。适应时代发展,提升能力素质,是政党的永恒主题。在世界和中国都在发生深刻变化的今天,我们唯有常怀"能力不足"的忧患意识,以等不起的紧迫感、慢不得的危机感、坐不住的责任感,努力学习新知识,增强新本领,不断提高执政能力,才能在重大风险和挑战面前,任凭风浪起,稳坐钓鱼船。

我们党的成长发展本身就是一个逐步提升能力素质的过程。在党的历史上的几次重大转折关头和工作重心转移中,党都遇到并成功解决了"本领恐慌"和能力不足的问题。在从"土地革命"的十年烽火,走向建设最广泛的抗日民主统一战线的过程中,毛泽东严肃地提出了"本领恐慌"的问题,要求全党都要"学习本领","增加知识","把工作做得更好"。在党的工作重点由乡村转移到城市的前夕,他再次要求全党尤其是党的干部要加强学习,必须学会自己不懂的东西。改革开放伊始,邓小平进一步提出了提高党的执政能力和领导水平问题,强调怎样改善党的领导,这个重大问题摆在我们的面前。不好好研究这个问题,不解决这个问题,坚持不了党的领导,提高不了党的威信。正是由于我们党对能力不足的危险时刻保持着高度警觉,党才能从幼稚走向成熟,从能力和经验不足逐步走向能够从容应对复杂的国内外局面,领导革命和建设事业不断取得胜利。

进入新世纪以来,我们党面临的形势和任务发生了新的变化,迫切要求全党进一步增强理论创新的能力、领导发展的能力、利益调节的能力、资源整合的能力、完善制度的能力、应对危机的能力,等等。不解决我们的党员干部队伍中存在的"本领恐慌"和能力不足的问题,必然导致党整体执政能力的下降、应对复杂局面和处理危机能力的不足,以致出现在重大风险和挑战面前的进退失据,贻误党的事业。

第三,脱离群众的危险是最大的危险。人民群众是我们党的执政之本。中外政权更迭史警示我们:民心不可违,顺之者昌,逆之者亡。前苏联共产党之所以败亡,根本原因正是因为其背离了自己的宗旨,特别是党的领导干部已严重官僚化。党脱离了人民群众,失去了人民群众的信任和支持,党的事业必败无疑。

我们党在民主革命、社会主义革命和改革开放的各个历史时期,始终坚持全心全意为人民服务的宗旨,重视防止党员干部官僚化的问题。以毛泽东为核心的党的第一代领导集体,根据马克思主义唯物史观,在中国革命和建设的实践中形成和确立了党的群众路线,培育了党群之间鱼水相依的亲密关系。在改革开放的新时期,党的第二代领导集体的核心邓小平同志反复强调,要把"人民拥护不拥护"、"人民赞成不赞成"、"人民高兴不高兴"、"人民答应不答应"作为制定各项方针政策的出发点和归宿。以江泽民同志为核心的第三代中央领导集体强调,在任何时候任何情况下,党的一切工作和方针政策,都要以是否符合最广大人民群众的利益为最高衡量标准。以胡锦涛为总书记的党中央进一步强调密切联系群众是我们党的最大政治优势,脱离群众是我们党执政后的最大危险;必须坚持以人为本、执政为民,保持党同人民群众的血肉联系。正是因为我们党几十年来深深扎根于人民的沃土之中,保持了良好的党群关系,党才能始终站在时代前列。但我们也必须看到,新中国成立后特别是改革开放以来,随着党的地位和环境的变化,党同群众的关系也进入了新的历史阶段。在我们党未成为执政党并面临反动统治者残酷镇压、生活极其艰苦的条件下,党和人民群众的联系事关党的生死存亡,对于这一点全党同志有着直接的感受和深切的体会,因而都有维护这一联系的高度自觉性。党成为执政党以后,大批党员担任了从中央到地方的领导职务,手中掌握了调动全国人、财、物等资源的权力。特别是在改革开放新时期,随着社会主义市场经济体制的建立,党的执政环境也发生了重大变化。党的地位和环境的变化,使党联系群众的面更宽了,为人民服务的条件更好了,党群关系理应更加密切。然而,由于执政党的地位容易使一些人对密切联系群众的重要性逐渐淡化,沾染上了官僚习气;由于我们要以政权的力量推进改革开放,这就使得权钱交易的可能性增大;因而,党员干部以权谋私、损害群众利益、脱离群众的危险不是减小了,而是增大了。在现实生活中就存在着一些党员干部把党的宗旨抛之脑后,大搞官僚主义、形式主义的现象。这些现象在一些部门和地方已引起了人民群众的极大不满,严重影响了党群关系。如果我们对此丧失警觉,掉以轻心,不努力加以克服,党就会丧失立于不败之地的根本。

第四,消极腐败的危险会葬送党的事业。腐败是当今世界政党政治中的

"顽症"，是导致许多政党衰落乃至败亡的致命毒素。我们党是为解放劳苦大众而建立，并为人民的利益而奋斗的。党的性质和宗旨决定了党同各种消极腐败现象是水火不相容的。廉洁奉公、执政为民是我们立党、兴党、强党的根本所在。党无论是在革命战争年代，还是在和平建设时期，都始终高举反腐大旗，同一切消极腐败现象作坚决的斗争，以保持党的思想和组织的纯洁性。新中国成立以来，特别是在改革开放新时期，我们党虽然采取了一系列遏制腐败现象的措施，始终对消极腐败现象采取严厉打击和高压态势，但随着经济体制深刻变革、社会结构深刻变动、利益格局深刻调整、思想观念深刻变化，不可避免地带来和产生了大量新旧观念的冲撞和摩擦，仍有不少意志薄弱的党员干部经不起改革开放和发展市场经济的考验，经不住金钱、美色、权力的诱惑，在"糖弹"面前"翻身落马"，败下阵来。他们不是将官职看成为人民服务的岗位，把权力当作为人民谋利益的工具，而是将官职大小看成人生价值的标准，把权力看成谋取私利的资本；将价值追求从政治转向经济、从精神转向物质，把勤俭朴素当作寒酸和低贱，把吃喝玩乐作为人生的最大乐趣；把党和人民赋予的权利私有化，大搞以权谋私、权钱交易、权色交易，吃拿卡要、行贿受贿、贪污腐化，甚至跑官要官、买官卖官、抢官骗官，严重败坏了党的形象、侵害了人民利益，削弱了党的凝聚力、向心力、战斗力，给党的事业造成了巨大损失。腐败不除，党无宁日、国无宁日。如果我们对腐败现象掉以轻心，不坚决惩治，其后果就会葬送我们的党，葬送我们的人民政权，葬送我们的社会主义现代化大业。

3. 党要管党、从严治党

在中国特色社会主义道路上实现中华民族伟大复兴的中国梦，是我们党领导的伟大事业。全面推进党的建设新的伟大工程，是这一伟大事业取得胜利的关键所在。党坚强有力，事业才能兴旺发达，国家才能繁荣稳定，人民才能幸福安康。党的十八大以来，我们党坚持党要管党、从严治党，凝心聚力、直击积弊、扶正祛邪，党的建设开创新局面，党风政风呈现新气象。习近平围绕从严管党治党提出一系列新的重要思想，为全面推进党的建设新的伟大工程进一步指明了方向。

第一，管党治党一刻不能松懈。办好中国的事，关键在党。只有从严管党治党，才能确保党在发展中国特色社会主义历史进程中始终成为坚强领导核心。对我们这样一个有8500多万党员、在13亿多人口大国长期执政的党，管党治党一刻不能松懈。习近平强调：如果管党不力、治党不严，人民群众反映强烈的党内突出问题得不到解决，那我们党迟早会失去执政资格，不可避免地被历史淘汰。这绝不是危言耸听。

政党作为一种为实现特定目标而组织起来的政治组织,自身建设和管理的好坏,决定着其生存和发展。这些年来,世界上一些老牌执政党衰败落伍、丢权垮台的教训极为深刻。无产阶级政党作为工人阶级实现其伟大历史使命的先进组织,更应高度重视加强党的自身建设,确保始终走在时代前列,肩负起历史使命。从严管党治党,是我们党的一个重要经验。毛泽东同志在总结中国革命胜利的经验时,把党的建设作为三大法宝之一提了出来。90多年来,我们党之所以能够从小到大、由弱到强,成为世界上最大的社会主义国家执政党,成功地领导中国人民在革命、建设和改革道路上取得一个又一个伟大胜利,就在于我们党始终高度重视加强自身建设。我们坚持党要管党、从严治党,保持和发展了党的先进性和纯洁性,增强了党的创造力、凝聚力、战斗力,为事业胜利提供了根本保证。

"打铁还需自身硬。"要坚持治国必先治党、治党务必从严,提高管党治党的能力和水平,靠"自身硬"凝聚起不可战胜的磅礴力量,创造无愧于历史的辉煌业绩。

第二,补足共产党人精神上的"钙"。理想指引人生方向,信念决定事业成败。对理想信念的重要性,习近平有个形象的比喻:"理想信念是共产党人精神上的'钙'。"他反复强调,"理想信念坚定,骨头就硬,没有理想信念,或理想信念不坚定,精神上就会'缺钙',就会得'软骨病'","就可能导致政治上变质、经济上贪婪、道德上堕落、生活上腐化"。从严管党治党,首先就要坚定党员干部的理想信念。

"革命理想高于天。"这生动反映了崇高信仰对共产党人的巨大激励和鞭策作用。坚定理想信念,坚守共产党人精神追求,始终是共产党人安身立命的根本。有了坚定的理想信念,站位就高了,眼界就宽了,心胸就开阔了,就能坚持正确的政治方向,在胜利和顺境时不骄傲,不急躁,在困难和逆境时不消沉,不动摇,经受住各种风险和困难考验,自觉抵制各种腐朽思想的侵蚀,永葆共产党人的政治本色。任何一名在党旗下宣过誓的共产党员都必须铭记,为了理想信念,就应该去拼搏、去奋斗、去献出全部精力乃至生命。

对马克思主义的信仰,对社会主义和共产主义的信念,是共产党人的政治灵魂,是共产党人经受住任何考验的精神支柱。中国共产党从诞生之日起就把马克思主义写在自己的旗帜上,把实现共产主义确立为最高理想。在我们党90多年的历史中,无数共产党人不惜流血牺牲,靠的就是这种信仰,为的就是这个理想。尽管他们也知道,自己追求的理想并不会在自己手中实现,但他们坚信,一代又一代人为之持续努力,一代又一代人为此作出牺牲,崇高的理想就一定能实现。

  崇高信仰、坚定信念不会自发产生。习近平强调要练就"金刚不坏之身",必须用科学理论武装头脑,不断培植我们的精神家园。党的领导干部特别是高级干部,要把系统掌握马克思主义基本理论作为看家本领。广大党员干部要老老实实、原原本本学习马克思列宁主义、毛泽东思想特别是邓小平理论、"三个代表"重要思想、科学发展观,把理想信念建立在对科学理论的理性认同上,建立在对历史规律的正确认识上,建立在对基本国情的准确把握上。通过坚持不懈的学习,学会运用马克思主义立场、观点、方法观察和解决问题,不断筑牢理想信念,做到虔诚而执着、至信而深厚。

  第三,培养和选拔党和人民需要的好干部。"为政之要,莫先于用人。"建设中国特色社会主义,关键在于建设一支宏大的高素质干部队伍。要大力加强党的组织建设,着力培养选拔党和人民需要的好干部,从严管理干部,夯实基层组织,巩固党执政的组织基础。2013年6月,习近平在全国组织工作会议上提出了好干部的五条标准:信念坚定、为民服务、勤政务实、敢于担当、清正廉洁。信念坚定,即党的干部必须坚定共产主义远大理想,真诚信仰马克思主义,矢志不渝为中国特色社会主义而奋斗,坚持党的基本理论、基本路线、基本纲领、基本经验、基本要求不动摇。为民服务,党的干部必须做人民公仆,忠诚于人民,以人民忧乐为忧乐,以人民甘苦为甘苦,全心全意为人民服务。勤政务实,即党的干部必须勤勉敬业、求真务实、真抓实干、精益求精,创造出经得起实践、人民、历史检验的实绩。敢于担当,即党的干部必须坚持原则、认真负责,面对大是大非敢于亮剑,面对矛盾敢于迎难而上,面对危机敢于挺身而出,面对失误敢于承担责任,面对歪风邪气敢于坚决斗争。清正廉洁,即党的干部必须敬畏权力、管好权力、慎用权力,守住自己的政治生命,保持拒腐蚀、永不沾的政治本色。

  好干部不会自然而然产生。成长为一个好干部,一靠自身努力,二靠组织培养。从干部自身来讲,要不断改造主观世界、加强党性修养、加强品格陶冶,老老实实做人,踏踏实实干事,清清白白为官。要勤于学、敏于思,提高思维能力,丰富知识储备,完善知识结构,打牢履职尽责的知识基础。要加强实践,经风雨、见世面,在改革发展的主战场、维护稳定的第一线、服务群众的最前沿砥砺品质、提高本领。从组织培养来讲,就要抓好党性教育这个核心,抓好道德建设这个基础,加强宗旨意识、公仆意识教育。强化干部实践锻炼,积极为干部锻炼成长搭建平台。

用一贤人则群贤毕至，见贤思齐就蔚然成风。选什么人就是风向标，就有什么样的干部作风，乃至就有什么样的党风。用人得当，首先要知人。要近距离接触干部，观察干部对重大问题的思考、对群众的感情、对待名利的态度、处理复杂问题的过程和结果。用人得当，就要坚持全面、历史、辩证地看干部，注重一贯表现和全部工作，改进考核方法手段。用人得当，就要科学合理使用干部，用当其时、用其所长，树立强烈的人才意识，寻觅人才求贤若渴，发现人才如获至宝，举荐人才不拘一格，使用人才各尽其能。要下决心改变任人唯亲、任人唯利的问题，使用人之风真正纯洁起来。

把好干部选用起来，需要科学有效的选人用人机制。要紧密结合干部工作实际，认真总结，深入研究，不断改进，努力形成系统完备、科学规范、有效管用、简便易行的制度机制。要把加强党的领导和充分发扬民主结合起来，发挥党组织在干部选拔任用工作中的领导和把关作用。要完善工作机制，推进干部工作公开，坚决制止简单以票取人的做法，确保民主推荐、民主测评风清气正。加强和改进年轻干部工作，对那些看得准、有潜力、有发展前途的年轻干部，要敢于给他们压担子，有计划地安排他们去经受锻炼。要从严管理干部，坚持从严教育、从严管理、从严监督，对干部身上出现的苗头性、倾向性问题，要及时"咬咬"耳朵、扯扯袖子，早提醒、早纠正。

民主集中制是党的根本组织制度和领导制度。要健全和认真落实民主集中制的各项具体制度，促使全党同志按照民主集中制办事，促使各级领导干部特别是主要领导干部带头执行民主集中制。要发扬党内民主，营造民主讨论的良好氛围，鼓励讲真话、讲实话、讲心里话，允许不同意见碰撞和争论，同时善于进行正确集中，防止议而不决、决而不行。

基层党组织是党全部工作和战斗力的基础，要扎实做好抓基层、打基础的工作。建立严密的基层党组织工作制度，推动服务群众、做群众工作制度化、常态化、长效化，使基层党组织领导方式、工作方式、活动方式更加符合服务群众的需要。要重视基层、关心基层、支持基层，加大投入力度，加强带头人队伍建设，充分理解、充分信任，格外关心、格外爱护广大基层干部，多为他们办一些雪中送炭的事情，确保基层党组织有资源、有能力为群众服务，使每个基层党组织都成为坚强的战斗堡垒。

4. 开展群众路线教育实践活动

群众路线是党的生命线和根本工作路线，这是因为：一是群众路线规定了党的根本立场,即"一切为了群众"的群众立场;二是群众路线规定了党的根本观点,即"一切依靠群众"的群众观点;三是群众路线规定了党的根本工作方法,即"从群众中来,到群众中去"的工作方法。群众路线是党的群众立场、群众观点和工作方法的统一体,群众立场是政治根基,群众观点是理论支撑,工作方法是实现途径。党的群众立场、群众观点和根本工作方法是党的生命力、战斗力、先进性所在。群众路线正是因为将党的群众立场、群众观点和根本工作方法集中为一体,从而成为党生命线和根本工作路线。党的历史实践证明,什么时候坚持群众路线,党的事业就会因得到人民群众的拥护而取得胜利;什么时候背离了群众路线,党的事业就会因失去人民群众支持而遭受挫折。开展党的群众路线教育实践活动,是加强党的建设的根本举措。对开展党的群众路线教育实践活动的重大意义,习近平进行了充分阐述。

2012年11月15日《在十八届中央政治局常委同中外记者见面时的讲话》中,习近平指出:"新形势下,我们党面临着许多严峻挑战,党内存在着许多亟待解决的问题。尤其是一些党员干部中发生的贪污腐败、脱离群众、形式主义、官僚主义等问题,必须下大气力解决。全党必须警醒起来。打铁还需自身硬。我们的责任,就是同全党同志一道,坚持党要管党、从严治党,切实解决自身存在的突出问题,切实改进工作作风,密切联系群众,使我们党始终成为中国特色社会主义事业的坚强领导核心。"①

2012年12月7日至11日《在广东考察工作时的讲话》中,习近平指出:"加强干部作风建设,最重要的是要抓住保持同人民群众的血肉联系这个核心问题。'意莫高于爱民,行莫厚于乐民。'党的十八大决定,围绕保持党的先进性和纯洁性,在全党深入开展以为民务实清廉为主要内容的党的群众路线教育实践活动,目的就在于帮助广大干部特别是领导干部进一步增强群众观点,解决脱离群众的各种问题,提高做好新形势下群众工作的能力。"②

2013年6月18日《在党的群众路线教育实践活动工作会议上的讲话》中,习近平指出:"群众路线是我们党的生命线和根本工作路线。开展党的群众路线教育实践活动,是我们党在新形势下坚持党要管党、从严治党的重大决策,是顺应群众期盼、加强学习型服务型创新型马克思主义执政党建设的重大部署,

---

① 《习近平关于党的群众路线教育实践活动论述摘编》,党建读物出版社、中央文献出版社2014年版,第1页。

② 《习近平关于党的群众路线教育实践活动论述摘编》,党建读物出版社、中央文献出版社2014年版,第1页。

是推进中国特色社会主义的重大举措,对保持党的先进性和纯洁性、巩固党的执政基础和执政地位,对全面建成小康社会,具有重大而深远的意义。"

"开展党的群众路线教育实践活动,是实现党的十八大确定的奋斗目标的必然要求。党的十八大提出,在中国共产党成立一百年时全面建成小康社会,在新中国成立一百年时建成富强民主文明和谐的社会主义现代化国家。党的十八大之后,党中央又提出实现中华民族伟大复兴的中国梦。实现党的十八大确定的奋斗目标和中国梦,要求全党同志必须有优良作风。""我们党始终强调,执政党的党风关系党的形象,关系人心向背,关系党和国家生死存亡;加强和改进党的作风建设,核心问题是保持党同人民群众的血肉联系;马克思主义执政党的最大危险就是脱离群众。"

"历史和现实都告诉我们,密切联系群众,是党的性质和宗旨的体现,是中国共产党区别于其他政党的显著标志,也是党发展壮大的重要原因;能否保持党同人民群众的血肉联系,决定着党的事业的成败。""我们党来自人民、植根人民、服务人民,党的根基在人民、血脉在人民、力量在人民。失去了人民拥护和支持,党的事业和工作就无从谈起。党要继续经受住执政考验、改革开放考验、市场经济考验、外部环境考验,就必须始终密切联系群众。在任何时候任何情况下,与人民同呼吸共命运的立场不能变,全心全意为人民服务的宗旨不能忘,群众是真正英雄的历史唯物主义观点不能丢,始终坚持立党为公、执政为民。"

"现在,我们要实现党的十八大确定的奋斗目标和中国梦,必须紧紧依靠人民,充分调动最广大人民的积极性、主动性、创造性。开展党的群众路线教育实践活动,就是要使全党同志牢记并恪守全心全意为人民服务的根本宗旨,以优良作风把人民紧紧凝聚在一起,为实现党的十八大确定的目标任务而努力奋斗。"

"开展党的群众路线教育实践活动,是保持党的先进性和纯洁性、巩固党的执政基础和执政地位的必然要求。保持党的先进性和纯洁性,巩固党的执政基础和执政地位,是党的建设面临的根本问题和时代课题。""我们多次讲,党的先进性和党的执政地位都不是一劳永逸、一成不变的,过去先进不等于现在先进,现在先进不等于永远先进;过去拥有不等于现在拥有,现在拥有不等于永远拥有。这是用辩证唯物主义和历史唯物主义观察问题得出的结论。保持党的先进性和纯洁性、巩固党的执政基础和执政地位靠什么?最重要的就是靠坚持党的群众路线、密切联系群众。"

"得民心者得天下,失民心者失天下,人民拥护和支持是党执政的最牢固根基。人心向背关系党的生死存亡。党只有始终与人民心连心、同呼吸、共命运,始终依靠人民推动历史前进,才能做到哪怕'黑云压城城欲摧','我自岿然不动',安如泰山、坚如磐石。开展党的群众路线教育实践活动,就是要把为民务实清廉的价值追求深深植根于全党同志的思想和行动中,夯实党的执政基础,巩固党的执政地位,增强党的创造力凝聚力战斗力,使保持党的先进性和纯洁性、巩固党的执政基础和执政地位具有广泛、深厚、可靠的群众基础。"

"开展党的群众路线教育实践活动,是解决群众反映强烈的突出问题的必然要求。总体上看,当前各级党组织和党员、干部贯彻执行党的群众路线情况是好的,党群干群关系也是好的,广大党员、干部在改革发展稳定各项工作中冲锋陷阵、忘我奉献,发挥了先锋模范作用,赢得了广大人民群众肯定和拥护。这是主流,必须充分肯定。同时,我们必须看到,面对世情、国情、党情的深刻变化,精神懈怠危险、能力不足危险、脱离群众危险、消极腐败危险更加尖锐地摆在全党面前,党内脱离群众的现象大量存在,一些问题还相当严重,集中表现在形式主义、官僚主义、享乐主义和奢靡之风这'四风'上。"①

2013年9月23日至25日《在参加河北省委常委班子专题民主生活会时的讲话》中,习近平指出:"我们一直强调,新形势下,党面临的执政考验、改革开放考验、市场经济考验、外部环境考验是长期的、复杂的、严峻的,精神懈怠危险、能力不足危险、脱离群众危险、消极腐败危险更加尖锐地摆在全党面前。怎么办?关键看我们能不能坚持党要管党、从严治党,能不能增强自我净化、自我完善、自我革新、自我提高能力。如果对自身存在的问题,我们党自己没有能力解决,久而久之,拖延下去,就积重难返了。""一个班子强不强、有没有战斗力,同有没有严格的党内生活密切相关。一个领导干部强不强、威信高不高,也同是否经受过严格的党内生活锻炼密切相关。这是因为,党性是立身、立业、立言、立德的基石,而党性不可能随着党龄的增加而自然增强,也不可能随着职务的升迁而自然增强,必须在严格的党内生活锻炼中不断增强。我们开展教育实践活动就是一种党性锻炼。"②

2013年12月26日《在纪念毛泽东同志诞辰一百二十周年座谈会上的讲话》中,习近平指出:"群众路线是我们党的生命线和根本工作路线,是我们党永葆青春活力和战斗力的重要传家宝。不论过去、现在和将来,我们都要坚持一

---

① 《习近平关于党的群众路线教育实践活动论述摘编》,党建读物出版社、中央文献出版社2014年版,第2~5页。

② 《习近平关于党的群众路线教育实践活动论述摘编》,党建读物出版社、中央文献出版社2014年版,第6~7页。

切为了群众,一切依靠群众,从群众中来,到群众中去,把党的正确主张变为群众的自觉行动,把群众路线贯彻到治国理政全部活动之中。""群众路线本质上体现的是马克思主义关于人民群众是历史的创造者这一基本原理。只有坚持这一基本原理,我们才能把握历史前进的基本规律。只有按历史规律办事,我们才能无往而不胜。历史反复证明,人民群众是历史发展和社会进步的主体力量。正如毛泽东同志所说:'中国的命运一经操在人民自己的手里,中国就将如太阳升起在东方那样,以自己的辉煌的光焰普照大地'。"

"坚持群众路线,就要坚持人民是决定我们前途命运的根本力量。坚持人民主体地位,充分调动人民积极性,始终是我们党立于不败之地的强大根基。在人民面前,我们永远是小学生,必须自觉拜人民为师,向能者求教,向智者问策;必须充分尊重人民所表达的意愿、所创造的经验、所拥有的权利、所发挥的作用。我们要珍惜人民给予的权力,用好人民给予的权力,自觉让人民监督权力,紧紧依靠人民创造历史伟业,使我们党的根基永远坚如磐石。"

"坚持群众路线,就要坚持全心全意为人民服务的根本宗旨。'政之所兴在顺民心,政之所废在逆民心。'全心全意为人民服务,是我们党一切行动的根本出发点和落脚点,是我们党区别于其他一切政党的根本标志。党的一切工作,必须以最广大人民根本利益为最高标准。检验我们一切工作的成效,最终都要看人民是否真正得到了实惠,人民生活是否真正得到了改善,人民权益是否真正得到了保障。面对人民过上更好生活的新期待,我们不能有丝毫自满和懈怠,必须再接再厉,使发展成果更多更公平惠及全体人民,朝着共同富裕方向稳步前进。"

"坚持群众路线,就要保持党同人民群众的血肉联系。我们党的最大政治优势是密切联系群众,党执政后的最大危险是脱离群众。毛泽东同志说:'我们共产党人好比种子,人民好比土地。我们到了一个地方,就要同那里的人民结合起来,在人民中间生根、开花。'要把群众观点、群众路线深深植根于全党同志思想中,真正落实到每个党员行动上,下最大气力解决党内存在的问题特别是人民群众不满意的问题,使我们党永远赢得人民群众信任和拥护。"

"坚持群众路线,就要真正让人民来评判我们的工作。'知政失者在草野。'任何政党的前途和命运最终都取决于人心向背。'人心就是力量。'我们党的党员人数,放在人民中间还是少数。我们党的宏伟奋斗目标,离开了人民支持就绝对无法实现。我们党的执政水平和执政成效都不是由自己说了算,必须而且只能由人民来评判。人民是我们党的工作的最高裁决者和最终评判者。如果自诩高明、脱离了人民,或者凌驾于人民之上,就必将被人民所抛弃。任何政党都是如此,这是历史发展的铁律,古今中外概莫能外。"[1]

习近平的一系列论述,充分阐述了开展党的群众路线教育实践活动的重大意义。党的历史实践证明,过去党取得的一切胜利都是党的群众路线的伟大胜利,党要领导人民实现中华民族伟大复兴的中国梦,必须始终坚持党的群众路线。然而,改革开放以来,由于市场经济"求利"本性等各种因素的影响,部分党员干部私欲膨胀,群众立场动摇,群众观点和根本工作方法丢失,脱离群众,脱离实际,甚至以权谋私、腐化堕落,严重损害党在人民群众中的形象,严重损害党群干群关系,不认真加以解决,必然使党蜕化变质。在全党开展党的群众路线教育实践活动,是解决这些问题的重要途径,对于坚定群众立场、强化群众观点、坚持根本工作方法,提高党的建设科学化水平,实现中华民族伟大复兴的中国梦,具有重大的理论意义和现实意义。开展党的群众路线教育实践活动以来,取得了积极成果,促使党员、干部得到了党性锻炼,刹住了"四风"蔓延势头,带动了社会风气整体好转,贯彻群众路线的长效机制和刚性约束初步形成。教育实践活动带来的新变化、新气象,群众充分认同,党内外积极评价。这说明,通过开展党的群众路线教育实践活动加强党的建设,是卓有成效的。

坚持党要管党、从严治党,永葆党的先进性和纯洁性,不断增强党的创造力、凝聚力、战斗力,是摆在我们面前的重大课题。党的群众路线教育实践活动,为加强和改进党的建设积累了宝贵经验。群众路线是永葆党的青春活力和战斗力的重要传家宝,必须做到教育和实践两手抓,使马克思主义群众观点深深植根于思想中、真正落实到行动上。理想信念是共产党人的精神之"钙",必须加强思想政治建设,解决好世界观、人生观、价值观这个"总开关"问题。加强和改进作风建设是保持党同人民群众血肉联系的有效途径,必须聚焦解决群众反映强烈的突出问题,以作风建设新成效汇聚起推动改革发展的正能量。批评和自我批评是清除党内"政治灰尘"和"政治微生物"的有力武器,必须以整风精神严格党内生活,着力提高领导班子发现和解决自身问题的能力。讲认真是我们党的根本工作态度,必须做到无私无畏、敢于担当,把认真精神体现到党内生活和干事创业方方面面。

---

[1] 《习近平关于党的群众路线教育实践活动论述摘编》,党建读物出版社、中央文献出版社2014年版,第7~10页。

参考文献

[1] 《习近平关于实现中华民族伟大复兴的中国梦论述摘编》,中央文献出版社 2013 年版。

[2] 《习近平关于全面深化改革论述摘编》,中央文献出版社 2014 年版。

[3] 《习近平关于党的群众路线教育实践活动论述摘编》,党建读物出版社,中央文献出版社 2014 年版。

[4] 《习近平谈治国理政》,外文出版社 2014 年版。

[5] 习近平:《在德国科尔伯基金会的演讲》,《人民日报》2014 年 3 月 30 日。

[6] 习近平:《在中国国际友好大会暨中国人民对外友好协会成立 60 周年纪念活动上的讲话》,《人民日报》2014 年 5 月 16 日。

[7] 习近平:《在和平共处五项原则发表 60 周年纪念大会上的讲话》,《人民日报》2014 年 6 月 29 日。

[8] 习近平:《在韩国国立首尔大学的演讲》,《人民日报》2014 年 7 月 5 日。

[9] 《中国共产党第十八届中央委员会第三次全体会议文件汇编》,人民出版社 2013 年版。

[10] 《中国共产党第十八届中央委员会第四次全体会议文件汇编》,人民出版社 2014 年版。

[11] 《改革开放以来历届三中全会文件汇编》,人民出版社 2013 年版。

[12] 胡锦涛:《在庆祝中国共产党成立 90 周年大会上的讲话》,人民出版社 2011 年版。

[13] 胡锦涛:《坚定不移沿着中国特色社会主义道路前进 为全面建成小康社会而奋斗》,人民出版社 2012 年版。

[14] 胡锦涛:《高举中国特色社会主义伟大旗帜 为夺取全面建设小康社会新胜利而奋斗》,人民出版社 2007 年版。

[15] 《毛泽东选集》第 1、2、3、4 卷,人民出版社 1991 年版。

[16] 《毛泽东文集》第 2、5、7 卷,人民出版社 1999 年版。

[17] 《马克思恩格斯选集》第 1 卷,人民出版社 1995 年版。

[18] 《马克思恩格斯全集》第 3、46 卷,人民出版社 1979 年版。

[19] 《马克思恩格斯文集》第 4 卷,人民出版社 2009 年版。

[20]《列宁全集》第 2 卷,人民出版社 1984 年版。
[21]《列宁全集》第 24 卷,人民出版社 1990 年版。
[22]《列宁全集》第 37 卷,人民出版社 1986 年版。
[23]《邓小平文选》第 2、3 卷,人民出版社 1994 年版。
[24]《江泽民文选》第 3 卷,人民出版社 2006 年版。
[25]《十六大以来重要文献选编》(中),中央文献出版社 2006 年版。
[26]《中共中央关于深化文化体制改革 推动社会主义文化大发展大繁荣若干重大问题的决定》,人民出版社 2011 年版。
[27]《中共中央关于构建社会主义和谐社会若干重大问题的决定》,人民出版社 2006 年版。
[28] 中共中央党史研究室:《中国共产党历史》第 1、2 卷,中共党史出版社 2011 年版。
[29] 金冲及:《二十世纪中国史纲》,社会科学文献出版社 2009 年版。
[30] 江流、赵曜主编:《社会主义精神文明论》,吉林大学出版社 2002 年版。
[31] 戴舟主编:《邓小平理论与当代中国》,红旗出版社 1998 年版。
[32] 张岱年、方克立主编:《中国文化概论》,北京师范大学出版社 1998 年版。
[33] 白寿彝总主编:《中国通史》第 19、20、21、22 卷,上海人民出版社 2007 年版。
[34] 沙健孙主编:《中国共产党通史》第 2、4 卷,湖南教育出版社 1999 年版。
[35]《中国抗日战争史》编写组:《中国抗日战争史》,人民出版社 2011 年版。
[36] 王希恩主编:《马克思恩格斯列宁斯大林论民族》,中国社会科学出版社 2013 年版。
[37] 本书编写组:《毛泽东思想和中国特色社会主义理论体系概论》,高等教育出版社 2013 年版。
[38] 冯天瑜、何晓明、周积明:《中华文化史》,上海人民出版社 1997 年版。
[39] 熊坤新:《民族伦理学》,中央民族大学出版社 1997 年版。

后　记

　　习近平对中国梦的科学阐释,形成了中国共产党关于实现中华民族伟大复兴的中国梦思想。中国梦思想正确回答了"什么是中华民族伟大复兴,怎样实现中华民族伟大复兴"这一基本问题,提出了具有内在逻辑性的一系列基本观点:实现中华民族伟大复兴的中国梦,就是实现国家富强、民族振兴、人民幸福;实现中国梦,必须走中国道路,弘扬中国精神,凝聚中国力量,坚持和平发展,等等。中国梦思想是以习近平为代表的中国共产党人在理论上的伟大创造,表现出了中国共产党人巨大的政治勇气、理论勇气和丰富的政治智慧。中国梦思想是党推进理论创新的新篇章,它推进了马克思主义中国化、时代化、大众化的历史进程,丰富和发展了中国特色社会主义理论体系,是指导中国人民在中国特色社会主义道路上实现中华民族伟大复兴的精神旗帜。

　　本书的价值,一是提出了中国梦思想的理论主题,即什么是中华民族伟大复兴,怎样实现中华民族伟大复兴;二是认为中国梦思想丰富和发展了中国特色社会主义理论体系、丰富和发展了集体主义价值取向、丰富和发展了党的十八大精神;三是认为中国梦思想是中国文化孕育的成果,是中华民族强大生命力的反映;四是认为实现国家富强是中国梦的标志、实现民族振兴是中国梦的主题、实现人民幸福是中国梦的目的;五是认为实现中国梦的基本途径是坚持中国道路,精神条件是弘扬中国精神,依靠力量是凝聚中国力量,外部条件是坚持和平发展,直接动力是全面深化改革,政治保证是坚持党的领导。

　　中国梦思想内涵丰富,博大精深。我们的研究只是初步的探索。在研究中,参考、借鉴了理论界一些学者的研究成果,在此表示感谢。

著　者

2015 年 1 月